OSHO

奧修談《心經》

發 現 自 己 的 內 在 真 實 ， 自 己 的 佛 陀

THE HEART **SUTRA**

BECOMING A BUDDHA THROUGH MEDITATION

one of the most inspiring spiritual teachers of our time

藉由靜心與覺知，

每個人都有潛力達到像佛陀一樣的心靈境界

目次

譯者序

獻給
虔誠而深入，把生活當成宗教的人

《心經》是古時候佛陀對舍利子所講的話，由於它是古代的語言，流傳已久，加上它想用最簡潔的話語來闡釋最深奧的道理，故每每令人覺得艱澀難懂，因此有很多人試圖加以解釋，那些評註的人，由於本身並未成道，所以無法真正了解成道的境界，當然，他們的評註也就免不了臆測和曲解。

本書的原文是英文，但是由於奧修本身是印度人，所以，他用英文來表達梵文的原意應不亞於古代《心經》用中文古文來表達梵文原意的真確性，更何況他所用的又是我們較易了解的現代語言。尤其重要的，這些深奧的智慧，透過這位本身已經達到相同智慧境界的成道大師來表達，必然更能夠抓住並闡揚原來的含意，此書之所以寶貴，理由就在這裡，它是現代的唐三藏去西天取回來的經，讀者不妨將之和古代的經文比較一下。

本書的形成是由奧修在一九七七年十月間，十天的即席講道錄製而成的，其中有一半在解釋《心經》，有一半是回答門徒的問題，筆者認為，了解《心經》和了解門徒們所問的問題同樣重要，因為宗教即生活，「除了生活以外沒有其他的宗教」。

關於本書的作者是否已經成道，有西藏的至尊喇嘛卡瑪帕的話語可為佐證，他的話語放在本書的附錄。

實在講起來，求道重在實踐，以及覺知的開啟和意識的提升，而實踐的方法就是透過靜心，關於靜心，也可參閱奧修的另外一本書《靜心觀照》。

謙達那

一九八九年十一月於台北

原序

我是誰，在此將奧修介紹給你？我想或許我很幸運，能夠在此時此地被要求做這件事，透過這個佛（指奧修）的這些話，你能夠了解《心經》真正在說些什麼。奧修說：真理是不可言說的，但是一個人能夠感覺到它的存在——那個圍繞在奧修所說的和所做的每一樣東西周圍的芬芳。

你也是幸運的，打開這本書的人都是被賜福的，被一個對新東西的欲求所賜福，不論那個欲求是有意識或是無意識的。我到過很多佛教徒的地方去聽過道，也有很多道上的朋友，但是回想起來，當我將以前的那些經歷和這個透過我所鍾愛的佛（指奧修）來面對釋迦牟尼佛的經驗比較起來，那些都是空洞的，而即使這個也還是另外一個幻象，管他的！有什麼比扮演一個佛的門徒更有趣的事嗎？真誠地，但是不嚴肅地，就像他常常提醒我們的那樣。

佛跟古代一種已經絕跡的「兜兜」鳥一樣，已經滅絕了！佛陀從來不提倡心理的手淫，但是如果你在你自己裡面感覺到一個攪動，你要記下那個跡象……在某一個地方，某一樣東西已經被記錄下來了。

本書所包含的是我們在印度普那社區每天早上演講中的十篇，透過這些文字，你可以分享這個非比尋常的情況，這是由一個他就是他所講的內容的人所傳達的道，你可以很清楚地感覺到門徒與師父之間的關係，尤其是在每隔一天回答問題時，在他嘲弄和錯亂我們對於每一件事的態度時所用的那種方式裡，更能夠感覺到。

當聽到釋迦牟尼佛的話時，有些人懷著滿心的恐懼而發抖，全身起雞皮疙瘩，「經歷過、經歷過、經歷過而超越」能夠引起宇宙性的恐怖，這種感覺是在其他地方找不到的，我覺得被那些宣言嚇呆了，但是當我完全進入每一個新的片刻，在內心深處有著一些關於它們不容懷疑地正確的東西，以及一種了解，認為這也會過去。

有些人發覺，佛教的教科書是枯燥乏味的，而且太過於理智化，它們的確如此，除非你能夠用愛和幽默將它們帶活，而且唯有當它們變成你真正的經驗，你才能夠賦與它們生命。當奧修向你裡面的佛致敬時，當你嘗到了你的佛性時，你可能會將他視為大師。沒有東西、沒有任何東西會更能使我們粉碎和興奮，奇蹟的確存在，它並不是什麼特別的東西。

如果這本書對你而言是有意義的，如果你的心弦被拉起、你的頭腦被震撼、被嚇到，不要執著於這些文字上，要隨興而至，要依照很明顯地不曉得從什麼地方迸出來的無理性欲望來行動。奧修顯示給我們所有的人：如何成為我們自己的光。一個非常了解我的朋友剛提醒我，要我提醒你們將這些話傳達給你們的朋友：更靠近你們的源頭。此時此地，道之輪再度轉動著。

他的祝福

帶著愛，

他的門徒，

女門徒　布雷姆．普拉迪帕

（譯註：此篇序文有一些是用感覺在寫，類似寫詩的方式……）

奧修談《心經》

發現自己的內在真實，自己的佛陀

THE HEART **SUTRA**

BECOMING A BUDDHA THROUGH MEDITATION

第1章 在這個遊戲裡失敗者就是唯一的勝利者

一九七七年十月十一日

《心經》今譯文：

1、向那智慧的完美致敬，向那可愛的、神聖的致敬！

2、阿伐羅氣塔（Avalokira）——神聖的主和菩薩——在超越的智慧深道裡移動，祂從高處往下看，只看到五項要素，而祂看到在它們自己的存在裡，它們是空的。

對照的《心經》古譯文：

觀自在菩薩。行深般若波羅密多時。照見五蘊皆空（度一切苦厄）。

我向你裡面的佛致敬，你或許沒有覺知到它，你或許從來沒有夢想過：你是一個佛。沒有人能夠是其他的東西，佛性就是你存在（being）的主要核心，它不是未來要發生的某件事，它已經發生了，它就是你從那裡來的源頭，它是來源，同時又是目標，我們的移動是從佛性而來，而我們的移動也是要朝向佛性。

佛性（Buddhahood）這個字包含一切，包含生命的整個循環，從開始到結束。

但是你睡得很熟，你不知道你是誰，並不是說你必須去變成一個佛，而只是你必須認出它。你必須回到你自己的源頭，你必須看你自己的內在，勇敢地面對自己，你將會顯出你的佛性。直到一個人真正去看他自己的那一天，整個存在（existence）就成道了。並不是一個人成道，一個人怎麼能夠成道？「一個人」這個觀念就是不成道頭腦的一部分。並不是「我」成道了，在一個人成道之前，這個「我」必須被丟棄，所以「我」怎麼能夠成道呢？這是荒謬的，我成道的那一天，整個存在就成道了，從那個片刻開始，我就從來沒有看過不是佛的東西。在諸相裡，有很多名稱，有一千零一個難題，但是佛仍然在。

所以我向在你裡面的佛致敬。

我感到無限高興，有這麼多佛聚集在此地，你們來到我這裡就是要認出佛的開始，在你內心對我的尊敬，在你內心對我的愛，就是對你自己佛性的尊敬和愛。對我的信任並不是對某些外在於你的東西的信任，對我的信任是你的自我信任，藉著信任我，你將學會信任你自己，藉著接近我，你將會接近你自己，只要你能夠認出來。鑽石就在那裡，只是你忘了它，或是打從一開始，你就從來沒有記住過它。

愛默生曾經說過一句很有名的話，他說：「人是被毀滅了的神。」我同意，也不同意。這個洞見有一些真理在裡面，人並不如他所應該是的那樣。雖然這個洞見有一些真理，但是有一點倒過來了：人並不是被毀滅了的神，人是尚在造就中的、尚未完成的神，人是一個含苞待放的神。花蕾有了，任何片刻它都可能開花，只要一點努力，只要一點幫助，但那個幫助並不是使它存在的致因，它已經在那裡，你的努力只是去將它顯示給你，你的努力只是去顯露那個其實已經存在，但是卻被隱藏起來的東西。它是一項發現，但是那個真理已經在那裡，那個真理是永恆的。

注意聽這些經文，因為這些是偉大的佛學文獻裡最重要的經文，因此它們被稱為《心經》，它是佛陀所傳達的訊息的心臟部分。但是我喜歡從起點開始，佛學唯有從這一點開始才會切題：讓「你是一個佛」這個觀念留存在你的心中。我知道，它或許會看起來是膽大妄為的，它或許會看起來是非常假設性的東西，所以你無法完全信任它，這種看法是自然的，我了解它，讓它存在，但是是作為一個種子。在那個事實的周圍有很多事會開始發生，唯有環繞在那個事實周圍，你才能夠了解這些經文，它們是非常非常強而有力的——非常小，非常濃縮，就像種子一樣，但是有了這泥土，這頭腦的內景，認為你是一個佛，你是一個含苞待放的佛，你潛在地能夠變成一個佛，沒有欠缺什麼東西，那麼一切就都準備好了，只是東西必須按照正確的次序被放好，需要更多一點覺知，需要更多一點意識……寶藏就在那裡，你必須帶一盞小燈進入你的屋子裡，一旦黑暗消失，你將不再是一個乞丐，你將是一個佛，你將是一個最高的統治者、一個國王，這整個王國都是你的，你一要求就有，你只要聲明說要它就可以了。

但是如果你相信你是一個乞丐，你就不能夠聲明，如果你認為你是一個乞丐，你就不能夠聲明說要它，你甚至無法夢到你在聲明。你是一個乞丐，你是無知的。你是一個罪人這個觀念長久以來在很多傳教的講壇被倡導出來，它已經變成在你裡面一個很深的催眠，這個催眠必須被打破。為了要打破它，我用「我向在你裡面的佛致敬」來作為開始。

對我來說，你們都是佛，所有你們要變成成道的努力都是荒謬的，如果你不接受這個基本事實……這個必須變成一個默默的了解：「你就是佛！」這才是正確的開始，否則你會誤入歧途。從這個洞見開始，不必擔心說「我是一個佛」會產生某種自我（ego），不必擔心，因為《心經》的整個過程會使你認清自我是唯一不存在的東西——「唯一」不存在的東西！其他每一樣東西都是真實的。

有一些導師說：世界是幻象的，靈魂是存在的，「我」是真實的，其他一切都是幻象的，都是「馬亞」（maya：幻象）。佛陀所說的剛好相反：他說只有「我」不是真實的，其他每一樣東西都是真實的。比起其他的觀點來講，我比較同意佛陀所說的話。佛陀的洞見是非常透徹的，比其他看法都更透徹，沒有人曾經進入到佛陀所達到的那些真實存在的領域、深度和高度。

但是你要從這個觀念、從這個在你周遭的氣氛、從這個洞見開始。讓「我是一個佛」這個觀念、這個氣氛、這個洞見，發布給你身體的每一個細胞和你頭腦的每一個思想，讓它發布給你存在的每一個角落，而不必擔心「我」……我們會照顧這一點。「我」和佛性無法一起存在，一旦佛性顯露出來，「我」就消失了，就好像你把光帶進來，黑暗就消失一樣。

在進入經文之前，懂一點參考架構、懂一點結構，將會有助於你的了解。古代的佛教經典談論七個廟。就好像蘇菲（Sufi：一個宗派）談論七個谷，而印度教談論七個能量中心，同樣地，佛教徒談論七個廟。

第一個廟是「身體的」，第二個廟是「心理身體的」（psycho somatic），第三個廟是「心理的」，第四個廟是「心理靈性的」，第五個廟是「靈性的」，第六個廟是「靈性超越的」，第七個廟，最後一個——廟中之廟——是「超越的」。

這些經文屬於第七個廟，這些是某一個已經進入了第七個廟——那超越的和絕對的廟——的人所作的宣言，這就是梵文「般若波羅密多」（pragyaparamita）的意思——（超越的）彼岸的智慧，來自彼岸的，在彼岸裡的智慧。唯有當你超越了所有各種認同——低的或高的，這個世界或是那個世界的——的時候，當你根本不認同的時候，當只有純粹覺知的火焰被留下來，而在它的周圍沒有煙的時候，那個智慧才會來臨，那就是為什麼佛教徒崇拜這本小小的書，這本非常非常小的書，他們將它稱為《心經》——宗教的心臟、宗教的核心。

第一個——身體的——相當於印度教藍圖的慕拉達（muladhar）能量中心；第二個——心理身體的——相當於史瓦迪士坦（svadisthan）能量中心；第三個——心理的——相當於馬尼普拉（manipura）；第四個——心理靈性的——相當於阿那哈塔（anahatta）；第五個——靈性的——相當於維蘇達（vissudha）；第六個——靈性超越的——相當於阿格亞（agya）；第七個——超越的——相當於薩哈斯拉（sahasrar）。「薩哈斯拉」的意思是千瓣蓮花，那是最終的開花（成道）的象徵。到了薩哈斯拉，沒有什麼東西是隱藏的，所有的東西都已經變成不隱藏的、顯現的，千瓣蓮花已經打開了，整個天空都充滿了它的芬芳、它的美，和它的祝福。

在現代的世界，一項偉大的工作已經開始在尋找人類最內在的核心。去了解現代的努力已經帶領了我們有多遠是好的。

巴夫洛夫（Pavlov）、史金納（B. F. Skinner）和其他的行為學家繼續在身體的（慕拉達）層面周圍繞圈子，他們認為人只是身體，他們太過於專注在第一個廟，他們太過於顧慮到身體的層面，而忘記了其他每一樣東西。這些人試著只要透過身體和物質來解釋人，這種態度變成一個障礙，因為他們是不開放的。當一開始你就否定，認為除了身體以外沒有其他的東西，那麼你就不會再去探索其他的，這變成一項偏見。共產主義者、馬克思主義者、行為學家，和無神論者，那些相信人只是身體的人，他們的這個相信就把通往更高實體的門關閉了，因此他們變瞎了。身體存在，它是最明顯的，它不需要證明，肉身體存在，你不需要證明它。就因為它不需要被證明，它就變成唯一的實體，這是胡說。果真如此的話，人就失去了所有的尊嚴。如果沒有什麼東西可以成長，生命裡不可能有任何尊嚴。那麼人就變成一樣東西，那麼你就不是一個敞開的存在，那麼就沒有東西會發生在你身上。你是一個身體，你會吃，你會排泄，你會做愛和生孩子，這種事會一直繼續下去，直到有一天你死了。只有一些俗事和微不足道的小事在機械式地重複，人生怎麼能夠有任何意義、任何詩呢？怎麼能夠有任何歡舞呢？

史金納寫過一本書《超出自由和尊嚴之外》(*Beyond Freedom and Dignity*)，它應該被叫做「在自由和尊嚴之下」(Below Freedom and Dignity)，是之下而不是之外，它是之下，它是人最低的、最醜的立足點，記住，身體沒有什麼不對，我並不反對身體，它是一個漂亮的廟，但是當你認為它就是全部的時候，醜陋就進入了。

人可以被構想成一個七階的梯子，而你只跟第一階認同，那麼你就任何地方都到不了。

梯子就在那裡，它連接了這個世界，它連接了物質和神，如果第一階被用在它跟整個梯子之間的關係，它是非常非常好的，如果它發揮了第一階的功能，那是很美的，一個人必須感謝身體，但是如果你開始崇拜第一階，而忘了其他六階，也忘了整個梯子的存在，而變得封閉，局限在第一階，那麼，它根本就不再是一個階梯，因為一個階梯只有當它引導到另外一個階梯的時候，它才是一個階梯；一個階梯只有當它是梯子的一部分時，它才是一個階梯，如果它不再是一個階梯，那麼你就被它陷住了。因此，那些物質主義者總是被陷住，他們總是覺得缺少某些東西，他們不覺得他們有任何進展，他們在旋轉、在繞圈子，他們一再一再地回到同一點，他們變得疲倦和無聊，他們開始沉思如何自殺，他們人生的整個努力就是去找一些感官刺激的東西，好讓某些新的東西能夠發生，但是有什麼「新」東西能夠發生呢？那些占據著我們的東西只不過是供人把玩的玩具罷了。

想想法蘭克息德（Frank Sheed）的這些話：「人的靈魂哭著要目的或意義，而科學家說『這是電話！』或者『看！電視！』這剛好像是一個嬰兒在哭著要媽媽，而我們用一根棒棒糖或扮鬼臉來試著使他分心。迅速的發明將人類服務得特別好，使人都被占據了，使他忘記了困擾著他的事情。」

所有現代世界所提供給你的無他，只不過是棒棒糖和供人把玩的玩具罷了，而你是在哭著要媽媽，你是在哭著要愛，你是在哭著要意識，你是在哭著要一些人生的意義，而他們說：「看！電話，看！電視，看！我們帶這麼多漂亮的東西來給你。」你玩一下子，然後就膩了，你再度變得無聊，然後你就繼續再找尋新的玩具來把玩。

這種情形是很可笑的，它是多麼地荒謬，你幾乎無法想像如何在這種情形下繼續生活。我們在第一階就被絆住了。

記住，你是在身體裡，但你不是身體，讓這個成為你持續的覺知。你生活在身體裡，身體是一個美好的住所，記住，我一個片刻都沒有暗示你要反對身體、要像那些所謂的靈性追求者長久以來所做的：開始否定身體。物質主義者一直認為身體就是全部的存在，而有些人移到相反的極端，他們開始說身體是幻象的，身體不是！他們認為摧毀身體才能夠摧毀那個幻象，然後你才能夠變成真正真實的。這個另一極端是一種反應，物質主義者在精神主義者裡面創造出對他本身的反應，但其實他們是同一個生意的合夥人，他們不是非常不同的人。身體是優美的，身體是真實的，身體必須被用來生活，身體必須被愛，身體是一項神所給予的偉大禮物，一刻都不要反對它，但是同時一刻都不要認為你只是它，你遠比它更大，你可以使用身體來作為跳板。

第二是：心理身體的，「史瓦迪士坦」。

佛洛依德的心理分析就是在探討這個領域，他比史金納和巴夫洛夫更高一些。佛洛依德在心理奧祕的探討方面更深入一些，他並非只是一個行為學家，但是他從來沒有走出夢的範圍，他繼續分析夢。夢像一個幻象存在你裡面，它是具有指示作用的，它是象徵性的，它有一個來自無意識的訊息，要顯示給意識，但只是執著於它是沒有什麼特別意義的。使用夢，但是不要變成夢，你不是夢。

沒有必要像佛洛依德派的人一直那麼大驚小怪，他們的整個努力似乎都是在朝向夢中世界的層面，留意它，對它採取一個非常非常清楚的觀點，了解它的訊息，但不需要去找任何其他人來做夢的分析。如果你不能夠分析你自己的夢，那麼也沒有人能夠，因為你的夢是你的夢，你的夢是那麼地私人化，其他沒有人能夠以你做夢的方式來做夢，沒有人曾經按照你做夢的方式做過夢，未來也將不會有人以你做夢的方式來做夢，沒有人能夠替你解釋，他的解釋只是「他的」解釋。只有你能夠洞察它，而事實上也不需要去分析夢。帶著清晰的眼光，帶著警覺去注意看夢的全部，你就會了解那個訊息，它是那麼地明顯！不需要去作三、五年的心理分析。

一個每天晚上做夢，然後白天就去找心理分析學家分析的人，會漸漸變成被夢的東西所包圍，就好像第一種人太過於縈繞在肉身體的層面，第二種人變得太過於縈繞在性的方面，因為第二個——心理身體實質的領域——是性，第二種人開始以性來解釋每一樣東西，不管你做了什麼，你到佛洛依德派的人那裡，他就會將它貶為性，因為對他來講沒有更高的東西存在，他生活在泥巴裡，他不相信蓮花。你帶著一朵蓮花到他那裡，他會端詳一下，然後將它貶為泥巴，他會說：「這沒有什麼，這只是髒泥巴，它不是出自髒泥巴嗎？如果它出自髒泥巴，那麼它一定是髒泥巴。」將每一樣東西都貶到它的起因，他們認為那才是真實的。

如此一來，每一首詩都被貶為性，每一樣漂亮的東西都被貶為性、性倒錯和壓抑。米開朗基羅是一個偉大的藝術家嗎？那麼他的藝術必須被貶為某些性意念。佛洛依德派的人甚至變本加厲，他們說米開朗基羅、歌德或拜倫，他們所有的偉大藝術作品，那些帶給千百萬人莫大喜悅的作品無他，只不過是遭到壓抑的性，或許是因為歌德想要手淫而被阻止了。千千萬萬人的手淫都被阻止了，但是他們都沒有變成歌德。

那是沒有道理的，但佛洛依德是洗手間領域裡的大師，他活在那裡，那是他的廟，藝術變成病理學，詩變成病理學，每一樣東西都變成性倒錯。如果佛洛依德的分析成功，那麼就沒有卡里達沙(印度詩人)、沒有莎士比亞、沒有米開朗基羅、沒有莫札特、也沒有華格納，因為每一個人都一定是正常的，而這些是不正常的人。按照佛洛依德所說的，這些人是心理有病的。最偉大的被貶為最低的。

按照佛洛依德的話，佛是有病的，因為任何他所談論的事情都只是壓抑的性，而沒有其他的東西。

這種方法將人的偉大貶為醜陋，要小心。佛不是有病的，事實上，佛洛依德才是有病的。佛的寧靜、佛的喜悅、佛的慶祝——那不是有病的，那是幸福的完全開花。

但是對佛洛依德來講，正常的人是一個從來不唱一首歌、從來不跳舞、從來不慶祝、從來不靜心冥想、從來不做任何創造性事情的人。一個正常人：上班、回家、吃東西、喝飲料、睡覺，然後死去，沒有留下任何創造的痕跡，沒有在任何地方留下一個簽字，這個正常人似乎是很平庸、很無趣、而且是死氣沉沉的。有一項對佛洛依德的懷疑是：因為他不能夠創造他自己——他是一個沒有創造力的人——所以他譴責創造力本身是一種病態，他很可能是一個平庸的人，他的平庸覺得被世界上所有的偉人給冒犯了。

平庸的頭腦試著要去貶低所有的偉大，平庸的頭腦沒有辦法接受任何比他更偉大的人，那個接受是很傷人的，這整個心理分析以及它對人們生活的解釋是來自平庸的一個報復，要小心它。是的，它比第一種好，比第一種向前一點，但是一個人必須再向前走，繼續走到更超越、更超越的地方。

第三種是心理的。阿德勒（Adler）生活在心理的——權力意志的世界。至少有一些東西，雖然非常地自我主義，但是至少有一些東西比佛洛依德開放一點，然而，問題是，就好像佛洛依德將每一樣東西都貶為性，阿德勒繼續將每一樣東西都貶為自卑情結。人們試著要變偉大，因為他們覺得自卑。一個試著要去成道的人是一個覺得自卑的人，一個試著要去成道的人是一個追求權力的人，這是完全錯誤的，因為我們看過一些人——佛陀、基督或克里希納——他們完全棄俗，他們的旅程不能叫做追求權力的旅程。當佛陀開花的時候，他沒有優越感的觀念，一點都沒有，他向整個存在鞠躬，他沒有「比你更神聖」的觀念，一點都沒有，每一樣東西都是神聖的，即使塵埃也是神聖的，不，他不認為他自己是優越的，他也沒有努力想要變成優越的，而他一點也不覺得自卑。他生下來是一個國王，沒有自卑感這個問題，從一開始他就在最上面，沒有自卑感這個問題，他是他國家裡面最富有、最有權力的人，他不想得到更多的權力，也沒有想要得到更多的財富，他是在這個世界上曾經被生下來最漂亮的男人之一，他有一個最漂亮的女人之一作為他所鍾愛的，所有的東西他都有。

但是阿德勒會繼續找尋一些自卑感，因為他無法相信一個人除了自我之外還能夠有任何目標。

然而，它是比較好的，比佛洛依德更好，稍微高一點，自我比性更高一點，高得不多，但是高一點。

第四是：心理靈性的，阿那哈塔，心的中心。容格（Jung）、阿沙吉歐利（Assagioli）和其他人穿透那個領域。他們比巴夫洛夫、佛洛依德和阿德勒走到更高的階段，他們打開了更多的可能性，他們接受了無理性和無意識的世界，他們不把他們自己限制在理智的層面，他們是更理智的人，他們也接受非理智。無理性的東西不被否定而被接受，現代的心理學就是停止於此，停止在第四階段，第四階段只是在整個梯子的中間，有三個階段在這一邊，三個階段在那一邊。

現代的心理學還不是一套完整的科學，它懸在中間，它很不穩，對任何事都不確定，它比較是假設性的，而比較不是經驗性的，它仍然在掙扎著想要怎麼樣。

第五個是靈性的：回教、印度教、基督教——由很多人組織起來的宗教就是仍然陷住在第五個階段，他們沒有超越靈性的，所有被組織起來的宗教和教會都停留在那裡。

第六個就是靈性超越的——瑜伽和其他方法。長久以來有許多方法在世界各地被發展出來，它們比較不像教會組織，比較不是教條式的，而比較是經驗性的，你必須用你的身體和頭腦來做一些事，你必須在你自己裡面創造出某一種和諧，好讓你能夠駕著那個和諧的雲，遠離一般的事情。瑜伽能夠了解所有這些，它是第六個。

第七個是超越的：密宗譚崔（Tantra）、道和禪。佛陀的態度是屬於第七的——般若波羅密多（Pragyaparamita），它的意思是超越的智慧，唯有當所有的個體都被越過，當你變成只是純粹的覺知、只是一個觀照者、只是純粹主觀性的時候才會來臨的智慧。

除非人到達超越的境界，否則他必須被供以玩具和棒棒糖，他必須被供以虛假的意義。

就在前幾天，我偶然看到一個美國汽車的廣告，廣告裡面有一輛車，車子上方寫著：某些值得信賴的東西。

人從來沒有墮落到這麼低！某些值得信賴的東西……你信賴一輛車？是的，人們信賴——人們信賴他們的房子，人們信賴他們的車子，人們信賴他們的銀行存款。如果你向四周看，你會感到驚訝，神已經消失了，但是信賴還沒有消失，神已經不在那裡，現在有的是凱迪拉克或林肯的車子！神已經消失了，但是人已經創造出新的神——史達林和毛澤東。神已經消失了，而人已經創造出新的神——電影明星。

這是人類意識史上的第一次，人墮落到這麼低，即使有時候你記住神，它也只是一個空洞的字。或許當你痛苦的時候，或許當你遭到挫折的時候，你會使用神，好像神是阿斯匹靈，那就是「所謂的宗教」使人相信的：他們說：「每天服用三次神，你就不會感到任何痛苦！」神不是阿斯匹靈，神不是止痛劑，不是每當你在痛苦的時候，你才記住神。

有一些人習慣性地記住神，另有一些人職業性地記住神。一個教士——他職業性地記住神，他跟神沒有關係，他拿錢辦事，他已經變得很熟練。有一些人習慣性地記住，有一些人職業性地記住，但是似乎沒有人在深愛當中記住神。有一些人，當他們不幸的時候，他們求助於祂的名字，當他們喜悅或慶祝的時候，他們就忘掉祂，但那是記住神最好的時刻，因為唯有當你快樂、無限快樂的時候，才是你接近神的時候。當你不幸的時候，你離神離得很遠，當你不幸的時候，你是封閉的，當你快樂的時候，你是敞開的、流動的，你可以抓住神的手。

所以你是習慣性地記住，因為你從小孩子的時候就被教導，它已經變成一種習慣，就好像抽菸一樣，如果你抽菸，你不會覺得很享受，如果你每天早上、每天晚上都記住神，你不會達成什麼東西，因為那個記憶不是來自內心，只是語言上的、心理上的、機械式的記憶，但是如果你不記住，你會開始覺得失去了某些東西，它已經變成一個儀式。

小心你將神變成一個儀式，小心你將它變成職業性的。

我聽過一個非常有名的故事：

這個故事是關於一個偉大的瑜伽行者，他非常有名，國王答應他，如果他能夠進入很深的三摩地而且留在地底下一年，國王要給他全國最好的馬作為報償，國王知道那個瑜伽行者對馬很憐惜，他是一個馬的偉大愛人。

那個瑜伽行者同意，他被活埋了一年，但是就在那一年當中，那個國王被推翻了，沒有人記得要把那個瑜伽行者挖出來。

大約十年之後，有一個人想起來：「那個瑜伽行者到底怎麼了？」新的國王派一些人去把他找出來，那個瑜伽行者被挖出來，他仍然處於深深的恍惚之中，他們將先前約好的咒語在他的耳邊低語，他就被喚醒了，他被喚醒之後的第一句話是：「我的馬在哪裡？」

經過十年靜靜地被埋在地下，但是頭腦根本沒有改變——「我的馬在哪裡？」這個人真的是在恍惚之中、在三摩地之中嗎？他是在想神嗎？他一定是在想那匹馬，但是他在職業上很熟練、很有技巧，他一定學會了如何停止呼吸、如何進入一種死的技巧，但那是技術性的。

在這樣深深的寧靜當中停留了十年，頭腦一點都沒有改變！就好像這十年沒有經過一樣，如果你技術性地記住神，如果你職業性地記住神，習慣性地、機械式地記住神，那麼沒有事會發生。

所有的事都可能，但是所有的可能性都要經過心，因此這部經的名字叫做《心經》。除非你用很大的愛、很大的投入、很大的承諾、真誠、真實，用你整個人去做某些事，否則沒有什麼事會發生。

對某些人來講，宗教就像是一隻義肢，它既沒有溫暖，也沒有生命，雖然它幫助他們一跛一拐地行走，但是它從來沒有變成他們的一部分，它只是每天都必須被裝上去。記住，這種事發生在地球上千千萬萬的人身上，這種事也可能發生在你身上，不要製造義肢，讓真正的四肢在你裡面成長，唯有如此，你的人生才會有溫暖，唯有如此，你的人生才會有快樂，不是一個嘴上虛假的微笑，不是你裝出來的一種假快樂，不是一副假面具，而是真實的存在。平常你一直帶著一些東西，某人帶著一種漂亮的微笑，某人帶著一個非常慈悲的臉，某人帶著一種非常非常愛別人的個性，但是這些就好像穿在你身上的衣服，在你的內在深處，你還是一樣。

這些經文可以變成一個革命。

剛開始的第一件事總是那個問題：「我是誰？」一個人必須繼續問，當你首先問：「我是誰？」慕拉達會回答：「你是一個身體！多麼無意義的問題！根本不需要問，你已經知道。」然後第二個會說：「你是性意念。」第三個會說：「你是一個追求權力的旅程，一個自我。」以及諸如此類的話等等。

記住，唯有當沒有回答再來臨的時候才可以停止，在這之前是不行的，如果還有一些回答來臨說「你是這個，你是那個」，那麼你要了解，某個中心還在提供你答案。當所有六個中心都被超越，所有它們的回答都被取消，而你繼續問：「我是誰？」你的問題在你自己裡面回響：「我是誰？」然後，只有寧靜，沒有回答從任何地方、任何角落升起，你完全在現在、完全寧靜，甚至沒有一個震動在問：「我是誰？」而只有寧靜，那麼就有一個奇蹟會發生：你甚至無法陳述問題，因為回答已經變得荒謬。首先回答消失，然後問題也消失，因為它們只能一起存在，它們就好像一個錢幣的兩面，如果一面沒有了，另一面也無法保留。首先回答消失，然後問題也消失，隨著問題和回答的消失，你會了解：那是超越的。你知道，但是你說不出來；你知道，但是你無法把它講清楚，從你的存在，你知道你是誰，但是它無法被化成語言，它是一個活的知識，不是經典，它不是借來的，不是來自別人的，它是從你裡面升起的。

隨著這個升起，你就變成一個佛，然後你就開始笑，因為你知道，打從一開始，你就是一個佛，你只是從來沒有看那麼深，你在你的本性外面繞著跑，從來沒有回到家。

哲學家叔本華在一條寂寞的街道上行走，埋首於他的思想，他無意中撞上另外一個行人，那個行人因為那個衝撞以及那個哲學家很明顯的不關心，就很生氣地大叫：「好啊！你以為你是誰？」

仍然迷失在他的思想裡，那個哲學家說：「我是誰？我多麼希望我知道！」沒有人知道。

當你知道「我不知道我是誰」，這個旅程就開始了。

第一段經文：

向那智慧的完美致敬，向那可愛的、神聖的致敬！

這是一個祈求(或召喚)。

所有的印度經典都以祈求作為開始，這有一個特別的原因，在其他國家和其他語言裡，他們不是這樣，在希臘也不是這樣。印度的了解是這樣的：我們是空的竹子，只有那個「無限的」流經我們，那個無限的必須被祈求(或召喚)，我們變成只是它的工具，我們召喚它，我們喚起它來流經我們，那就是為什麼沒有人知道是誰寫下這部《心經》，它沒有被署名，因為那個寫它的人不相信自己是它的作者，他只是工具性的，他只是像一個速記員，那個口授來自彼岸，它被口授給他，他很忠實地將它寫下，但他並不是它的作者，最多只能夠說是他寫的。

向那智慧的完美致敬，向那可愛的、神聖的致敬！

這是一個祈求，只有幾個字，但是每一個字都非常非常有含意。

向那智慧的完美致敬……

「智慧的完美」是般若波羅密多（Pragyaparamita）的翻譯，般若的意思是智慧，記住，它的意思不是知識。

知識是那些來自頭腦的東西，知識是那些來自外在的東西，知識從來不是原創的！它不可能是原創的，以它真正的本質而言，它是借來的。智慧是你原始的洞見，它不是來自外界，它是在你裡面成長出來的，它不像你去市場買來的塑膠花，它是一朵長在花株上，透過花株而長出來的真正的玫瑰花，它是花株的歌唱，它來自它最內在的核心，它從它的深處升起。某一天，它是沒有表現出來的，另一天，它是表現出來的；某一天，它是未顯現的，另一天，它變成顯現的。

般若的意思是智慧，但是在英文裡，甚至智慧也有一個不同的含意，在英文裡，知識意味著沒有經驗：你上大學，你蒐集知識。智慧的意思是：你去生活，你蒐集經驗，所以年輕人可以是博學多聞的，或是一個文學博士，那並不困難，但是只有老人才能夠聰明。「智慧」意味著透過一個人自己的經驗所蒐集的知識，但它仍然是來自外界的。

般若既不是一般所了解的知識，也不是一般所了解的智慧，它是一個內在的開花。不是透過經驗、不是透過別人、不是透過生活以及生活的遭遇，而只是藉著在完全寧靜當中向內走，讓已經隱藏在那裡的東西爆發。你帶有智慧的種子在你裡面，它只需要一個適當的土壤就可以發芽，智慧永遠都是原創的，永遠都是你的，它也只能是你的，但是你要再記住，當我說「你的」，我的意思並不是說有任何自我牽扯進去，我的意思是說：它來自你自己的本性，但是它沒有宣稱自我，因為自我也是頭腦的一部分，而不屬於你內在的寧靜。

「波羅密多」的意思是：那屬於彼岸的、那來自彼岸的、那超越時空的。當你進入一個狀態，在那個狀態下，時間消失了，當你進入一個內在的地方，在那裡，空間消失了，當你不知道你在哪裡，也不知道是何時，當兩個參考的東西都消失了，時間在你之外，空間也在你之外，這是你裡面的一個交會點，在那個交會點上，時間消失了。有人問耶穌：「告訴我們一些關於神的王國的事情，在那裡將會有什麼特別的？」據說耶穌這樣回答：「將不會有時間。」有永恆，一個沒有時間的片刻，那是彼岸——一個沒有空間的空間，和一個沒有時間的片刻，你不再被局限，所以你不能夠說你在哪裡。

現在看著我：我不能夠說我在這裡，因為我也在那裡，我不能夠說我在印度，因為我也在中國，我不能夠說我在這個星球，因為我不是，當自我消失，你只是跟整體合一，你在每一個地方，同時不在任何一個地方，你不是以一個分開的實體存在，你被溶解了。

看！

早上的時候，在一片漂亮的葉子上，有一顆露珠在早晨的陽光下閃爍，非常漂亮，然後它開始往下滑，滑進了海洋，它本來在葉子上，有時間和空間，有一個定義、一個它本身的人格，現在，一旦它落入海洋，你就無法在任何地方找到它，並不是因為它變得不存在，不，現在它在每一個地方，那就是為什麼你無法在任何地方找到它，你沒有辦法找出它的位置，因為整個海洋都已經變成了它的位置，現在它不是分別存在。

當你不是跟整體分別存在，般若波羅密多——完美的智慧，來自彼岸的智慧——就升起了。

向那智慧的完美致敬，向那可愛的、那神聖的致敬！

一段很優美的引言……它說：我的崇敬是對著那當你進入彼岸時所來臨的智慧，而它是可愛的、神聖的，神聖是因為你已經變成跟整體合而為一，可愛是因為那個在你人生裡面創造出各種醜陋的我已經不復存在了。

沙提嚴（satyam）、虛凡（shivam）、孫德南（sundram）：真、神、美，這就是它的三個品質。

向那智慧的完美致敬——真理……

那就是真理：智慧的完美、那可愛的、那優美的、那神聖的、那善的。

為什麼它被稱為神聖的？因為佛是從它生出來的，它是諸佛的子宮，當你分享這個完美智慧的片刻，你就變成一個佛。當露珠消失在大海中，不再分離，不再跟整體搏鬥，臣服了，跟整體在一起了，不再反對它了，那個時候你就變成一個佛。因此我堅持要順著自然，永遠不要想去打敗它，如果你想去打敗它，你就注定要失敗，因為部分無法打敗整體，然而每一個人都試著要這樣去做，因此產生了那麼多的挫折。每一個人似乎都失敗，每一個人都試著要去征服整體，試著要去推動那個河流，很自然地，有一天你會疲倦，你會筋疲力竭。

你能量的來源非常有限，而河流是那麼大，有一天它會將你帶走，而你會在挫折當中投降。

如果你能夠很快樂地投降，它會變成臣服，那麼它就不再是挫敗，而是一個勝利。只有跟著神，你才會勝利，反對神，你絕對無法勝利，而且要記住，神並沒有試著要打敗你，你的挫敗是你自己產生出來的，你被打敗是因為你抗爭。如果你想要被打敗，抗爭；如果你想要贏，臣服。這是似非而是的真理：那些準備去投降的人變成勝利者，失敗者是這個遊戲裡唯一的勝利者。想要贏，那麼你的挫敗是完全確定的，只是時間問題而已，但它是確定的，它將會發生。

整體是神聖的，因為你跟它合而為一，你的心跟著它跳動，你跟著它跳舞，你跟著它唱歌，你就像風中的一片葉子，葉子只是隨風飛舞，它沒有自己的意志，這個沒有意志就是我所說的門徒，也就是這部經所說的神聖。

梵文的神聖(holy)這個字是巴卡瓦提(bhagavati)，了解這個字甚至比了解「神聖」這個字更重要，因為「神聖」這個字或許帶有一些基督教的含意。

巴卡瓦提是巴卡凡(bhagavan)的陰性。首先，這部經不使用巴卡凡，它使用巴卡瓦提——陰性的，因為一切的來源都是陰性的，不是陽性的，它是陰，不是陽，它是一個母親，而不是一個父親。

以父性作為神的基督教，在觀念上並沒有那麼優美，它並不是什麼東西，它只不過是男性的自我罷了。男性的自我沒有辦法想像神能夠是一個「她」，男性的自我想要神是一個「他」。你看整個基督教的三位一體：三個全部都是男人，女人沒有被包括進去——聖父、聖子基督，和聖靈，它是一個純男性俱樂部。

要好好記住：陰性在生命裡遠比男性更為基本，因為只有女人有子宮，只有女人可以生出生命，生出新的生命，它必須經過陰性。為什麼它要經過陰性？那並非只是偶然的，它經過陰性，因為只有陰性能夠允許它進來，因為陰性是接受性的，陽性是攻擊性的，陰性能夠接受、吸收，能夠變成一個通道。

經文說巴卡瓦提，不是巴卡凡，那是非常重要的。

所有佛從那裡來的完美智慧是一個陰性的元素、一個母親，子宮必須是一個母親。一旦你將神想成一個父親，你似乎不了解你在做什麼。父親是一個不自然的設立物，父性不存在於自然界，父性的存在只有幾千年，它是人類所設立出來的，而母親到處都存在，母親是自然的。

父親進入世界是因為私有財產制的關係，父親是經濟的一部分，不是自然的一部分，一旦私有財產制消失——如果它會消失——父親就會消失，而母親會永遠永遠都保持在那裡，我們沒有辦法想像一個沒有母親的世界，但是我們可以很容易想像一個沒有父親的世界。「父」的觀念是侵略性的，你沒有注意到嗎？只有德國人稱他們的國家為「父地」

（fatherland），其他每一個國家都稱它為「母地」（motherland），德國人是危險的人！

「母地」是可以的，而如果你稱你的國家為「父地」，你是在開始一些危險的事，侵略遲早會出現，戰爭遲早會來臨，種子已經在那裡。

所有把神想成父親的宗教都是侵略性的宗教。基督教是侵略性的，回教也是侵略性的，而且你知道得很清楚，猶太的神是一個非常憤怒和傲慢的神。猶太的神宣布：如果你不贊成我，那麼你就是反對我，我將摧毀你，而且我是一個非常嫉妒的神，只能崇拜我！那些把神想成母親的人是非暴力的人。

佛教徒從來沒有以宗教的名義打過一場戰爭，他們從來沒有試著要以任何強力或任何威逼來使任何一個人變教。回教徒試過用劍，違反人們的意志、違反人們的良心、違反人們的意識，來使人們變教。基督徒試著以各種方式來操縱人們，使他們變成基督徒，有時候透過劍、有時候透過麵包、有時候透過其他的說服，只有佛教是一個沒有使任何一個人違背他的良心來變教的宗教，只有佛教是一個非暴力的宗教，因為最終真實存在的觀念是陰性的。

向那智慧的完美致敬，向那可愛的、那神聖的致敬！

記住，真理是美的，真理是美，因為真理是一個祝福。真理不可能是醜的，醜的不可能是真的，醜的是幻象的。

當你看到一個醜的人，不要被他的醜所欺騙，搜尋深一點，你會發現一個漂亮的人隱藏在那裡，不要被醜所欺騙，醜是你的解釋。生命是美的，真理是美的，存在是美的，它不知道有醜。

它是可愛的、是陰性的、而且是神聖的，但是要記住，所謂「神聖的」的意思和一般所認為的意思不一樣，一般所認為的，好像它是屬於另一個世界的，好像它是相對於塵世和凡俗的，是屬於上帝的，不，一切都是神聖的，沒有什麼東西可以被稱為塵世或凡俗的，一切都是神聖的，因為一切都被「一」所充滿。

有很多佛，很多佛！——樹佛、狗佛、鳥佛、男人佛、女人佛——一切都是佛，只是一切都在途中！人不是被毀滅了的神，人是在造就中的神，尚在途中。

第二段經文：

阿伐羅氣塔——神聖的主和菩薩——在超越的智慧深道裡移動，祂從高處往下看，只看到五項要素，而祂看到在它們自己的存在裡，它們是空的。

阿伐羅氣塔是佛的一個名字，它字面上的意思是：一個從高處看的人——阿伐羅氣塔——一個從高處看的人，一個站在第七個中心——薩哈斯拉，那超越的（中心）——的人，他從那裡往下看。很自然地，任何你所看到的都被你的觀點所污染，被你所在的空間所污染。

如果一個生活在第一階——肉身體——的人，去看任何東西，他會從那個觀點來看，一個生活在肉身體的人，當他看你的時候，他只看你的身體，他無法注視更多，他無法看更多，你對事情的看法是按照你從那裡去看。

一個被性困擾的人，一個把性幻念牽扯進去的人，只能夠從那個觀點來看事情，一個飢餓的人會從飢餓的觀點來看事情，你以你自己來看事情。當每一次你看事情的時候，它們都顯得不一樣，因為你是不一樣的。早上的時候，世界看起來比晚上的時候更漂亮一點。早上的時候你是新鮮的，早上的時候，你來自偉大睡眠的深處，來自深深的睡眠，來自無夢的睡眠。雖然是無意識的，但是你嘗到了那超越的東西，所以早上的時候，每一樣東西看起來都是美的，人們更慈悲、更具有愛心；早上的時候，人們更純、更天真，等到晚上來臨的時候，這些人會變得更腐化、更狡猾、更靈精、更控制人、更醜、更暴力、更欺騙，同樣是這些人，但是在早上的時候，他們很接近那超越的，到了晚上，他們已經過分生活在那塵世的，生活在那世俗的，以及那肉身體的世界，所以他們變成集中在那裡。

完美的人是一個能夠很容易就通過這七個能量中心的人，他是一個自由的人，他不固定在任何一點。它就像一個可以撥動的號碼盤：你可以調整它到任何一個視界，那就是所謂的慕克塔（mukta）——一個真正自由的人，他能夠在所有的層面上移動，但是同時又能夠保持不為它們所動，他的純粹永遠不會喪失，他的純粹永遠維持在屬於超越的。

佛可以來，碰觸你的身體，然後治癒你的身體，他能夠變成一個身體，但那是他的自由，他能夠變成一個頭腦，他能夠跟你講話，向你解釋事情，但是他絕不是那個頭腦，他來，然後站在頭腦的後面使用它，就好像你在開車，你絕不會變成那輛車，他使用所有這些階梯，他是整個梯子，但是他的最終觀點永遠保持是超越的，那是他的本性。

「阿伐羅氣塔」的意思是一個從彼岸來看這個世界的人。

阿伐羅氣塔——神聖的主和菩薩——在超越的智慧深道裡移動。

這段經文說：這個彼岸的狀態並不是一個靜止的東西，它是一個移動，它是一個過程，就像河流一樣，它不是一個名詞，它是一個動詞，它繼續展開，那就是為什麼印度教教徒稱它為千瓣蓮花——「一千」意味著無限，它是無限的象徵，很多花瓣開在很多花瓣上面，花瓣疊上花瓣，繼續張開，無止境的，旅程開始，但是永遠沒有結束，它是一個永恆的生命之旅。

阿伐羅氣塔——神聖的主和菩薩——在超越的智慧深道裡移動。

他像是一條河流，流進彼岸的世界，他被稱為神聖的神和菩薩，易如瓦拉（iswara）這個梵文的字必須再度被記住，它被翻譯成「神聖的主」。「易如瓦拉」的意思是：一個由自己的財富變成完全富有的人。他的財富是屬於他自己的本性，沒有人能夠將它們帶走，沒有人能夠偷走它們，它們不會失去。你所有的財富都會失去、都會被偷——有一天死亡將會來臨而帶走每一樣東西，當某人來到那個內在的鑽石——那是一個人自己的本性，死亡無法將它帶走，死亡與它無關，它不能夠被偷，它不會失去，那麼一個人就變成易如瓦拉，就變成神聖的主，就變成巴卡凡（bhagavan）。

巴卡凡這個字意味著「被賜福的人」，當一個人變成「被賜福的人」，他的幸福永遠都是屬於他的，它不依靠任何東西，它是獨立的，它不是由任何東西所引起的，所以它不能夠被帶走，它不是被引發的，它是一個人固有的本性。

他被稱為菩薩，菩薩是佛教裡面一個非常優美的觀念，菩薩的意思是一個人已經成佛，但是他仍然將自己留在時空的世界來幫助別人，菩薩的主要意思是「一個佛」，他剛準備好要放棄和消失，他準備好要進入涅槃，沒有留下什麼要解決的東西，所有他的難題都被解決了，他不需要在此，但是他仍然在此，此地沒有其他東西要學的，但是他仍然在此，而且他使自己維持身體的形式和頭腦的形式，他維持整個梯子。雖然已經超越了，但他還是維持整個梯子，出自他的慈悲來幫助別人。

有一個故事說，佛陀到達了那個最後的門——涅槃，那個門被打開了，天使們在那裡唱歌跳舞迎接他，因為，在幾百萬年當中，一個人變成一個佛是很少發生的。那個門開了，那一天自然是一個偉大的慶祝日，所有古代的佛都聚集在一起，他們歡欣鼓舞、花落繽紛、音樂悠揚，而且每一樣東西都被裝飾，那是一個慶祝的日子。

但是佛陀並沒有進入那個門，所有古代的佛都抱著手要求他，請他進來：「你為什麼站在外面？」據說佛陀回答：「除非所有其他在我後面的人都進來了，否則我不要進去，我要把自己留在外面，因為一旦我進來了，我就消失了，那麼我將不能夠對這些人有任何幫助，我看到成千上億的人在黑暗中摸索，而且跌過來跌過去，我自己也曾經以同樣的方式摸索了好幾百萬世，我想幫助他們，請你們把門關上，當每一個人都來到的時候，我自己會敲門，然後你們就可以接受我。」

一個很優美的故事……

這就叫做菩薩的狀態，一個人準備好要消失，但是仍然維持在身體、在頭腦、在世界、在時間和空間，來幫助別人。

佛陀說：靜心就足夠解決你的難題，但是在它裡面還欠缺某些東西——慈悲。如果慈悲也存在，那麼你就能夠幫助別人解決他們的難題。他說：靜心是純金，它有它自己的完美。但是如果有慈悲，那麼金子也有芬芳，那麼它就是一種更高的完美，一種新的完美——帶有芬芳的黃金。黃金本身就足夠了，非常有價值，但是加上慈悲，靜心就有了芬芳。

慈悲使佛陀還保持是一個菩薩，剛好在邊界上，是的，一個人可以保持幾天或幾年的時間，但是不能太長，因為漸漸地，事情將會開始自己消失。當你不執著於身體上，你會變得從身體移到另外的地方，有時候用一些努力，你可以回來，用一些努力，你可以使用身體，但是你已經不再定居在那裡。當你不再在頭腦裡，你有時候可以使用它，但是它已經不再像以前運作得那麼好了，你已經不再在它裡面流動，當你不使用它，它還是在那裡，它是一個身心機構，它會開始堆積塵埃。

當一個人到達了第七階，有幾天，有幾年，你可以使用那六階，你可以回頭使用它們，但是漸漸地，它們會開始破碎，漸漸地，它們會開始垂死，一個菩薩最多只能留在這裡一世，然後他必須消失，因為那個身心機構消失了。

但是所有那些得道的人都盡可能試著去使用「身體頭腦」來幫助那些仍然生活在身體和頭腦的人，來幫助那些只能了解身體和頭腦語言的人，來幫助門徒們。

阿伐羅氣塔——神聖的主和菩薩——在超越的智慧深道裡移動，祂從高處往下看，只看到五項要素，而他看到在它們自己的存在裡，它們是空的。

當你從那一點看……比方說，我剛剛告訴你，我向你裡面的佛致敬，那是來自彼岸的一個看法：我把你們看成潛在的佛，而另外一個看法就是我把你們看成空殼子。

你認為你是的東西事實上並不是什麼東西，只是一個空殼子。某些人認為他是一個人，那是一個空洞的概念，意識既非男性，亦非女性。某人以為他有一個很漂亮的身體，他是漂亮的、強壯的，這個那個——那是一個空洞的概念，只是自我在欺騙你。某人認為他知道得很多，那簡直無意義，他的身心機構累積了一些記憶，而他被那些記憶所欺騙，這些都是空洞的事情。

所以當我從超越的觀點來看，在一邊我看到你們是正在發芽的佛，而在另外一邊我看到你們只是空殼子。

佛陀說：人由五項要素所組成，而它們都是空的。由於這五項要素的組合，就產生了一個叫做自我或自己的副產品。它就像時鐘的運作：它繼續滴答滴答響，你可以聽，那個滴答聲就在那裡，你可以打開那個鐘，你可以將所有的零件都拆開來，去找出那個滴答聲是從哪裡來的。那個滴答聲存在，但你將不會在任何地方找到它。那個滴答聲是一項副產品，它只是幾樣東西的組合，有一些東西在一起運作而創造出滴答聲。

你的「我」就是這樣——五項要素在一起運作，創造出那個滴答聲叫做「我」，但它是空的，它裡面沒有東西，如果你在它裡面尋找任何實質的東西，你將會找不到。

這是佛陀最深的直覺和洞見之一：人生是空的，就我們所知道的人生是空的。其實人生也是充滿的，但是我們對它一無所知，你必須從這個「空」移向一個「滿」，但是現在你無法想像那個滿，因為從這個狀態看起來，那個滿是空的。而從「那個」狀態看起來，你的滿是空的——一個國王看起來像一個乞丐，一個有知識的人、博學多聞的人，看起來好像是笨的、無知的。

有一則小故事：

某一個神聖的人收了一個學生，然後告訴他：「如果你試著寫下所有你對宗教生活的了解，以及什麼東西將你帶到那裡，那將是一件好事。」

學生離去，然後開始寫。一年之後他回到師父身邊來，說：「我非常用功去做這件事，雖然它離完成還差得很遠，但是我會繼續奮鬥。」

師父讀了他那幾萬字的作品，然後告訴那個年輕人：「它的推理令人讚佩，描述也很清楚，但是太長了一些，試著將它縮短一下。」所以那個新手再度離去，五年以後他回來，帶著一部只有一百頁的作品。

師父露出笑容，看完之後，他說：「現在你真的已經在接近那個事情的核心，你的思想清晰而有力，但是仍然太長了一點，試著再濃縮一下，我的孩子。」

那個新手黯然神傷地走開，因為他已經很費心來達到那個精髓，但是十年之後他又回來，在師父面前深深鞠躬，呈給他只有五頁，然後說：「這是我信仰的核仁，是我生命的核心，我感謝你將我帶到這一點。」

師父慢慢地，而且仔細地讀：「它真的是不平凡，」他說：「就它的簡單和美而言，它真的是不平凡，但是它尚未完美，試著去達到一個最後的澄清。」

到了指定的時間，當師父正在準備他的結束，學生再度回來，跪在他面前接受他的賜福，交給他一張紙，上面什麼都沒寫。

師父將他的手放在這個朋友的頭上說：「現在……現在你終於明白了。」

從那個超越的看法，你的所有都是空的；從你的看法、你神經病的看法，我的所有都是空的。

對你而言，佛看起來是空的，只是純粹的空。由於你的觀念、由於你的執著、由於你對東西的占有，佛看起來是空的，其實佛是充滿的，你是空的。這個洞見是絕對的，而你的看法是相對的。

經文說：

> 阿伐羅氣塔——神聖的主和菩薩——在超越的智慧深道裡移動，祂從高處往下看，只看到五項要素，而他看到在它們自己的存在裡，它們是空的。

空是進入佛學的鑰匙，當我們進入《心經》更深的領域，我們將越來越深入它。

靜心冥想這些經文，帶著愛，帶著同感來冥想它，而不是用邏輯和推理來冥想它，如果你用邏輯和推理來進入這些經文，你將會扼殺它們的靈魂。不要分析它們，試著去了解它們，試著以它們本然的樣子來了解它們，不要將你自己的思想帶進來，你自己的思想將會是一個干擾。

如果你能夠注意看這些經文，而不要用你的思想，你將會變得非常清澈。

第2章

臣服就是了解

一九七七年十月十二日

問題

有時候，只是坐著，問題浮現在腦海裡：真理是什麼？但是等我到了這裡，我了解到我沒有能力去問。但我是否能夠問，在那些片刻，當那個問題強烈地升起的時候，是怎麼一回事？當時如果你在附近，我一定會問，而如果你沒有回答，我一定會抓住你的鬍子或領子，然後問：「真理是什麼，奧修？」

那是任何一個人的腦海可能升起的最重要的問題，但是這個問題沒有答案，最重要的問題或最終的問題不可能有任何答案，那就是為什麼它是最終的。

當比拉多（審判耶穌的人）問耶穌說：「真理是什麼？」耶穌保持沉默，不僅如此，那個故事說，當比拉多問：「真理是什麼？」他並沒有等著去聽那個答案，他就走開了，這是很奇怪的，比拉多也認為它不可能有答案，所以他沒有等耶穌回答。耶穌保持沉默，因為他也知道它不可能被回答。

但是這兩個了解是不一樣的，因為這兩個人是完全相反的，比拉多認為它不可能被回答是因為沒有真理，你怎麼可能回答它？——那是邏輯的頭腦，羅馬人的頭腦。而耶穌保持沉默並不是因為沒有真理，而是因為真理是那麼廣大，它是不能定義的，真理是那麼浩瀚、那麼龐大，它沒有辦法被限定在話語裡，它沒有辦法被縮減成語言，它就在那裡，你可以成為它，但是你不能夠說它。

他們的舉止幾乎是一樣的，但是是為了兩個不同的理由：比拉多沒有等著去聽答案，他已經認定沒有真理，耶穌保持沉默，因為他知道真理，而且知道它沒辦法被說出來。

齊德維拉斯問了這個問題，這個問題是非常有意義的，沒有比這個更高的問題，因為沒有宗教比真理更高，它必須被了解，它必須被分析。分析這個問題，試著去了解這個問題本身，之後你或許會有洞察力而能夠知道真理是什麼。我將不回答它，我無法回答它，沒有人能夠回答它，但是我們可以深入它。深入這個問題，它將會開始消失，當它消失，你將會發現答案就在你內心的核心，你就是真理，所以你怎麼可能錯過它？或許你忘了它，或許你不知道它的蹤跡，或許你已經忘記如何進入你自己的本性，進入你自己的真理。

真理不是一個假設，真理不是一個教條，真理不是印度教的，不是基督教的，也不是回教的，真理既不是我的，也不是你的，真理不屬於任何人，但是每一個人都屬於真理，真理的意思就是：那個是的。它來自一個拉丁文的字根——唯拉（vera），唯拉的意思就是：那個是的。在英文裡有少數幾個字是拉丁文字根「唯拉」的轉化字：was，were——它們來自了vera，在德文裡，war 這個字來自 vera，vera 的意思就是：那個是的（that which is），沒有被解釋的。一旦解釋介入，那麼你所知道的是實體，而不是真理，那就是真理和實體之間的差別，實體是經過解釋的真理。

所以，當你回答「真理是什麼」的那個片刻，它就變成了實體，它就不再是真理了，解釋已經介入，思想在它上面染上了顏色，實體的種類就跟思想的種類一樣多。有很多種實體，而真理只有一種，因為唯有當思想不存在，真理才會被知道，就是思想使你和我分開，使你和別人分開，使你和存在分開。如果你透視思想，那麼頭腦（思想）將會給你一個真理的畫面，那將只是那個存在的一個畫面或一張照片，當然，那張照片要依照相機而定，要依所用的底片、依那個化學物質、依它是如何被顯象出來、依它是如何被印出來，以及是誰在做它而定，有一千零一種其他的東西進入，它就變成了實體（與真理有別）。

了解「實體」（reality）這個字也是很優美的，它來自 res 這個字根，它的意思是一件東西，或是一些東西。真理不是一件東西，但是一旦它被解釋了，一旦頭腦抓住了它、定義了它、定了它的界線，它就變成一件東西。

當你愛上一個女人，如果你在完全不知不覺當中墜入愛河，如果你沒有以任何方式去「做它」，如果你沒有去主動，沒有去安排，如果你甚至都沒有想到它，那麼，那是有一些真理的。突然間你看到一個女人，你注視著她的眼睛，她注視著你的眼睛，然後某些東西來電了，你不是它的做者(doer)，你只是被它所占有，你只是掉進它裡面，它與你無關，你的自我並沒有涉入，至少在最初剛開始，當愛還是潔白無瑕的時候。在那個片刻有真理，但是沒有解釋，那就是為什麼「愛」依然是不能定義的。

很快地，頭腦就會介入，它開始操作事情，它支配著你，你開始把那個女孩想成你的女朋友，你開始想要如何結婚，你開始把那個女人想成你的太太，如此一來，這些都是東西，女朋友、太太——這些都是東西，真理就不在了，真理就退回去了，現在，東西變得更重要，能夠定義的更安全，不能定義的不安全，就這樣，你開始扼殺和毒化真理，遲早將會有一個太太和一個先生，兩樣東西，那麼那個美就消失了，那個喜悅就消失了，蜜月也完了。

剛好在真理變成實體的那個片刻，在愛變成一個關係的那個片刻，蜜月就完了。很不幸地，那個蜜月期很短，我所說的不是你們去旅行的那個蜜月。蜜月期很短，或許它的存在只有一個單一的片刻，但是它的純潔、它水晶般的純粹、它的神性、它的超越性——它來自永恆，它不屬於時間。它不是這個凡俗世界的一部分，它就好像一道光射進了一個黑暗的孔，它來自那超越的，把愛稱作神是完全適當的，因為愛就是真理，在平常的生活當中，你離真理最近的就是愛。

齊德維拉斯問：「真理是什麼？」

發問必須消失，唯有到那個時候，你才知道。

如果你問：「真理是什麼？」你是在問什麼？如果我說A是真理，B是真理，C是真理，那是答案嗎？如果我說A是真理，那麼很確定地，A不可能是真理，那是我用來作為與真理同義的其他東西。如果它是完全同義的，那麼它是一個同義詞的重複句（tautology，或曰套套句），那麼我可以說「真理是真理」，但那是愚蠢的、無意義的，這樣說，什麼事都沒有解決。如果它剛好相同、如果A是真理，那麼它將意味著真理就是真理；如果A是不同的，如果A並非剛好是真理，那麼我是在將它虛假化，那麼說A是真理將只是近似的，記住，沒有任何近似的東西。或者真理是，或者它不是。所以，我不能夠說A是真理。

我甚至不能夠說「神是真理」，因為如果神是真理，那麼它是一個同義詞的重複句——「真理是真理」，那麼我等於什麼東西都沒說。如果神跟真理不同，那麼我是說了一些東西，但是這樣的話，我所說的東西是錯的，那麼神是不同的，這樣祂怎麼能夠是真理呢？如果我說它是近似的，在語言上它看起來是對的，但它是不對的，「近似」意味著還有一些謊言，還有一些虛假的東西，否則為什麼它不是一個百分之百的真理？如果它是百分之九十九的真理，那麼還有一些不是真理的東西，而真理和非真理無法一起存在，就好像黑暗和光無法一起存在，因為黑暗不是什麼東西，只是「不在」，「不在」和「在」無法一起存在，真理和非真理無法一起存在，非真理並不是什麼東西，只是真理的不在。

所以不可能有答案，因此耶穌保持沉默。

但是如果你用深刻的同感去注意看它，如果你洞察耶穌的寧靜，你將會有一個答案，寧靜就是答案。耶穌是在說：「要寧靜，像我一樣寧靜，你就會知道。」不必用話來說，它是一個姿勢，它非常像神，當耶穌保持沉默的那個片刻，他很接近禪的方法，他很接近佛教的方法，在那個片刻，他是一個佛陀。佛陀從來沒有回答這些問題，他列了十一個問題，不管他去到哪裡，他的門徒會繞場一周，向人們宣布：「不要向佛陀問這十一個問題」——基本的問題、「真正」重要的問題。你可以問其他任何東西，佛陀總是準備好要回答，但是不要問那基本的，因為那基本的只能被經驗，而真理是最基本的，真理就是存在的本質。

進入那個問題，那個問題是很重要的，它在你的內心升起：「真理是什麼？」——一個想要知道「那個是的(那個存在的)」的欲望在升起，不要將它推開，要進入它。齊德維拉斯，不管什麼時候，當它再發生的時候，閉起你的眼睛，進入那個問題，讓那個問題變得非常非常集中：「真理……是……什麼？」讓它產生高度的專心，忘掉每一件事，好像你的整個人生都仰賴這個簡單的問題：「真理是什麼？」讓它變成關係著生死存亡的一件事，但不要試著去回答它，因為你不知道答案。

答案或許會來臨，頭腦總是試著去提供答案，但是你要了解「你不知道」這個事實，就是因為你不知道，你才問，所以，叫頭腦「保持安靜」。如果你知道，那麼就不需要問這個問題，就是因為你不知道，所以才有這個問題。

所以，不要被頭腦的玩具所愚弄，它供給玩具，它說：「看！它寫在《聖經》裡，看！它寫在《優婆尼沙經》(*Upanishads*)裡，這就是答案，看！這是老子寫的，這就是答案。」頭腦能夠將各種經典丟給你，頭腦能夠引經據典，頭腦可以從記憶裡提供資料，你聽過很多事情，你讀過很多東西，頭腦攜帶了所有那些記憶，它能夠機械式地重複，但是你必須洞察「頭腦不知道」這個現象。所有頭腦在重複的都是借來的，借來的東西不能夠有所幫助。

以下的故事發生在一個平交道的地方。

平交道的柵欄已經放下來了，有火車要經過，一個人坐在他的車子裡等待火車經過，他正在看一本書，有一個站在柵欄旁邊的醉漢走過來，敲著裝有空調的汽車窗子，那個人打開窗子說：「我能夠為你做什麼？你需要什麼幫助嗎？」

那個遊手好閒的人說：「是的，我已經有兩天沒有吃任何東西了，你能不能給我兩塊錢？這樣我就夠了，只要兩塊錢。」

那個人笑了，然後說：「絕不要向人家借錢，也絕不要借錢給人家。」他將那本書給那個遊手好閒的人看，然後說：「你看！莎士比亞，這是莎士比亞這麼說的。」那個遊手好閒的人從他的口袋掏出一本很髒的平裝書，然後對那個人說：「你這狗娘養的！——這是勞倫斯（D. H. Lawrence）講的。」

要小心頭腦，頭腦繼續引用別人的話，頭腦知道一切，但是其實它根本不知道。頭腦是一個偽裝者，要看穿這個現象，這個我叫做洞見。它不是一個思考的問題，如果你去想它，那麼它又是頭腦的，你必須徹底看穿，你必須深入洞察那個現象，你必須深入洞察頭腦的運作，深入洞察頭腦是如何運作的，它從這裡借來一些東西，又從那裡借來一些東西，它一直在借用和累積，它是一個囤積者，一個知識的囤積者，頭腦變得非常博學多聞，然後每當你問一個真正重要的問題，頭腦就會給你一個非常不重要的答案——無用的、膚淺的、如垃圾般的。

有一個人從一家寵物店裡買來一隻鸚鵡，那個店的主人向他保證那隻鳥會在半個小時之內學會說「哈囉」，那個人回到家裡向那隻鳥「哈囉」了一個小時，但是那隻鳥一句話都不說，當他完全失望地走開時，那隻鳥說：「數目已經被記下來了！」

鸚鵡就是鸚鵡，牠一定是在寵物店聽過，這個人一直在說「哈囉、哈囉、哈囉」，那隻鳥在聽著，等他停止，然後牠可以說：「數目已經被記下來了！」

你可以繼續問頭腦：「真理是什麼？真理是什麼？真理是什麼？」當你停止的那個片刻，頭腦會馬上說：「數目已經被記下來了！」或其他什麼東西，頭腦會給你一個答案，要小心你的頭腦(mind)。

頭腦就是惡魔，沒有其他的惡魔，而那是「你的」頭腦，這個徹底看穿的洞察力必須被發展出來。用一把劍將頭腦狠狠地切成兩半，那把劍就是覺知。將頭腦切成兩半，然後穿過它，超越它！如果你能夠透過頭腦而超越頭腦，有一個沒有頭腦(沒有思想)的片刻會在你裡面升起，答案就在那裡，不是一個言辭的答案，不是一個引用來的經文，不是引號裡面的東西，而是確確實實你的，是一個經驗，真理是一個存在性的經驗。

那個問題非常重要，但是你必須對它非常尊敬，不要急著去找出任何答案，否則一些垃圾將會扼殺那個答案。不要讓你的頭腦扼殺那個問題，頭腦扼殺問題的方式就是去提供一個沒有活過的、沒有經驗過的答案。

你就是真理！但是它只能在完全寧靜的時候發生，當連一個思想都沒有在動，當頭腦沒有什麼東西可說，當你的意識裡連一個波動都沒有，當你的意識裡沒有波動，你的意識就維持不被扭曲，當有一個波動的時候，就有一個扭曲。

只要去到一個湖，站在岸邊，向下看你的映象，如果湖面上有波浪或微波，風正在吹，那麼你的映象是搖晃的，你沒有辦法看出什麼是什麼——你的鼻子在那裡，你的眼睛在那裡——你只能猜測，但是當那個湖是平靜的，風沒有在吹，湖面上一點波動都沒有，突然間，你就在那裡，你的映象就在那裡，十分完美，那個湖變成一面鏡子。

每當有思想在你裡面移動，它就會扭曲。有很多思想、無數的思想一直在那裡猛衝，思想一直都在趕時間，它一天二十四小時都在趕時間，思想的交通絡繹不絕，每一個思想都跟其他千千萬萬個思想聯結在一起，它們都手牽著手聯結在一起，而且交互連鎖，這整個一大堆東西就在你的四周猛衝，你怎麼能夠知道真理是什麼？要走出這一大堆東西。

那就是靜心，靜心就是關於所有這些：一個沒有頭腦(mind)的意識，一個無搖曳的意識，然後它就以它全然的美和祝福存在，那麼真理就在那裡——稱它為神，稱它為涅槃，或者不管你喜歡稱它為什麼，它就在那裡，它以一個經驗存在，你在它裡面，而且它在你裡面。

使用這個問題，使它更具有穿透力，使它變得非常能夠穿透，將每一樣東西都作為賭注，使它們處於危險關頭，這麼一來，頭腦就無法用它膚淺的答案來愚弄你。一旦頭腦消失，一旦頭腦不再玩它舊有的把戲，你就會知道真理是什麼，你會在寧靜當中知道它，你會在無思想的覺知當中知道它。

問題　我的臣服是目標指向的，我臣服是為了要贏得自由，所以它根本不是真正的臣服，我注意看著它，但問題是：那個注視著它的人永遠都是「我」，所以，來自那個注視的每一項達成都是自我的增強，我感覺被我的自我（ego）所欺騙了。

你並沒有了解臣服是什麼。

關於臣服，第一件要記住的事是：你不能夠去做它，它不是一個作為，你能夠預防它，使它不發生，但是你不能夠操作它，使它發生。關於臣服，你的力量只是負向的：你能夠阻止它，但是你無法帶動它。

臣服並不是某種你能夠做的事，如果你做它，它就不是臣服，因為做者存在。臣服是一項偉大的了解，說：「我不是」。臣服是一個洞見，說自我不存在，說你不是跟整體分開的。臣服不是一項行動，而是一個了解。

首先「你」是虛假的，那個分開是假的！你一刻都無法跟宇宙分開。樹根如果脫離泥土就無法存在。如果太陽明天消失，樹木就無法存在；如果沒有水來到樹根，它就無法存在；如果樹木不能呼吸，它就無法存在，樹木根植於所有的五項要素——佛教徒所稱的史堪達斯（skandhas），也就是我們前日所談到的五個要素群。阿伐羅氣塔……當佛陀來到超越的看法，當他經歷了所有的階段，當他經歷過梯子的所有梯級而來到了第七級，他從那裡往下看，往回看，他看到什麼？他只看到五項要素，在它們裡面沒有什麼重要的東西，只是空——尚雅塔（shunyata）。

如果這五項要素不經常將能量灌入樹裡面，樹就無法存在，如果樹開始想「我是（存在）」，那麼樹一定會有不幸，樹將會為它本身創造出地獄，但是樹並沒有那麼愚笨，它們不帶有任何頭腦。它們在那裡，但是如果它們明天消失，它們就這樣消失，它們不執著，樹經常臣服於存在，臣服的意思就是說：它從來不分開，它還沒有自我那種愚蠢的觀念。鳥兒也是一樣，山也是一樣，星星也是一樣，只有人把他們偉大意識的機會轉變成自我意識。人有意識，如果意識成長，它可以帶給你可能的最大喜樂，但是如果某些事情弄錯了，意識變質了，而變成自我意識，那麼它就創造出地獄，創造出不幸，然而選擇的可能性永遠都是敞開的，至於要怎麼選擇，那就看你了。

關於「自我」，第一件要了解的事是：它不存在，沒有人是跟宇宙分開而存在的。你跟我一樣，跟佛陀一樣，跟耶穌一樣，是跟宇宙合一的，我知道，但是你不知道，這只是認識上的差別，這個差別不是存在性的，根本不是！所以你必須洞察這個分開的愚蠢觀念，如果你現在開始試著去臣服，那表示你仍然帶有分開的概念，現在你在想：「我將要臣服，現在我要去臣服」——你認為「你」是（存在）。

洞察那個分開的觀念，有一天你會發現，你不是分開的，所以你怎麼能夠臣服呢？沒有人可以去臣服！從來沒有任何人可以去臣服！臣服是不存在的，根本不存在，在任何地方都從來沒有被找到過。如果你進入你自己，你將不會在任何地方找到臣服，在那個片刻就是臣服，找不到臣服的那個片刻就是臣服。你沒有辦法做它，如果你做它，它就變成假的。來自虛假的，只有虛假會升起，「你」是虛假的，所以不管「你」做了什麼，它都將會是虛假的。一個虛假導致另一個虛假，然後以此類推，而基本的虛假就是自我，就是「我是分開的」這個概念。

你問：「我的臣服是目標指向的。」

自我永遠都是目標指向的，它永遠都是貪婪的，它永遠都是攫取的，它永遠都在追求更多、更多、又更多，它生活在更多。如果你有錢，它會想要更多錢；如果你有一個房子，它會想要有一個更大的房子；如果你有一個女人，它會想要有一個更漂亮的女人，它永遠都想要更多。自我經常在飢餓，它生活在未來和過去。在過去方面，它以一個囤積者過活——「我有這個和這個和這個」，它得到一個很大的滿足：「我有某些東西」——權力、名譽、金錢，這些東西給自我一個實體，它給予一個概念：當你有這些東西，你一定是存在的。它用「更多」這個觀念生活在未來，它以一個記憶和一個欲望存在著。

一個目標是什麼？它是一個欲望：「我必須到達那裡，我必須成為那個，我必須得到。」自我不會，也不能夠生活在現在，因為現在是真實的！而自我是虛假的，它們從來不相會。過去是假的，它已經不在了，過去它存在，但是當它過去在的時候，自我卻不在，一旦它消失了，不再存在了，自我就開始抓住它、累積它，它抓住和累積死的東西，自我是一個墓地，它蒐集屍體和死的骨頭。

或者，它生活在未來，未來也是尚未發生的，它是一個想像、一個幻想、一個夢，自我也能夠很容易地跟那些生活在一起。虛假的東西能夠非常完美地在一起，很順利地在一起。將任何存在性的東西帶進來，自我就消失了，因此必須堅持在現在，在此時此地。就在這個片刻……如果你是聰明的，那麼就不需要去想我所說的，現在這個片刻你就能夠完全洞察它！自我在哪裡？……有寧靜，沒有過去，沒有未來，只有這個片刻……這隻狗正在叫。只有這個片刻，而你不是，讓這個片刻是(存在)，而你不是(不存在)，裡裡外外都有一個無限的寧靜，有一種深邃的寧靜，那麼就不需要去臣服，因為你知道你不存在，知道你不存在就是臣服。

那不是一個臣服於我的問題，那不是一個臣服於神的問題，那根本不是一個臣服的問題！臣服是一個洞見、一個了解，說：「我不是(我不存在)」，看到「我不是、我是無物、我是空」，臣服就產生了，臣服的花開在空的樹上，它不可能是目標指向的。

自我是目標指向的，自我在渴望著未來，它甚至可以渴望來生、渴望天堂，它也可以渴望涅槃，它渴望什麼是無關緊要的，它就是欲望，它就是投射到未來。

了解它！洞察它！我不是說要去想它，如果你去想它，你就錯失了，思考也是意味著過去和未來，你有沒有洞察它——阿伐羅氣塔！——洞察它，英文的「look」這個字跟avalokita（阿伐羅氣塔）來自同樣的字根，洞察它，馬上做，不要告訴你自己說：「好，我回家再做。」這樣的話，自我就進來了、目標就出現了、未來就進入了。每當時間進入，你就掉進了那「分開」的虛假。

讓這個片刻在那裡，然後你突然看到你是，你不去任何地方，你不來自任何地方，你一直都在這裡。「這裡」就是唯一的時間、唯一的空間，「現在」就是唯一的存在，在那個「現在」，臣服就在那裡。

你說：「我的臣服是目標指向的，我臣服是為了要贏得自由。」

但你是自由的！你從來不是不自由的，你是自由的，只是有一個困難：你想要自由，但是你不了解。唯有當你能夠免於你自己，你才能夠自由，沒有其他的自由。當你想到自由，你把它想成好像你會在那裡而自由。其實，有自由的時候，你不會在那裡，自由意味著沒有自己，而不是自己的自由。監獄消失的那個片刻，那個在監獄裡面的人也消失了，因為那個在監獄裡面的人就是監獄！你走出監獄的那個片刻，你也不存在了，只有純粹的天空、純粹的空間，那個純粹的空間被稱為涅槃、莫克夏（moksha）、或自由。

試著去了解，而不要試著去達成。

我臣服是為了要贏得自由。

那麼你是在使用臣服作為一個手段，然而，臣服就是目標，它本身就是目的。當我說臣服就是目標，我並不是說臣服必須在未來的某一個地方被達成，我是說臣服不是一個手段，它本身就是一個目的。並不是說臣服帶來自由，臣服就是自由，它們是同義詞，它們意味著同樣的事，你從兩個不同的角度來看同樣的事。

所以它根本不是真正的臣服。

它既不是真的，也不是不真的，它根本不是臣服，它甚至不是不真的。

我注意看著它，但問題是：那個注視著它的人永遠都是「我」，所以，來自那個注視的每一項達成都是自我的增強，我感覺被我的自我所欺騙了。

誰是你所說的這個被自我所欺騙的「我」？它就是自我本身，自我能夠將它自己分成好幾個片段，分成好幾個部分，然後遊戲就開始了。你是追逐者，而你同時是那個被追逐的，它就好像是一隻狗試著要抓住牠自己的尾巴而一直跳，當你看到這種情形，你會了解它的荒謬，但是狗看不到你所看到的荒謬，牠越是覺得要抓住尾巴很困難，牠就變得越瘋狂、跳得越厲害，牠跳得越快、越大，尾巴也就跳動得越快、越大。狗無法想像正在發生的是什麼，牠對每一樣東西都那麼會抓，而這一條很平常的尾巴，牠竟然抓不到。

這就是目前發生在你身上的現象，「我」試著去抓，而那個「我」既是去抓的人，也是被抓的，兩者都是，了解它的荒唐，而在那個了解當中免於它。

沒有一件事要做，我說「沒有一件事」，因為你已經是你想要變成的那個東西。你們都是佛，你們從來不是其他的，看著它、了解它，那就夠了。

當你說：「我注意看著。」它還是那個「我」，注意看的話，那個「我」就會再度被創造出來，因為注意看還是一個行為，還是涉及努力，你在注意看！是誰在注意看？放鬆！在放鬆當中——當沒有東西必須去注意看，也沒有一個注意看的人，當你不被分成一個二分體，這個時候有一個不同的觀照性質會升起，它不是一個注意看，它只是一個被動的覺知，我說是被動的——記住。在它裡面沒有主動性或積極性，注意看是很積極的，需要努力，而且你必須是緊張的，但是不要緊張，放鬆，只是在那裡就好了。當你只是在那裡，坐著，什麼事都不做，春天會來臨，草自己會生長。

這是整個佛教的方法：任何你所做的事情都會產生和增加那個做者（doer）——注意看也是一樣，思考也是一樣，臣服也是一樣，任何你所做的事情都會產生陷阱。在你的部分，什麼事都不需要做，只要存在……讓事情發生，不要試著去操作，不要試著去控制，讓微風吹過，讓陽光來臨，讓生命歡舞，讓死亡來臨，也讓它的歡舞進入你。

這就是我所說的門徒的意義：它不是一件你要去做的事，當你放棄所有的行為，而且你看到了作為（doing）的荒謬……你是誰，竟要去做？你只是這個海洋中的一個波浪，有一天你存在，另外一天你會消失，而海洋仍然會繼續。你為什麼要那麼擔心？你來臨，然後你消失，在這個來去之間，只為了這個小小的時間間隔，你變得那麼擔心而且緊張，你將所有的擔子都挑在你自己的肩膀上，而且你用很多石頭壓在你的心上，根本沒有理由。

就在這個片刻，你是自由的！我宣布：就在這個片刻，你是成道的。但是你不信任我，你說：「那很好，奧修，但是只要告訴我們：要如何成道？」

那個想要變成什麼，那個想要達成什麼，以及那個欲求等等，它們繼續跳到你能夠找到的每一樣東西，有時候是金錢，有時候是神，有時候是權力，有時候是靜心——任何東西都可以。於是你就開始抓住它，然而不抓住才是去過真實的生活。不抓住，不占有。

讓事情發生，讓生命是一個發生而愉快、欣喜，因為這樣才永遠不會有挫折，因為一開始你從來就沒有期待任何事情，所以任何發生的事情都是好的，都是受歡迎的。

沒有失敗，也沒有成功！那個失敗和成功的遊戲已經被丟棄了。早上的時候，太陽升起而喚醒你，晚上的時候，月亮升起而唱著催眠曲，然後你去睡覺，飢餓的時候，你吃東西，諸如此類的事等等，這就是禪師們所說的「飢餓的時候，吃；想睡的時候，睡，其他沒有什麼事可做」的意思。

我不是教你不活動，我不是說不要工作，我不是說不要賺取你的麵包，我不是教你放棄世界而依靠別人，變成一個剝削者，不，根本不是，但是不要成為一個做者（doer），是的，當你飢餓的時候，你必須吃，當你必須吃，你就必須賺取麵包——但是沒有人在做它，那是飢餓本身在工作，其他沒有人在做，那是口渴本身把你帶到井水那裡，或是把你帶到河流那裡，那是口渴本身在移動，而沒有一個口渴的人。

丟掉你生命中的名詞和代名詞，而讓動詞活著。

佛陀說：真理是當你看到一個舞者的時候，沒有舞者，而只有跳舞；當你看到一條河流，沒有河流，而只有河水在流動；當你看到一棵樹，沒有樹在表現它本身；當你看到一個微笑，沒有人在微笑，只有那個微笑、那個正在微笑的表現；當你看到愛，沒有一個愛者，只有愛的表現。生命是一個過程。

但是我們習慣於以靜態的名詞來思考，那會產生麻煩。沒有東西是靜止的，一切都是變動和流動，跟著這個流動，跟著這條河流動，永遠不要成為一個做者（doer），即使當你正在做事，也不要成為一個做者，只有做，而沒有做者，一旦這個洞見在你裡面確定下來，其他就沒有什麼事了。

成道（Enlightenment）並不是某種好像目標而必須去達到的東西，它就是這個平常的生活，這個圍繞著你的簡單生活，只是，當你不搏鬥的時候，這個平常的生活就變得格外優美。那麼樹木就會變得更青翠，鳥兒會以更豐富的調子歌唱，每一件發生在周遭的事都會是寶貴的……那麼平常的小石頭就是鑽石。

接受這個簡單的、平常的生活，丟棄那個做者。當我說丟棄那個做者，不要成為一個丟棄者！只要洞察它的真相，它就消失了。

問題　那卡珠那（Nagarjuna；龍樹菩薩）的尚雅瓦達（shunyavada）和阿無亞克里多帕諜西（avyakritopadesh）——聖主佛陀沒有被說出來的和沒有被定義的教導——之間有沒有什麼不同？

根本沒有什麼不同，如果有不同的話，那只是說明方式的不同。那卡珠那是一位偉大的哲學家，是世界上最偉大的哲學家之一，世界上只有很少的人、非常少的人，具有像那卡珠那一樣的洞察力，他講話的方式是非常哲學味的、邏輯的、完全邏輯的，而佛陀是一個神祕家，不是一個哲學家，他描述事情的方式比較詩情化，而比較不是哲學式的，他們兩個人的方式不一樣，但那卡珠那所說的跟佛陀所說的完全是同樣的事，他們的說明方式的確不同，但是他們所說的必須被了解。

這個問題是歐瑪那斯．巴提問的。

你問：「尚雅瓦達和……之間有沒有什麼不同……」，尚雅瓦達的意思是學說——空無的哲學。在英文裡沒有一個字可以適當地相當於「尚雅（shunya）」這個字，尚雅意味著空，但不是負向的，而是非常正向的空，它意味著無物，但是它並非只是意味著無物，它意味著沒有東西的狀態。尚雅意味著空，全然的空，但是那個空本身在那裡，完全在，所以它不只是空，它就好像天空是空的，它是一個純粹的空間，但是它存在，每一樣東西進入它，然後又走掉，但是它仍然保持，尚雅就好像是天空……純粹的在。

雖然你生活在它裡面，但是你沒有辦法碰觸到它，雖然你從來不能沒有它，但是你無法看到它，你存在它裡面，就好像魚存在在海洋裡，你存在在空間裡、在尚雅裡。尚雅瓦達意味著每一樣東西都從無物升起。

就在幾分鐘之前，我告訴你們真理和實體之間的差別，實體意味著東西的世界，真理意味著沒有東西的世界——無物、尚雅，所有的東西都從無物升起，然後溶解而回到無物。

在《優婆尼沙經》裡有一個故事：

史維特凱圖從他師父那裡來，回到他父母那裡，他已經學會了所有的事情，他的父親烏達拉卡，一個偉大的哲學家，看著他說：「史維特凱圖，你到外面那棵樹上去摘一個水果來。」

他走出去，帶來一個水果。

父親說：「打破它，你在它裡面看到什麼？」

「裡面有很多種子。」

父親說：「拿出一粒種子，然後打破它，你在它裡面看到什麼？」

他說：「什麼都沒有。」

父親說：「每一樣東西都是從這個沒有東西生出來的。這棵大樹，大到有一千輛牛車可以在它底下休息，也是從一粒種子生出來的。你打破種子，在裡面找不到東西，這就是人生的奧祕——每一樣東西都是由沒有東西產生出來的。有一天樹木消失，你不知道它在哪裡，你無法在任何地方找到它。」

人也是一樣，我們從無物產生出來，我們是無物，而我們會再消失成為無物，這就是尚雅瓦達。

而什麼是佛陀的阿無亞克里多帕諜西——那沒有被說出來的，和沒有被定義的教導？它是一樣的，只是他從來沒有像那卡珠那一樣，把它弄得那麼哲學般地清楚，那就是為什麼他從來不談論它，那就是為什麼他說那是不能被定義的，它無法被帶到語言的層面，因此他對它保持沉默。

你知道那個「花的傳道」嗎？有一天他手上拿著一支蓮花來，靜靜地坐著，一句話都沒說，有一萬個門徒在那裡，有一千個佛門弟子也在那裡，他們在等他說一些東西，但是他繼續看著那朵蓮花，那裡非常寧靜，同時也非常不安，人們開始變得侷促不安——「他在做什麼？他從來沒有這樣過。」然後有一個門徒——摩訶迦葉——笑了，佛陀叫摩訶迦葉，將那朵蓮花給他，然後向大家說：「能夠說的我已經都告訴你們了，不能夠說的，我給了摩訶迦葉。」

這就是阿無亞克里多帕諜西，這是不能定義的訊息，那個傳遞就是佛教禪宗的起源。佛陀將某些東西傳給摩訶迦葉，某些無物的東西，在看得見的層面是沒有東西、沒有文字、沒有經文、沒有理論，但是某些東西已經被傳遞了，那些是什麼東西呢？

禪宗的和尚在這件事上面一直靜心冥想了兩千五百年：「到底是什麼東西？是什麼東西

被傳遞了？到底給的是什麼東西？」事實上，佛陀並沒有給摩訶迦葉任何東西，是摩訶迦葉突然了解了某些東西，他了解了那個寧靜，他了解了那個具有穿透力的寧靜，他了解了那個清晰的片刻、那個完全沒有思想的片刻，在那個片刻裡，他與佛陀成為一體，那就是臣服。並不是他在做它；佛陀是寧靜的，他也是寧靜的，兩個寧靜會合，兩個寧靜互相溶入對方，記住，兩個寧靜是無法維持分開的，因為寧靜沒有疆界，寧靜是沒有約束的，寧靜是敞開的，那天在那個一萬名和尚的大集會裡，有兩個寧靜——佛陀和摩訶迦葉，其他人都停留在外面，摩訶迦葉和佛陀會合，所以他笑了，因為那是佛陀曾經傳過的最偉大的傳道。

什麼都沒說，但是他已經說了一切，說了一切能夠說的，而且所有不能說的也都說了。摩訶迦葉出自了解而笑，在那個笑聲裡，摩訶迦葉完全消失，變成一個佛，來自佛陀燈上的火焰跳進了摩訶迦葉，那個傳遞被稱為「超越經典之外的傳遞」——花的傳道，那是人類意識歷史上獨一無二的，那就是所謂的阿無亞克里多帕諜西：沒有被說的話，沒有被道出的語言。

在那個片刻，寧靜變得那麼充實、那麼扎實、那麼真實、那麼存在性，寧靜變成可觸知的。佛陀是一個無物，摩訶迦葉也了解了無物和完全空的意義。

那卡珠那的尚雅瓦達和佛陀未說出的訊息之間沒有差別，那卡珠那是佛陀最偉大的弟子之一，也是曾經有過的最具穿透力的智者之一，只有非常少數的人——偶爾有一個蘇格拉底、或是一個山卡拉——能夠跟那卡珠那相比，他非常非常聰明。智力所能夠做的最極限就是去自殺，能夠發生在智力上最偉大的事情、最偉大的高潮就是超越它自己——那就是那卡珠那所做的，他經歷過智力的所有領域，而且超越了它。

邏輯的實證主義者說空無只是一個抽象的概念，從許多反面的斷言或否定的例子……比方說：這是不甜的，我不是健康的，我不在那裡，他不喜歡我等等，它沒有它本身的實質，那就是邏輯的實證主義者所說的。佛陀不同意，那卡珠那也不同意，海德格（Martin Heidegger）——現代最具穿透力的智者之一——也不同意。

海德格說，有一個空無的實際經驗，它不只是某些用語言創造出來的東西。有一個空無的實際經驗，它跟人的存在不可分割地連結在一起，要證實這一點的經驗就是恐懼，丹麥的哲學家齊克果也在問：「空無產生什麼效果？」然後他回答：「它產生恐懼。」

空無是一項實際的經驗，或者你能夠在深入的靜心當中經驗到它，或者當死亡來臨時，你可以經驗到它，死亡和靜心是經驗到它的兩個可能性。是的，有時候你也可以在愛當中經驗到它，如果在深愛當中你溶入某人，你就能夠經驗到一種空無，那就是為什麼人們害怕愛，他們只進入這麼深，然後恐慌就升起，然後他們就害怕了；那就是為什麼非常少人能夠維持高潮，因為高潮會給你一種空無的經驗，你消失了，你溶入某些東西，而你不知道它是什麼，你進入那不能定義的——阿無亞克里多帕諜西，你超越了社會的，你進入某種統一，在那裡，分開不復存在、自我不存在，那是令人害怕的，因為它就像死亡一樣。

所以，空無是一項經驗，或者存在於愛裡面，那是人們學著去避免的——有很多人繼續渴求愛，但是因為害怕空無而繼續摧毀它所有的可能性；或者存在於深入的靜心裡，當思想停止的時候，你只是看到裡面沒有東西，但那個空無是在的，它並非只是沒有思想，它是某種未知的、神祕的、很巨大的東西的在，或者，如果你是警覺的，你可以在死亡的時候意識到空無。人們平常在無意識當中過世，因為害怕空無，他們變得無意識。如果你有意識地死……唯有當你接受死的現象，你才能夠有意識地死。為了這件事，一個人必須學習一生，準備好，一個人必須去愛「準備去死」，一個人必須去靜心冥想「準備去死」，只有那個愛過的和靜心冥想過的人才能夠有意識地死，一旦你有意識地死，那麼你就不需要再回來，因為你已經學會了人生的課程，那麼你就消失而進入整體，那就是涅槃。

邏輯的實證論者看起來很邏輯，但是他們錯過了某些東西，因為真實的存在遠比邏輯來得多。在平常的經驗當中，我們只能到達他們所說的：這張椅子在這裡，它將會被移開。這些就是平常「空無」的例子：以前曾經有一個房子，然後它被拆除了，它已經不在那裡，它只是一個不在。

但是在你存在的內部深處，在非常核心的部分有空無，在生命的最核心部分，死亡存在著，死亡就是颱風的中心。在愛當中，你接近那個地方，在靜心當中，你接近那個地方，在身體的死亡當中，你也接近那個地方，在深入的睡眠當中，當夢消失，你接近它，它是非常給予生命力的，它是增強生命力的。一個無法熟睡的人會生病，因為只有在熟睡當中，當他「死了」而進入他最深的深處，他才能夠獲得生命、能量和生命力。

早上的時候，他再度變新鮮，充滿熱情和興致、充滿活力、充滿生命力。

學習去死！那是必須學習的最偉大藝術，是存在的最偉大技巧。

海德格說……他的觀點和佛陀的觀點很接近，而他的語言是非常現代的，那就是為什麼我引用他的話，他說：「每一個人，只要他是一個人的存在(being)，都是由無物所做成的。」也有一個類似的基督教教義，非常受到忽略，因為基督教的神學家無法控制它，它太超越了，那個教義是某creatio ex nihilo：創造來自無物。

如果你問現代的物理學家，他會同意佛陀所說的話：你越深入物質，東西就會開始消失。當原子被分裂的時候，有一個片刻會來臨，東西的性質完全消失，然後有電子，但是它們已經不再是東西，它們是無物，這很難了解，但是現代的物理學很接近玄學，因為它每天都越來越接近真實的存在，它透過物質來接近，但是它來到了無物，你知道在現代的物理學，物質已經不復存在，物質只是一個幻象，它只是呈現出來的表象而已，它並不在那裡，它的固體性和它的物質性都是幻象，任何東西都不是有實質的，一切都是變動和能量，物質不是什麼東西，只是能量，當你深入能量，你就會知道，能量並不是「東西」，它是「無物」。

死亡就是那個點，在那個點上，知識都失敗了，我們變得對存在敞開，長久以來，那一直都是佛教徒的經驗。有人過世的時候，佛陀常常派他的門徒去看，看那個屍體在火葬的木堆上焚燒：「在那裡靜心冥想，在生命的無物上面靜心冥想。」死亡就是那個點，在那個點上，知識都失敗了，當知識失敗，頭腦也失敗了，當頭腦失敗（或毀了），有一個可能性會產生，真理會穿透你。

但是人們不知道，當某人過世，你不知道要怎麼辦，你很尷尬。當某人過世，那是一個去靜心冥想的偉大時刻。

我一直都在想，每一個城市都需要一個死亡中心，當某人即將過世，當他的死已經非常逼近，他必須被移到那個死亡中心。那個中心應該是一個小廟，在那裡，能夠深入靜心的人應該坐在他的周圍，幫助他死，當他消失成無物的時候，應該加入他的本質（being）。

當某人消失成無物的時候，有很大的能量會被釋放出來，本來在那裡包圍著它的能量會被釋放出來。如果你在他周圍寧靜的空間裡，你會經歷到一個偉大的旅程，沒有任何迷幻藥能夠把你帶到那個境界，那個人自然放出很大的能量，如果你能夠吸收那個能量，你也會跟著他有一些死，你將會看到那個最終的——那個來源和那個目標，那個開始和那個結束。

沙特（Jean Paul Sartre）說：「人是一個存在（being），藉著它，無物進入世界。」「意識不是這個或那個物體，它根本不是任何物體，但是很確定地，它是它自己，對不對？」「不，」

沙特說：「一定不是，意識從來不會跟它自己是同一的，因此，當我反省我自己，那個被反省的自己和那個去反省的自己是不同的，當我試著去陳述我是什麼，我失敗了，因為當我正在說話的時候，我正在說的東西就溜掉了，而進入過去，然後變成我以前是什麼，我是我的過去和我的未來，但我不是，我曾經是一個人，而我將成為另外一個人，但是在現在，有的只是無物。」

如果某人問你：「你是誰？」你會怎麼說？或者你可以由過去來回答，但是過去已經不在了，或者你可以由未來來回答，但是未來尚未發生，而在這個片刻你是誰？——一個無人、一個無物，這個無物就是核心、就是心臟……你存在的心臟。

死亡並不是那支砍掉生命之樹的斧頭，它是生長在生命上面的水果，你是由死亡所做成的那個物質，無物（空無）就是你真正的本質。透過愛，或是透過靜心來達到這個空無，繼續去瞥見它（經驗它）。

這就是那卡珠那所說的尚雅的意思，這就是那個「花的傳道」所傳遞的東西。當摩訶迦葉笑的時候，這就是他所了解的，他看到了無物，以及它的純粹、它的天真、它原始的純真、它的發光，和它的不朽——因為無物不會死。東西會死，而無物是不朽的、永恆的。

如果你跟任何東西認同，你會遭受到死亡之苦，但是如果你知道你就是死亡，你怎麼會遭受到死亡之苦呢？那麼就沒有東西能夠摧毀你，無物是不能被摧毀的。

有一個佛教的寓言這麼說：地獄的國王問一個新來的靈魂，有生之年他是否碰到過三個由上天來的報信者，當他回答說「不，閣下，我沒有碰到過」的時候，地獄王問他是否看過一個年紀很大、彎著腰的老人，或是一個貧窮而沒有朋友的病人，或是一個死人？佛教徒把這三種人叫做「神的報信者」。年老、疾病，和死亡——三種神的報信者，為什麼呢？因為唯有透過這些人生經驗，你才會覺知到死亡，如果你覺知到死亡，而開始學習如何進入它、如何歡迎它、如何接近它，那麼你就能夠免於枷鎖，免於生和死的輪迴。

海德格這樣說，齊克果也這樣說：空無產生恐懼。但那只是故事的一半，因為這兩個人都只是哲學家，所以它產生恐懼。

如果你問佛陀、摩訶迦葉、那卡珠那、或我，那麼答案是：只是部分地注視著死的話會產生恐懼，但是如果你完全注視著它、全部注視著它，它會使你免於所有的恐懼、免於所有的痛苦、免於所有的焦慮、免於輪迴，因為如果你只是部分地看，那麼它會產生害怕，害怕你將會死，害怕你將會變成一個無物，害怕你將會很快地消失，於是很自然地，你就會覺得神經緊張、心情不定、失去了根，但是如果你完全注視著死亡，那麼你知道你就是死亡，你是由它做成的，所以沒有什麼東西會消失，也沒有什麼東西會留下來，只有無物存在。

佛教並不像很多人所想的，是一個悲觀的宗教，佛教是去除樂觀和悲觀兩者、去除二分性的方法。

開始靜心冥想死亡，每當你覺得死亡正在接近，進入它，透過愛之門，透過靜心之門，透過一個正在逼近死亡之門的人來進入它。如果有一天——那一天一定會來到——你也在逼近死亡，在喜悅和祝福當中接受它，如果你在喜悅和祝福當中接受死亡，你將會達到最高的頂峰，因為死亡是生命的高潮，因為隱藏在它裡面的是最大的自由。

死亡就是跟神做愛，或者神跟你做愛，死亡是宇宙性的，是全然的高潮，所以，放棄你所有關於死亡的概念，那些概念是危險的，它們使你對這個你所需的最偉大的經驗採敵對態度。如果你錯過死亡，你會再被生出來。除非你學會了如何去死，否則你將會繼續一而再，再而三地被生出來，這就是輪迴，這就是世界。一旦你知道了最大的高潮，那麼輪迴就不需要了，你就消失了，你就永遠停留在那個(極樂的)高潮，你不會保持像你現在一樣，你不會保持像一個固定的實體，你不會被任何東西所界定，你不會跟任何東西認同，你會以「整體」存在，而不是以「部分」存在。

這就是那卡珠那的尚雅瓦達，這就是佛陀沒有說出的訊息、沒有說出的話，它們兩者是一樣的。

問題　雖然我非常被吸引，但是我害怕當門徒，我害怕是因為我先生，我認為他不能夠了解。

你對你先生並沒有很尊敬，你認為他很愚蠢或怎樣？為什麼他一定不能了解？如果他愛你，他將會了解，愛就是了解，如果他不愛你，那麼你當不當門徒，他都不會了解你。

第二件事情：如果他不了解你當門徒這件事，那是他的問題，你必須過你的生活，絕不要妥協，否則你會失掉很多，絕不要妥協！如果你覺得喜歡當門徒，那麼就成為門徒，要冒這個險。如果他愛你的話，那就沒問題，他會了解，因為愛給予自由，如果他不愛你，那麼他將會有困難，因為他會覺得你脫離了他的占有，你變成獨立的，你試著要成為你自己。屈服於他的期望是自毀的。那是他的問題，你必須過你的生活，他必須過他的生活，沒有人應該試著強使對方如何。

但我的感覺是：你也一定是強迫他做一些什麼，所以你才害怕。如果你沒有強迫他，你就可以獨立，但那是一個相互的約定：人們互相成為對方的奴隸，記住，每當你使某人成為奴隸，你也是使某人成為你的主人，那是一個相互的約定。你一定是試著去控制你先生，你一定是試著去強迫他，你一定是使他成為一個殘缺的人，而現在你想要獨立。在內心深處，你害怕如果你變成獨立，他也將主張他的獨立，然後他會喜歡走他自己的路，這樣你會受不了，那就是你真正的害怕。

但是如果你不做你喜歡的、你想要去做的、你想要成為的事情，那麼，你將永遠不能夠原諒他，而你將會報復、你將會生氣、你將會盛怒，因為你將經常會想到你要成為門徒，而就是因為這個人……你會覺得被關在籠子裡、被監禁。沒有人喜歡被監禁，被監禁之後，一個人會恨那個使你受監禁的人，因此他會試著以微妙的方式報復，那個報復將會摧毀你的婚姻。

絕不要創造出這樣一個使你不能夠原諒對方的情況，只有兩個獨立的人能夠互相原諒，兩個奴隸無法互相原諒，然而誰知道？你的獨立或許也可以在某方面幫助他。

前幾天我讀了一則逸事：

兩個探險家在亞馬遜河流域的叢林裡相遇，發生了下列的對話：

第一個探險者：

「我來到這裡是因為有一股要去漂泊的內在驅策力在我的血液裡，文明使我生病，我喜歡看原始狀態的大自然，我喜歡在從來不曾有人踏過的地方留下我的腳印，你呢？你為什麼來到這裡？」

第二位探險者：

「我太太成為奧修的門徒，她早上做動態靜心，晚上做亢達里尼靜心，所以……」

但是很好！如果你先生到亞瑪遜河流域去，而成為一個探險家，這是給他一個很好的機會去做某些事。

第 3 章

否定知識

一九七七年十月十三日

《心經》今譯文：

在此，喔，舍利子，形體是空，而空就是形體，空和形體並沒有什麼不同，形體和空也沒有什麼不同，任何是形體的都是空，同樣地，感情、知覺、內在衝動和意識，也都是空。

在此，喔，舍利子，所有的達摩(Dharmas：宇宙或個人存在的基本法則)都是以空為其特徵，它們不是被產生出來的，也不被停止；不是被沾污的，也不是潔淨的；不是缺損的，也不是完整的。

對照的《心經》古譯文：

舍利子，色不異空，空不異色，色即是空，空即是色，受想行識，亦復如是，舍利子，是諸法空相，不生不滅，不垢不淨，不增不減。

知識就是禍因、災難和癌。就是因為透過知識，人們才變得和整體分開，知識創造出那個距離。

你在山裡偶然看到一朵野花，你不知道它是什麼，你的頭腦對它沒有什麼話可說，頭腦是沉靜的，你注視著花，你看著花，但是在你裡面沒有知識升起——有驚奇、有神祕，花在那裡，你也在那裡，透過驚奇，你跟它不是分開的，你被連結起來了。

如果你知道它是一朵玫瑰，或是一朵金盞花，或是其他的東西，那個知道會使你跟它分離。花在那裡，你在這裡，但是沒有連結——你知道！知識造成距離，你越知道，那個距離就越大，你越不知道，那個距離就越小。如果你處於那個不知道的片刻，就沒有距離，你就被連結起來了。

你愛上一個女人或男人，你墜入情網的那一天沒有距離，只有驚奇、激動、興奮，和狂喜，但是沒有知識，你不知道這個女人是誰。沒有知識的話，就沒有東西會將你分裂，因此那些愛的第一個片刻有它們的美，你跟那個女人生活了二十四個小時之後，知識就升起了，如此一來，你對那個女人就有了一些概念：你已經知道她是誰，你有了一個意象。二十四小時造成一個過去，那二十四小時在頭腦裡面留下了記號：你注視著那個相同的女人，但是已經不再有相同的神祕，你在走下坡，那個頂點已經失去了。

了解這個就是了解了很多。如果你了解知識使人分裂、知識造成距離，那麼你就已經了解了靜心真正的奧祕。靜心就是一種不知道的狀態，靜心是純粹的空間，不被知識所打擾，是的，那個《聖經》的故事是真實的——人透過知識而墮落，人吃了知識之樹的果實而墮落，世界上沒有其他的經文能夠勝過那一段，那個寓言是最後的話語，沒有其他寓言可以達到那個高度和洞見。

人透過知識而墮落，這看起來很不合邏輯。它看起來不合邏輯，因為邏輯是知識的一部分，邏輯完全支持知識；它看起來不合邏輯，因為邏輯是人墮落的基本原因。一個完全合乎邏輯、完全明智、一直都很明智、從來不允許任何不合乎邏輯的事發生在他人生裡的人，是一個瘋子。明智需要藉瘋狂來平衡，邏輯需要藉不邏輯來平衡，相反的東西會合而平衡。一個只有理性的人是無理性的，他會失去很多，事實上，他會繼續失去所有美麗的和所有真實的東西，他會蒐集一些瑣事，他的人生將會是一個世俗的人生，他將會是一個俗人。

那個《聖經》的寓言有很深的洞見，為什麼人透過知識而墮落？因為知識造成距離，因為知識創造出「我」和「你」，因為知識創造出主體和客體、知者和被知者、觀察者和被觀察者。知識基本上是使人精神分裂的，它產生分裂，然後就沒有辦法連結它，那就是為什麼一個人變得越博學多聞，他就變得越不具宗教性，一個人受越多教育，他去接近神的可能性就越少。

當耶穌說出下面這句話時，他是對的：「只有小孩子才能夠進入我的王國」……只有小孩子，小孩子有什麼性質是你所喪失的？小孩子具有無知識和天真的性質，他帶著驚奇看世界，他的眼睛完全清晰，但是看得很深，他沒有偏見，沒有判斷，沒有先入為主的概念，他不會投射，因此他知道本然的事實。

前面我們談到實體和真理之間的差別。小孩子知道真理，而你只知道實體，實體是你在你周圍所創造出來的東西，是你透過投射、欲求和思考而創造出來的東西，實體是你對真理的解釋。真理只是那本然的事實，實體是你了解到的東西，它是你對真理的概念，實體是由一些各自分開的東西所組成的，而真理只是由一個宇宙的力量所組成。真理由「一」所組成，實體由「多」所組成，實體是一個群眾，真理是整合。

在我們進入經文之前，必須有這項基礎：知識是一個禍因。

克里虛納穆提（J. Krishnamurti：一位成道大師）說過：「否定就是寧靜」，否定什麼？否定知識、否定頭腦、否定這個在你裡面經常性的占據。要創造出一個沒有被占據的空間。

當你沒有被占據，你跟整體很搭調；當你被占據，你就走調了。因此，每當可以到達一個寧靜的片刻時，你就有非常大的喜悅，在那個片刻，生命有了意義；在那個片刻，生命有了一個超出文字的壯麗；在那個片刻，生命是一個歡舞；在那個片刻，即使死亡來臨，它也將是一個歡舞和慶祝，因為那個片刻除了喜悅之外不知道其他的東西，那個片刻是喜悅的、極樂的。

知識必須被否定，但不是因為我這麼說，或是因為克里虛納穆提這麼說，或是因為佛陀這麼說，它才必須被否定。如果你否定是因為我這麼說，那麼你將否定你的知識，而任何我所說的將會變成你的知識來替代它，你會以之取代。否定必須不能夠來自頭腦，否則頭腦是很狡猾的，任何我所說的都將變成你的知識，而你會開始執著於它。你拋棄了你舊有的偶像，而以新的偶像來取代它們，但那是同樣的把戲，只是以新的文字、新的概念，和新的思想來玩玩它罷了。

那麼要如何否定知識呢？不是用其他的知識，只要洞察知識造成距離這個事實，只要強烈地完全洞察這個事實就夠了。不是你必須用另外的某些東西來取代，而是：那個強烈就是火，那個強烈將會使你的知識化為灰燼，那個強烈就夠了，那個強烈就是一般為人所知的「洞見」。洞見將會燒掉你的知識，而它將不會被其他的知識所取代，那麼就有空——尚雅塔，就有空無，因為如此，來就沒有內容物，就會有不被打擾、不被歪曲的真理。

你必須去看我所說的，而不是去學習我所說的，在此，每天跟我坐在一起，注意聽我講，但是不要開始累積。注意聽我講應該是一個洞見的實驗，你應該帶著強烈、帶著全然性、帶著你盡可能多的覺知（awareness），就在那個覺知當中，你會看到一個要點，那個「看」（觀）就是蛻變！並非你在之後必須做某些其他的事，那個「看」本身就會帶來突變，如果還需要某些努力，那只是表示你錯過了。如果你明天來問我：「我已經了解知識就是禍因、知識造成距離，現在要如何丟棄它？」——那麼你就錯過了。當那個「如何」升起，你就錯過了。那個「如何」不能夠升起，因為那個「如何」是在要求更多的知識，那個「如何」是在要求方法和技巧：「應該做什麼？」只要洞見就夠了，不需要任何努力來幫助，以洞見的火來燃燒你攜帶在你裡面的知識就太夠了，只要「看」那個要點！

聽我講，要跟著我走！聽我講，要抓住我的手，在我試著去幫助你移入的空間裡移動，了解我所說的，不要爭辯，不要說是，也不要說不，不要同意，也不要不同意，只要跟我在一起——就在這個片刻！突然間那個洞見就會出現，如果你注意聽著……我說注意並不是專心的意思，我說注意只是意味著你有覺知地聽著，而不是以麻木的頭腦聽著。你以聰智聽著，活生生地聽著，心靈敞開地聽著，你在此時此地，跟著我，那就是我所說的注意的意思。你不是心不在焉，你不是在頭腦裡比較我所說的和你舊有的思想，你根本不比較，也不判斷，對於我所說的，你不在你的內在判斷說：它是對的或是不對的，或者有多少是對的。

就在前幾天，我跟一位求道者在談，他有一個求道者的性質，但是被知識所重壓，當我在跟他談話時，他的眼睛變得充滿眼淚，他的心正要打開，但是，就在那個片刻，頭腦跳進來而摧毀了那整個美。他正在移向心、正要打開，但是他的頭腦立刻介入，那些正好在掉下邊緣的眼淚消失了，他的眼睛變乾了，到底發生了什麼？我說了一些他不能夠同意的事。到某一點為止，他同意我，然後我說了一些跟他的猶太背景相抵觸的東西，跟卡巴拉（Kabala：猶太神祕主義者）相抵觸的東西，他的整個能量立刻改變，他說：「每一件事都對，任何你所說的都對，但是這一件事：神沒有目的，存在是無目的地存在，這一點我不能同意，因為卡巴拉所說的剛好相反——生命是有目的的，神是有目的的，祂正在領導著我們朝向某一個命運，有一個目的地。」

他或許甚至不知道，因為「比較」的介入，所以在那個片刻他錯失了。卡巴拉跟我有什麼關係？當你跟我在一起，將你的卡巴拉、瑜伽、譚崔和這個那個知識收起來；當你跟我在一起，要完全跟我在一起，如果你完全跟我在一起，我不是說你要同意我，根本就沒有同意或不同意這個問題。

當你看一朵玫瑰花，你同意它或是不同意它？當你看日出，你同意或不同意？當你夜晚看月亮，你只是看它！要不然就是你看它，要不然就是你不看它，但是並沒有同意或不同意的問題。

要像這樣地跟我在一起，這就是跟一位師父在一起的方式，只要跟我在一起，我不是要說服你關於任何事，我不是要使你轉變到某些理論、哲學、教條或某些教會，不！我只是要和你分享那發生在我身上的。就在那個分享，如果你加入，它也能夠發生在你身上，它是具有傳染性的，洞見會使你蛻變（transform）。

當我說知識是一個禍因，你可能會同意，也可能不同意，但是在同意與不同意之間，你就錯失了！你只要去聽它、去洞察它，進入整個知識的過程，你看知識如何造成距離，知識如何變成一個障礙，知識如何介於你跟真理之間，知識如何繼續增加，而那個距離也繼續增加。天真如何透過知識而喪失，驚奇（wonder）如何透過知識而被摧毀、被弄成殘廢、或被謀殺。透過知識，人生如何變成一件無趣和無聊的事，神祕喪失了，而神也跟著神祕一起喪失。

神祕消失是因為你開始有了你認為自己知道的概念。當你知道，怎麼能夠有神祕？神祕是唯有當你不知道的時候才可能。

記住，人連一件事都不知道！所有我們蒐集的都只是垃圾，那最終的仍然超出你的掌握。我們所蒐集的只是事實，藉著我們的努力，真理還是無法被碰觸到，這不僅僅是佛陀、克里希納（印度護持神的第八化身）、克里虛納穆提和拉瑪（Rama：印度神）的經驗，這甚至是愛迪生、牛頓和愛因斯坦等人的經驗，這是詩人、畫家和舞蹈家的經驗。所有世界上偉大的智者——他們可能是神祕家，可能是詩人，可能是科學家——都完全同意一件事：我們知道得越多，我們就越了解生命是一個絕對的神祕，我們的知識並沒有摧毀它的神祕。只有愚蠢的人，他們只知道一點點，就以為生命不再神祕，只有平庸的頭腦才會變得過分執著於知識，聰明的頭腦停留在知識之上，他使用它，當然使用它——它是有用的，它是有實用價值的——但是他知道得非常清楚，所有真的都是隱藏起來的，它一直都是被隱藏起來的，你可以繼續知道，再知道，但神依然是無窮盡的。

帶著洞見、注意和全然來聽，在那個洞見裡，你會看到某些東西，那個看（觀）會改變你，你不會問「如何」。

那就是克里虛納穆提說「否定就是寧靜」的意思。洞見會否定，當某些東西被否定，而沒有東西被放進來取代，某些東西被摧毀了，而沒有東西被放進來代替它的位置，在這個時候會有寧靜，因為有空間。有寧靜是因為舊的被拋棄了，而新的還沒有被帶進來，佛陀稱那個寧靜為尚雅塔，那個寧靜就是空或空無，只有那個空無能夠在真理的世界裡運作。

思想沒有辦法在空裡面運作，思想只能在東西的世界裡產生作用，因為思想也是一樣東西——很微妙，但它也是物質，那就是為什麼思想能夠被記錄下來，那就是為什麼思想能夠被傳遞、被轉傳。我能夠丟一個思想給你，你能夠接住它，你能夠擁有它，它能夠被拿走和被給予，它是可以移轉的，因為它是一樣東西，是一個物質的現象。

空不能夠被給予，空不能夠被丟給你，你能夠加入它，你能夠進入它裡面，但是沒有人能夠將它給你，它是不能夠移轉的，只有空能夠在真理的世界裡運作，只有當沒有頭腦（no-mind）（心無雜念）的時候，真理才會被知道，要知道真理，頭腦必須停止，它必須失去功能，它必須寧靜、靜止、不動。

在真理裡面，思想無法運作，但是真理可以透過思想而運作，你沒有辦法藉著思考而達到真理，但是當你達到它時，你可以使用思考來為它服務，那就是我正在做的，那就是佛陀所做過的，那就是所有大師所做過的。

我所說的是一個思想，但是在這個思想的背後是空，那個空不被思想產生出來，那個空超出思想，思想無法碰觸到它，思想甚至無法注視著它。

你有沒有觀察過一個現象？你沒有辦法去想空，你沒有辦法使空成為一個思想，你沒有辦法去想它，它是不能夠被想的，如果你能夠想它，它將根本不是空，思想必須走掉，空才會來，它們是從來不碰頭的，一旦空來臨，它可以使用所有各種設計來表達它自己。

洞見是一種無思想的狀態，每當你看到某樣東西，你總是在沒有思想的時候才看到。在這裡也是一樣，你聽著我講，跟我在一起，有時候你會看到，但是那些片刻是空隙、是間隔，一個思想消失了，另外一個思想還沒有來，在這之間有一個空隙，在那個空隙裡，某樣東西會打擊、會開始震動。它就好像某人在打鼓，鼓裡面是空的，所以它能夠被打出聲音，那個空會震動，那個傳出來的優美聲音是由空所產生出來的。當你沒有思想而存在，那麼，某件事是可能的，馬上可能，你能夠看到我所說的，而它將不只是一句被聽到的話，它將變成一個直覺、一個洞見，或一個內景，你已經洞察了它，你已經將它與我分享了。

洞見是一個不思考的、無思想的狀態，它是思想過程中的一個空隙、一個間隔，在那個空隙裡面就是瞥見、就是真理。

英文字的「空」來自一個字根，那個字根的意思是空間或不被占據。如果你去探討那個字根，那是一個很美的字，那個字根非常有含意：它意味著空間或不被占據。每當你不被占據，在空間當中，你是空的，記住，那個說「空的頭腦就是魔鬼的工作場」這句諺語的人簡直是胡說，它的相反剛好就是真理：「被占據的頭腦是魔鬼的工作場。」空的頭腦是神的工作場，而不是魔鬼的，但是你必須了解我所謂「空」的意思——它是空間、放鬆、不緊張、不動、不欲求、不去任何地方，只是在這裡，完全在這裡。一個空的頭腦是一個純粹的在，在那個純粹的在裡，所有的都可能，因為整個存在來自那個純粹的在。

這些樹是由那個純粹的「在」生長出來的，這些星星是由那個純粹的「在」生出來的，所有的諸佛都是來自這個純粹的「在」。在那個純粹的「在」裡面，你是在神裡面，你是神。被占據，你就墮落了；被占據，你就必須被逐出伊甸園；不被占據，你就回到了伊甸園；不被占據，你就回到了家。

當頭腦不被實體占據，不被事情占據，不被思想占據，那麼就有「那個是的」(that which is)，「那個是的」就是真理。唯有在空當中才有會合、才有融合，唯有在空當中你才對真理敞開，真理才會進入你裡面；唯有在空當中，你才會蘊含真理。

這些是頭腦的三個狀態：

第一個是內容物和意識。你的頭腦裡面總是有內容物——一個思想在移動、一個欲望在升起、憤怒、貪婪或野心，你頭腦裡面總是有某種內容物，頭腦從來沒有不被占據，頭腦裡面的交通整天都在持續；醒著的時候它在那裡，睡覺的時候它也在那裡，醒著的時候你稱之為思考，睡覺的時候你稱之為做夢，其實是同樣的過程，做夢是比較原始一點，只是如此而已，因為夢是以圖畫來思考，它不使用觀念，它使用圖畫，它比較原始，就好像小孩子以圖畫來思考一樣，所以在小孩子的書裡面，你必須製作很大的圖畫，多彩多姿的圖畫，因為他們透過圖畫來思考，他們透過圖畫學文字，漸漸地，那些圖畫變得越來越小，然後它們就消失了。

原始人也是以圖畫來思考，最古老的文字是繪畫的文字，中文是一種繪畫的文字，它沒有字母，它是最古老的文字。晚上的時候，你再度變成原始的，你忘掉了你白天的老練，而開始以畫面來思考，但它是一樣的。

心理分析學家的洞見是有價值的，他洞察你的夢，那麼就有更多的真理，因為在夢中你更原始，你不試圖欺騙任何人，你是更真實的。白天的時候，你有一個人格圍繞著你，把你隱藏起來——很多層又很多層的人格，非常困難找出那個真正的人，你必須挖得很深，但那是很傷人的，那個人格會反抗，但是在晚上的時候，當你把你的衣服擺開，你也同時把你的人格擺開，它們是不需要的，因為你不跟任何人溝通，你單獨一個人在床上，你不在世界裡，你完全在你私人的領域裡，不需要隱藏，也不需要偽裝，那就是為什麼心理分析學家試著要進入你的夢，因為它們將你是誰顯示得更清楚，但那是以不同的語言來玩同樣的遊戲，那個遊戲並沒有什麼不同。這就是一般的頭腦狀態：頭腦和內容物，意識加上內容物。

第二種頭腦的狀態是沒有內容物的意識，那就是靜心(meditation)，你完全警覺，而有一個空隙、一個間隔，沒有碰到思想，在你的面前沒有思想，你不是在睡覺，你是醒著的，但是沒有思想，這就是靜心。

第一種狀態叫做頭腦，第二種狀態叫做靜心。

然後有第三種狀態，當內容物消失，客體也跟著消失，如此一來，主體就無法維持太久，因為它們是一起存在的，它們互相產生對方。當主體單獨存在時，它只能藉著來自過去的動量而多維持一下子。沒有內容物，意識無法維持多久，它不需要，因為一個意識總是一個關於某樣東西的意識，當你說「有意識的」，它可以被問：「意識到什麼？」你說：「我意識到……」——客體是需要的。主體如果存在，客體是一定要的，一旦客體消失，主體也會很快消失，內容物先消失，然後意識也消失。

第三種狀態叫做三摩地，沒有內容物，也沒有意識，但是要記住，這個沒有內容物和沒有意識並不是一種無意識的狀態，它是一種超意識的狀態，是一種超越意識的狀態，現在意識只是意識到它本身，意識轉到它本身上面，那個圓圈是完整的，你已經回到家了，這是第三種狀態——三摩地，這個第三種狀態就是佛陀所說的尚雅塔的意思。

首先要拋棄那個內容物，你變成半空，然後拋棄意識，你變成完全空，這個完全空就是所能夠發生的最美的事，最偉大的祝福。

在這個空無，在這個空，在這個無我，在這個尚雅塔裡，有徹底的安全和穩定性，知道了這個，你會很驚訝。當你不是的時候，會有徹底的安全和穩定，所有的恐懼都消失了，因為基本的恐懼是什麼？基本的恐懼是對死亡的恐懼，所有其他的恐懼都只是這個基本恐懼的反射，所有其他的恐懼都可以縮減成一個恐懼：對死亡的恐懼。恐懼有一天你或許必須消失，有一天你或許必須一死，「我存在，而我將會不存在的那一天正在來臨」——那是很嚇人的，那就是基本的恐懼。

為了要避免那個恐懼，我們開始以盡可能能夠讓我們活得更久的方式來進行，我們試著去保障我們的生命，我們開始妥協，我們開始變得越來越求安穩、求安全——由於那個恐懼，我們變癱瘓了，因為當你越安穩、越安全，你就越不是活生生的。

生命存在於挑戰之中，生命存在於危機之中，生命需要不安全，它在不安全的土壤中成長。每當你處於不安全之中，你就會發現你自己變得更活、更警覺，那就是為什麼富人會變遲鈍，有一種愚蠢和一種麻木包圍著他們。他們是那麼安全，沒有挑戰，他們是那麼安全，他們不需要聰明，他們是那麼安全，他們需要才智幹什麼？當有挑戰的時候，才需要才智，才智是被挑戰所激起的。

所以，由於害怕死亡，我們努力求安全、求銀行存款、求保險、求婚姻、求一個固定的人生、求一個家，我們變成國家的一部分，我們參加政治團體，我們參加教會，我們變成印度教教徒、基督徒、回教徒，這些都是尋找安全的方法，這些都是尋找某個地方去歸屬的方式。因為有了這個恐懼，政客和教士不斷地剝削你，如果你不處於任何恐懼之中，那麼就沒有政客或教士能夠剝削你，唯有來自恐懼，他們才能夠剝削，因為他們能夠提供——至少他們能夠答應——說這個會使你安全：「這將是你的保障，我可以保證。」所答應的或許絕不會送達，那是另外一回事，但是那個承諾……那個承諾使人們被剝削、被壓迫，那個承諾使人們處於枷鎖之中。

一旦你知道了這個內在的空，那麼就沒有恐懼，因為死亡已經發生了，在這個空裡面，它已經發生了，在這個空裡面，你已經消失了，你怎麼會再害怕？害怕什麼？害怕誰？誰可以來害怕？在這個空裡面，所有的恐懼都消失了，因為死亡已經發生，現在已經不再有任何死亡的可能了，你感覺到一種無死亡（不朽），無時間性，你已經達到了永恆，如此一來，你就不會再去尋找安全，因為已經沒有這個需要了。

這就是一個門徒的狀態，這就是一個人不需要成為國家的一部分、成為教會的一部分，或是諸如此類愚蠢事情的狀態。

唯有當你變成空無，你才能夠成為你自己，它看起來是似非而是的。

而你不需要妥協，因為妥協出自恐懼和貪婪。你可以活在叛逆之中，因為你沒有東西可以損失，你可以成為一個叛徒，因為沒有什麼東西好害怕，沒有人能夠殺你，因為你已經自己做了那件事，沒有人能夠從你這裡帶走任何東西，因為你已經拋棄了那些能夠從你身上帶走的一切，那麼你就處於空無之中，你就是空無，因此有了這個似非而是的現象：在這個空無當中升起了偉大的保障、偉大的安全和穩定性，因為已經不可能再有死亡。

時間跟著死亡一起消失，而所有由死亡和時間所造成的問題也都全部跟著死亡一起消失，繼所有這些消失之後，剩下來的是一個純粹的天空，這個純粹的天空就是三摩地、就是涅槃，佛陀在談論的就是它。

這些經文是佛陀對他最偉大的弟子之一——舍利子——所講的，為什麼對舍利子講呢？

前面我曾經告訴過你們，有七個層面，梯子的七個階，第七階是那超越的：禪、譚崔、道；第六階是那「靈性超越的」：瑜伽。

到第六階為止，方法還是重要的，「如何」還是重要的，直到第六階，訓練還是重要的，儀式還是重要的，技巧還是重要的，唯有當你到達了第七階，你才會了解：成為空是需要的。

佛陀將這些經文講給舍利子聽，因為舍利子在第六個中心、第六階，他是佛陀最偉大的弟子之一。佛陀有八十個偉大的弟子，舍利子是那八十個裡面的主要人物之一，他是佛陀身邊最博學多聞的人，他是佛陀身邊最偉大的學者和精通印度哲學的人，當他來找佛陀的時候，他自己本身就已經有五千個門徒。

當他第一次來找佛陀的時候，他是來爭辯的，他來是為了要跟佛陀爭辯而挫敗他。他跟他的五千個弟子一起來，要給佛陀一個深刻的印象，當他站在佛陀面前，佛陀笑了，佛陀告訴他：「舍利子，你懂得很多，但是你根本不懂，我可以看得出來，你累積了很多知識，但你是空的，你是要來討論、辯論和挫敗我的，但是如果你真的想要跟我辯論，你至少必須等一年。」

舍利子說：「一年？為什麼？」

佛陀說：「你必須保持沉默一年，那是你要付出的代價。如果你能夠保持沉默一年，那麼你就可以跟我討論，因為我要跟你說的將來自寧靜，你需要對它有一些經驗。依我看，舍利子，你甚至還沒有嘗到一個片刻的寧靜。你是那麼地充滿知識，你的頭是沉重的，我對你有慈悲的感覺，舍利子，你已經攜帶這樣的重擔有很多世了，只有在這一世，你才不是婆羅門，舍利子，你曾經有很多世都是婆羅門，有很多世你都攜帶著《吠陀經》（*Vedas*）和其他經典，有很多世這一直都是你的模式，但是我看到了一個可能性：你很博學多聞，但還是有希望！你非常博學多聞，但是你的知識並沒有完全塞住你的本性，仍然有一些窗戶被留下來，我希望能夠用一年的時間來洗淨那些窗戶，然後我們的會合、談話和存在就有一個可能性。你要在此一年。」

這是很奇怪的，舍利子一直都在國內到處旅行，挫敗別人，那是印度的風俗之一：博學多聞的人經常在國內到處旅行，在大型的辯論和討論當中挫敗別人，馬拉松式的辯論，那被認為是最偉大的事情之一。如果某人在全國各地都勝利，挫敗了所有的學者，那是一個很大的自我滿足，那個人被認為比國王或皇帝還偉大，那個人被認為比富翁還了不起。

舍利子一直都在旅行，當然，如果你沒有挫敗佛陀，你無法宣稱你自己是勝利者，他來是為了那個目的，所以他說：「好，如果我必須等一年，我將要等。」有一年的時間，他靜靜地坐在那裡，跟佛陀在一起，在一年裡面，寧靜穩住在他裡面。

一年之後，佛陀問他：「現在你可以討論和挫敗我，舍利子，我將會非常非常高興被你挫敗。」

他笑了，然後向佛陀頂禮，說：「請點化我成為你的弟子！這一年的寧靜，聽你講話，有幾個片刻，洞見發生在我身上，雖然我以反對者來，但是我想：『當我在這裡坐一年，為什麼不去聽這個人，看他在說什麼？』所以，出自好奇，我開始聽，但是有時候那些片刻來臨，你穿透了我，你碰觸到我的心，你在我的器官上把玩，而我聽到了那個音樂，你沒有挫敗我就已經挫敗我了。」

舍利子變成佛陀的門徒，他的五千個門徒也變成佛陀的門徒，舍利子是那個時候非常有名的學者之一，這些經文是對他講的：

在此，喔，舍利子，形體是空，而空就是形體，空和形體並沒有什麼不同，形體和空也沒有什麼不同，任何是形體的都是空，同樣地，感情、知覺、內在衝動和意識，也都是空。

在此，喔，舍利子……

佛陀說「在此」是什麼意思？他意指著他的空間，他說：「從我存在的世界來看，從那個超越的觀點來看，我存在的空間，和我存在的永恆……」

在此，喔，舍利子，形體是空，而空就是形體。

這是最重要的斷言之一，整個佛教的方法就是依靠這個：那顯現的就是那未顯現的，形體只不過是空本身的形體，而空也只不過是形體或形體的可能性，這個描述是不合邏輯的，而顯然地，它似乎也是無意義的話，形體怎麼可能是空？它們是相反的東西；空怎麼可能是形體？它們是兩極。

在你能夠正確地進入經文之前，有一件事必須了解：佛陀不是合乎邏輯的，他是正反兩極交互運作進行的（dialectical）。

朝向真實的存在有兩個方法，其中一個方法是邏輯的。在西方，亞里斯多德是那個方法之父，它只是在一條直線上移動，一條確定而清楚的線，它從來不允許它的反面，它的反面必須被丟棄，這個方法說：A就是A，絕不會不是A，A不能夠不是A，這是亞里斯多德邏輯的公式，它看起來完全正確，因為我們在所有的學校裡都是用那個邏輯把我們帶大的。這個世界被亞里斯多德所支配：A就是A，絕非不是A。

第二個朝向真實存在的方法是正反兩極交互運作進行的。在西方，那個方法跟赫拉克賴脫（Heraclitus：紀元前五世紀的希臘哲學家）和黑格爾（Hegel）連在一起，正反兩極交互運作的過程說：「生命透過兩極，透過相反的兩樣東西來移動，就好像河流透過兩個互相相反的岸來流動，但是那兩個相反的岸使河流在它們之間流動著。電的例子是更存在性的，電有兩極，正極和負極，如果亞里斯多德的邏輯是屬於存在的，那麼電是非常非常不合邏輯的，而神本身也是不合邏輯的，因為祂由男人和女人的會合產生出新的生命，它們是相反的人——陰和陽，雄和雌。如果神被亞里斯多德在一個亞里斯多德式的邏輯、一個直線的邏輯裡撫養長大，那麼同性戀就會成為正常的模式，而異性戀就會是性倒錯，那麼男人會愛男人，女人會愛女人，而相反的人或物就不能會合。

但神是正反兩極交互運作進行的，相反的人或物到處都在會合。在你裡面，生和死在會合，相反的人或物到處都在會合！白天和晚上，夏天和冬天，刺和花，它們會合，它們在同一個分枝上，它們來自同樣的來源。男人和女人，青年和老年，美和醜，身體和靈魂，世界和神——一切都是相反的東西，這是相反之物的一個交響曲，相反的東西不僅會合，而且創造出偉大的交響曲，只有相反的東西能夠創造出交響曲，否則生命將是一個單調的曲子，而不是一個交響曲，生命將是一個無聊。如果只有一個調子繼續在重複，它一定會產生無聊。有相反的調子：正論和反論會合，造成一個綜合，然後輪到它本身，綜合再度變成一個正論，再度創造出一個反論，然後一個更高的綜合就發展出來了。生命就是這樣在移動的。

佛陀的方法是正反兩極交互運作進行的，它是更存在性的、更真的、更正確的。

男人愛女人，女人愛男人，還有其他某些東西也必須被了解。現在生物學家說，而且心理學家也同意，男人不只是男人，他也是女人，女人也不只是女人，她也是男人，所以當一個男人和一個女人會合，不是兩個人會合，而是四個人會合，男人跟女人會合，但是那個人在他本身裡面有一個隱藏的女人，那個女人在她本身裡面也有一個隱藏的男人，他們也在會合，那個會合是在兩個層面上，它是更錯綜、更複雜、更糾纏不清的，一個男人是男人和女人兩者，為什麼？因為它來自兩者，不管你是誰，某些東西由你父親貢獻給你，某些東西由你母親貢獻給你。一個男人在你的血液裡流動，一個女人也在你的血液裡流動，你必須成為兩者，因為你是相反兩極的會合，你是一個綜合！不可能否定其中之一，而只成為另外一個，事實就是如此。

亞里斯多德在每一方面都鉅細靡遺地被遵循著，那對男人造成很多問題。如果亞里斯多德要被遵循的話，這些問題似乎是不能解決的，一個男人一直被教導成只要成為一個男人：絕不要在你身上顯示任何女性的特點，絕不要顯示任何心的軟弱，絕不要顯示任何接受性，永遠都要積極，男人被教成絕不能哭、絕不能泣，因為眼淚太女性化了。而女人被教成絕不要在任何方面像男人：絕不要顯示積極、絕不要求表現，永遠保持被動，具有接受性，這是違反真實的，這樣做損傷了兩者。在一個比較好的世界裡，在一個了解比較好的世界裡，一個男人將會兩者都是，一個女人也將會兩者都是，因為有時候一個男人需要成為一個女人，有時候他需要成為柔軟的——溫柔的時候、愛的時候；有時候女人也需要表現和積極——生氣的時候、防衛的時候、反抗的時候。如果一個女人只是被動的，那麼她會自動轉變成一個奴隸，一個被動的女人一定會變成一個奴隸，有史以來都是這樣在發生的，而一個積極的男人，特別積極而絕不溫柔的男人，一定會在世界上創造出戰爭、神經症和暴力。

男人一直都在戰鬥，持續地戰鬥，似乎男人存在地球上只是為了要戰鬥，在三千年裡面有五千個戰爭！在某個地方或其他地方，戰爭一直都在持續。地球從來就沒有完整和健康過……從來沒有一刻不戰爭！或是在韓國，或是在越南，或是在以色列，或是在印度和巴基斯坦，或是在孟加拉，大屠殺一定要在某個地方繼續。男人必須殺戮，要保持是一個男人，他必須殺戮，百分之七十五的能量放在戰爭的努力上面，放在製造更多的炸彈、氫彈和核子彈，以及諸如此類的東西，似乎男人在這個地球上的整個目的就是戰爭。戰爭的英雄最受尊敬，戰爭的政客在歷史上成為偉大的名字：希特勒、邱吉爾、史達林和毛澤東，這些名字將繼續被保存下來，為什麼？因為他們打了偉大的仗，他們摧毀。不管是攻擊或防禦，那不是重點，因為這些是戰爭販子，從來沒有人知道誰是侵略者。德國是不是侵略者要看是誰在寫歷史而定，不管是誰贏，贏的人將會寫歷史，而他會證明別人是侵略者。如果希特勒戰勝，歷史一定會完全不一樣，是的，紐倫堡大審還是會有，但是美國、英國和法國的將軍們和那些政客將會受審，歷史將會由德國人來寫，當然他們一定會有不同的看法。

沒有人知道什麼是真的，但是有一件事是確實的：男人將他全部的能量放在戰爭的努力上面，原因在哪裡？原因就是男人被教導只要成為男人，他的女性部分被否定了，所以沒有一個男人是完整的！女人的情形也是一樣，沒有一個女人是完整的！她的男性部分被否定了，當她是小孩子的時候，她不能夠跟男孩子打架，她不可以爬樹，她必須玩洋娃娃，她必須玩「家家酒」，這是一個非常非常扭曲的看法。

男人是兩者，女人也是，要創造出一個真正的、和諧的人，兩者都需要。存在是正反兩極交互運作進行的。相反的東西並非只是相反的東西，它們也是互補的東西。

佛陀說：在此，喔，舍利子，在我的世界，舍利子，在我的空間、在我的時間，舍利子，在梯子的第七階，在這個無思想的狀態、在這個三摩地的狀態、在這個涅槃或成道的狀態——形體是空，男人就是女人，而女人就是男人；生命就是死亡，而死亡就是生命，相反的東西並不是相反的東西，舍利子，它們互相貫穿對方，它們互相透過對方而存在。為了顯示這個基本的洞見，佛陀說：形體就是沒有形體，而沒有形體就是形體，未顯現的變成顯現的，而顯現的再度變成未顯現的，它們不是不同的，舍利子，它們是一體的，二分性只是表面上的，在深處，它們是一體的。

空和形體並沒有什麼不同，形體和空也沒有什麼不同，任何是形體的都是空，同樣地，感情、知覺、內在衝動和意識，也都是空。

整個生命和整個存在都是由相反兩極的東西所組成的，但是它們只有在表面上是不同的，這些相反的東西就好像我的兩隻手：我能夠用一隻手來反對另外一隻手，我甚至能夠操作一種衝突，一種在它們之間的爭鬥，但是我的左手和我的右手兩者都是我的手，在我裡面，它們是一體的，那個情形剛好就像是這樣。

佛陀為什麼向舍利子說這件事？因為如果你了解這個，你的煩惱就會消失，那麼就沒有煩惱。生命就是死亡，死亡就是生命，存在就是一個朝向不存在的路，不存在就是一個朝向存在的路，它是同樣的遊戲，那麼就沒有恐懼，就沒有問題，有了這個洞見，你就會升起一種很大的接受。

在此，喔，舍利子，所有的達摩都是以空為其特徵，它們不是被產生出來的，也不被停止；不是被沾污的，也不是潔淨的；不是缺損的，也不是完整的。

佛陀說：所有的達摩都充滿空，空無存在於每一樣東西的核心，空無存在於一棵樹裡面，空無存在於石頭裡面，空無存在於星星裡面。

現在科學家會同意，他們說：當一個星星崩潰的時候，它變成一個黑洞——空無，但是那個空無並非只是空無，它是非常非常強而有力的，它是非常充滿的、溢出的。

黑洞的假設這個觀念在了解佛陀方面是非常非常有價值的，一個星星存在億萬年，但是有一天它必須消失（死），每一樣被生出來的東西都必須一死。人存在七十年，然後什麼事會發生？筋疲力盡、疲倦，他就消失，他退回到原來的統一，所以，消失遲早會發生在每一樣東西。有一天喜馬拉雅山將會消失，有一天地球也會消失，有一天太陽也會消失，但是當一個大的星星消失，它會消失到哪裡去？它崩潰在它自己裡面，它是那麼大的一團，它會崩潰，就好像一個老人正在走路，他跌倒在街上而崩潰。如果你將那個人留在那裡，遲早他的身體將會消失而分解成泥土。如果你將它留在那裡很多年，那麼骨頭也會消失成灰塵，那個人以前有一天在那裡，走著、生活著、愛著、爭鬥著，但是現在完全消失成為一個黑洞，一個星星也是這樣發生的。當一個星星崩潰而進入它本身，它變成一個黑洞，為什麼稱它為黑洞呢？因為現在那一團已經沒有了，只有純粹的空，這也就是佛陀所謂的尚雅塔，那個尚雅塔、那個純粹的空是那麼地強而有力，如果你在它的衝擊之下靠近它，在它附近，你將會被拉去，拉到空裡面去，而你也會崩潰和消失。

對於太空旅行，這是一個未來的難題，因為有很多星星已經變成黑洞，而你無法看到它，因為它是無物，它只是不在，所以你無法看到它，但是你可能會無意中碰到它，如果一個太空船靠近它，在它的引力之下，它將會被拉進去，它將會消失和崩潰，而你絕不會再聽到關於那個太空船的事，它去哪裡了，它發生了什麼，太空人發生了什麼。

這個黑洞非常非常像佛陀空的觀念，所有的形體崩潰而消失成為漆黑，然後當它們休息一段長時間，它們又會開始起泡——一個星星就再度被生出來，這種情形會繼續：生命和死亡，生命和死亡——這種情形會繼續，這就是存在活動的方式。

首先它變成顯現的，然後變疲倦而進入不顯現，然後透過休息和放鬆，再度恢復它的能量，再度變成顯現的。你整天工作，然後你變疲倦，晚上的時候，你在你的睡眠裡面消失而進入一個黑洞，你將燈關掉，溜進毯子裡，閉起雙眼，然後幾個片刻之內，你的意識消失了，你向內在崩潰，有一些片刻甚至連夢都不復存在，那個時候睡眠是最深的。在深睡之中，你是在一個黑洞裡，你是死的，你暫時在死亡之中，休息在死亡之中，然後早上的時候，你再度回來，充滿活力、興致和生命，再度變得活生生，如果你有一個真正很好、很深，而且沒有夢的睡眠，早晨將會是那麼新鮮、那麼有生命力、那麼發光，你再度變年輕，如果你知道如何深睡，你就知道如何一再一再地使你自己復活。到了晚上，你又再度崩潰、疲倦，被白天的活動弄得筋疲力盡。

同樣的情形也發生在每一樣東西上。人是整個存在的縮影，發生在人身上的也發生在整個存在，只是規模較大而已。每天晚上你都消失成為空無，然後早上再回到形體。形體，沒有形體；形體，沒有形體，生命就是這樣在移動，這是生命移動的兩個步驟。

在此，喔，舍利子，所有的達摩（道）都是以空為其特徵，它們不是被產生出來的，也不被停止……

佛陀是在說：什麼事都不必做，只需要了解。這是一則根本的陳述，如果你能將它看成一個洞見，它將能夠改變你的整個人生。

……它們不是被產生出來的，也不被停止……

沒有人在產生這些形體，也沒有人在停止這些形體，佛陀不相信神是一個操縱者、控制者，或創造者，不，那一定是二分性，是一種不必要的假設。佛陀說：形體自己在發生，它是自然的，沒有人在做它。並不是像《聖經》裡面所說的，神首先想到：「讓光存在。」所以有光，然後有一天他說：「現在，讓光不存在。」光就消失，為什麼要將這個神帶進來？又為什麼給祂這麼差的工作？祂必須永遠永遠都去做它：「讓光存在」，「讓光不存在」，「讓光存在」；「現在讓這個人存在」，「現在讓他死」——只要想想祂和祂的無聊！佛陀解放了祂，他說那是不需要的。

一切都是自然的，樹木帶來種子，然後種子帶來樹木，然後樹木再帶來種子，種子是什麼？種子是樹的消失，樹變成無形體，你可以攜帶一粒種子在你的口袋裡，你可以攜帶一千粒種子在你的口袋裡，但是你無法攜帶一千棵樹在你的口袋裡。樹木有形體、體積大、質量重，但是種子什麼都沒有，如果你洞察種子，你會發現空無，如果你沒有看過，也不知道一粒種子會變成一棵樹，而某人給你一粒種子說：「你瞧！這粒種子非常非常神奇，它能夠變成一棵大樹，而且有很多年都會有很多果實，有很多樹葉，很多樹花，以及青翠的綠葉，鳥兒會來，而且在它上面築巢。」你會說：「你在說什麼？從這粒小小的石子？你認為我很愚蠢或怎樣？它怎麼可能發生，它不可能發生。」

但是你知道它會發生，所以你絲毫不去注意它，一項奇蹟正在發生，那粒小種子攜帶了樹和葉子的整個藍圖——葉子的形狀、大小和數目、樹枝的形狀和長度、樹木的高度和壽命、有多少果實和多少花會由它生出來，以及這一粒種子最後將會產生出多少種子。科學家說：甚至只要一粒種子就足夠使整個地球變綠，它具有非常大的潛力，不僅是整個地球，只要一粒種子就能夠以綠葉充滿所有的行星，因為一粒種子就可以產生出千百萬個種子，而這其中的每一個種子又會產生出千百萬個種子，然後以此類推。由一個單一的種子，整個存在就可以變綠，那個空無是非常有潛力的，非常強而有力的，廣大！巨大！浩大！

佛陀說：沒有人在產生它，也沒有人在停止它。佛陀說：不需要去廟裡祈禱，告訴神

「做這個、做那個」——因為沒有人會來聽。他的訊息是什麼？他說：「接受它，它就是如此，它就在萬物的本性之中，它只是自然的，萬物來了又去。」

在這個接受當中，在這個塔沙塔（tathata）當中，在這個如此當中，所有的煩惱都消失了，你就免於煩惱，然後就沒有難題。沒有事情可以被停止，沒有事情可以被改變，沒有事情可以被產生出來，事情就像它們現在那樣，而事情將來會怎麼樣就會怎麼樣，你無法對它們做什麼，你可以只是注視著這些事情在發生，你也可以加入這些事情。存在……在那個存在裡有一種寧靜，在那個存在裡有一種愉悅，那個存在就是自由。

……不是被沾污的，也不是潔淨的……

這個存在既非不純潔，亦非純潔，沒有一個人是罪人，也沒有一個人是聖人。

佛陀的洞見是十分革命性的，他說沒有東西是不純潔的，也沒有東西是純潔的，東西就像它們現在那樣，這些都是頭腦在玩的遊戲，我們創造出純潔的概念，然後不純潔就產生出來了，我們創造出聖人的概念，然後罪人就產生出來了。

你想要罪人消失嗎？他們唯有在你的聖人消失之後才能夠消失，在這之前是不可能的，他們一起存在。你想要不道德消失嗎？那麼道德必須除去，就是道德產生出不道德，就是道德的理想產生出對一些不能遵循它們、不能配合它們的人的譴責，只要你創造出一個「這是道德的」的概念，你就可以使任何事情變得不道德。你可以從任何東西做出一隻神聖的母牛，然後它就變成一個難題。

佛陀說：從來沒有東西是被沾污的，也從來沒有東西是潔淨的，純潔和不純潔都是頭腦的態度。

你能不能說一棵樹道德或不道德？你能不能說一隻動物是一個罪人或一個聖人？試著去看這個最終極的洞見：沒有罪人，也沒有聖人；沒有東西是道德的，也沒有東西是不道德的。在這個接受裡，煩惱的可能性在哪裡？沒有什麼東西需要去改善！沒有目標，因為沒有價值標準。人生的旅程是一個沒有任何目標的旅程，它是一個純粹的旅程，也是一項遊戲，一個利拉(leela：遊戲)。沒有人在它的背後做它，一切都是發生，沒有人在做它。如果有做者(doer)，那麼問題就會產生——對做者祈禱，說服做者，變成做者的朋友，然後你就會得到利益，而那些不是做者的朋友的人將會受到剝奪，他們將會在地獄裡受苦，那就是基督徒、印度教教徒、回教徒所認為的。回教徒認為他們會上天堂，而那些不是回教徒的、可憐的人，他們會下地獄。基督徒和印度教教徒也是這樣認為，印度教教徒認為那些不是印度教教徒的人沒有機會；基督徒認為那些不是透過教會而來的，那些不是經過教會的，將會遭受到永恆的地獄之苦——沒有限制的、無限的、永遠的地獄之苦。

佛陀說：沒有罪人，也沒有聖人；沒有東西是純潔的，也沒有東西是不純潔的，東西就像它們現在這樣。只要說服一棵樹，問那棵樹：「為什麼你是綠色的？為什麼你不是紅色的？」如果樹聽你講，它會發瘋，「為什麼我不是紅色的？為什麼？」誠然，那個問題是切題的，為什麼我是綠色的？」譴責綠色，讚美紅色，遲早你會發現那棵樹坐在某個心理治療家的椅子上接受分析、接受幫助。

首先你創造出問題，然後拯救者就來臨，這是一項美好的生意。佛陀將那個根切斷，他說：你就是你這個樣子，沒有什麼東西可以改善，沒有什麼地方可以去。

這也是我的整個方法：你已經是如你所能夠的那麼完美，更多是不可能的。那個「更多」只會為你添麻煩，那個「更多」的念頭會逼你發瘋，接受自然，自然地、簡單地、自發性地、一個片刻接著一個片刻地生活，如此就會有神聖，因為你是完整的，而不是因為你已經變成一個聖人。

……不是被沾污的，也不是潔淨的；不是缺損的，也不是完整的。

沒有什麼東西是完整的，也沒有什麼東西是不完整的，這些價值標準是無意義的。佛陀說：在此，喔，舍利子，在我所存在的地方，沒有什麼東西是好的，也沒有什麼東西是壞的，在此，在我所存在的地方，輪迴和涅槃是一樣的，這個世界和那個世界之間沒有差別，神聖和世俗之間沒有差別，在此，在我所存在的地方，所有的差別都已經消失，因為差別是由思想造成的，當思想消失，差別也就跟著消失。

罪人是由思想所創造出來的，聖人也是由思想所創造出來的，好和壞都是由思想所創造出來的，造成差別的都是思想。佛陀說：當知識消失，思想也消失，沒有二分性，它全部都是一體的。

這是禪宗三祖僧璨的諺語：

在如此真正的高層領域裡
既沒有自己，也沒有不是自己；
當追求直接的認同，
我們只能說「不二」；
「一」在全部裡面，全部在「一」裡面，
如果這個被達成了，
就不會再有對你的不完美的煩惱。

「一在全部裡面，全部在一裡面，如果這個被達成了，就不會再有對你的不完美的煩惱。」沒有完美，也沒有不完美，了解它，立刻了解它！不要稍後再來問我要怎麼做。也沒有「如何」，「如何」會帶來知識，而知識就是禍因。

沒有「思想」這個令你歪曲的媒介，你就掉進跟整體的合一；沒有「思想」在你和真實的之間產生作用，所有的差別就都消失了，你就被連結起來了，這就是人經常在渴望的。你感覺被拔了根，根從整體中被拔起，那就是你的悲慘，你被拔了根是因為這個歪曲的思想媒介，丟棄這個歪曲的思想媒介，丟棄這些媒介，按照真實存在本然的樣子來洞察它，在你的頭腦裡不要有概念，不要有它應該如何的概念，帶著天真來看，帶著不知道來看，那麼所有的煩惱都會消失，在所有煩惱的消失當中，你就變成一個佛。

你是一個佛！但是你錯失了，因為你在你周圍帶有歪曲的媒介。你有完美的眼睛，但是你卻戴著眼鏡，那些眼鏡是令人歪曲的，它們加進了色彩，它們使東西變成不是它們本來的樣子。丟掉眼鏡！那就是當我們說「丟掉頭腦」時的意思。否定頭腦就會有寧靜，在寧靜當中你是神聖的，你從來不是任何別的，你一直都是那個神聖，當那個認知恢復的時候，當那個了解恢復的時候，突然間你就會看到那個要點：你過去試著將你的腳壓在一條蛇上面，打從一開始，那就是不需要的，那條蛇是完全完美的！沒有你的腳，它也能夠完美地移動，只是由於慈悲，你試著將你的腳壓在它上面，如果你成功了，你將會殺死那條蛇，但是很幸運地，你絕對無法成功。

你試著要變成博學多聞的，那就是為什麼你在喪失你的知覺、你的知道，以及你去看的能力，那就是我所謂「將腳壓在一條蛇上面」的意思。「知」是你的本性，並不需要有知識才能夠知道，事實上，知識就是障礙，知識就是禍因。

否定知識而存在，那麼你就是一個佛，你一直都是一個佛。

第4章 自我不存在你裡面

一九七七年十月十四日

問題

我來自一個在我的母系方面有四個人自殺的家庭（其中一個是我的祖母），這會如何影響一個人的死？有什麼可以幫助這種死的變態？它在我們家以一個主題在進行。

死的現象是最奧祕的事情之一，自殺的現象也是如此。不要從表面來決定自殺是什麼，它可能有很多種，我自己的了解是：那些自殺的人是世界上最敏感的人，他們非常聰明，由於他們的敏感，由於他們的聰明，他們發覺很難應付這個神經病的世界。

社會是神經病的，它存在於神經病的基礎上，它的整個歷史是一個瘋狂、暴力、戰爭，和破壞的歷史。某人說：「我的國家是世界上最偉大的國家。」——這是神經病；某人說：「我的宗教是世界上最偉大和最高級的宗教。」——這也是神經病。神經病已經進到血液和骨頭裡，而人們已經變得非常無趣、不敏感，他們必須變成這樣，否則人生一定是不可能的。

要應付你周遭單調的生活，你必須變得不敏感，否則你會開始與它不諧調。如果你開始跟社會不諧調，社會會宣稱你是發瘋的，其實是社會發瘋，但是如果你不適應它，它會宣稱你是發瘋的，所以，或者你必須發瘋，或者你必須找出一條離開社會的路，自殺就是那條路。人生變得無法忍受，似乎不可能應付你周遭那麼多的人，而他們都是發瘋的。如果你被丟進一家瘋人院，你將會怎樣做？

這種事曾經發生在我一個朋友身上，他在一家精神病院裡，他被法院放在那裡九個月。六個月之後……當時他是瘋的，所以他能夠這樣做，他在浴室找到一大瓶石炭酸，將它喝下去。於是有十五天的時間，他遭受腹瀉和嘔吐之苦，由於那個腹瀉和嘔吐，他反而回到這個世界來，他的系統被淨化了，身上的毒素消失了。他告訴我，神智清明之後的那三個月是最困難的，「前六個月很美好，因為我是瘋的，而每一個人也都是瘋的，事情的進行很美好，沒有問題，我跟周遭的整個瘋狂都很和諧。」

當他喝了石炭酸之後，經過十五天的腹瀉和嘔吐，不知道怎麼樣，藉著這個意外事件，他的系統被淨化了，他的胃被淨化了，在那十五天裡，他無法吃東西，因為嘔吐得很厲害，所以他必須斷食，他躺在床上休息十五天，那個休息、那個斷食、那個淨化幫助了他。那是一個意外事件，但是他反而變成神智清明的。他去到醫生那裡，告訴他們說：「我的神智已經變清明了。」他們都笑了，他們說：「每一個瘋子都這麼說。」他越堅持，他們也越堅持：「你是瘋的，因為每一個發瘋的人都這麼說，你只管去做你的工作，在法院的命令來臨之前，你不能夠被釋放。」

「後面那三個月真的是過不下去，」他說：「如惡夢一般！」有很多次他都想要自殺，但他是一個意志堅強的人，問題是只剩三個月出院，他能夠等待。但那是無法忍受的！有人拉他的頭髮，有人拉他的腳，有人乾脆就跳到他身上。所有這些事以前也一直進行了六個月，但那個時候他也是它裡面的一份子，他也在做同樣的事，他是那個瘋狂社會裡一個完美的成員，但是後面三個月真的是過不下去，因為他是神智清明的，而每一個人都是發瘋的。

在這個神經病的世界裡，如果你是神智清明的、敏感的、聰明的，那麼或許你必須發瘋，或許你必須自殺，或許你必須變成一個門徒，其他還有什麼可能呢？

這個問題是珍・霍伯問的，她是波提西塔的太太，她來找我，來對了時間，她能夠變成一個門徒而避免自殺。

在東方自殺沒有那麼多，因為門徒是一個選擇，你能夠受人尊敬地離開，東方可以接受那樣，你可以開始做你自己的事，東方對它有尊敬，因此，在印度和在美國，那個差別是五倍——平均每一個印度人自殺，就有五個美國人自殺。而且在美國，自殺的比率還在增加中，智力在增加，敏感度也在增加，而社會是無趣的，社會並沒有提供一個聰明的世界，那麼要怎麼辦呢？只是繼續不必要地受苦嗎？

一個人會開始想：「為什麼不將生命全部放棄？為什麼不結束它？為什麼不給一張回到神那裡的票？」在美國，如果門徒變成一個大的潮流，自殺的比率會開始大量降低，因為對於離開社會，人們將會有一個好很多的、更有創造性的選擇。你有沒有注意到，嬉皮不會自殺？在四四方方的世界、在傳統的世界裡，自殺比較普遍，而嬉皮已經離開社會，他是一種門徒，雖然對於他所做的還沒有完全警覺到，但是他已經走在正確的路途上，還在移動和搜尋，但是已經走在正確的方向上。嬉皮是門徒的開始，嬉皮是在說：我不要成為這個爛遊戲的一部分，我不要成為這個政治遊戲的一部分，我了解事情，但是我寧願喜歡過我自己的生活，我不要成為任何人的奴隸，我不要在任何前線被殺死，我不要去打仗，有更美好的事情可以做。」

但是對於千千萬萬的人而言，什麼都沒有，社會已經帶走了他們成長的所有可能性，他們被陷住了，人們自殺是因為他們覺得被陷住了，而他們沒有看到任何出路，他們來到了一個死巷。你越聰明的話，你就會越早來到那個死巷、那個僵局，那麼你應該怎麼做？社會沒有給你任何選擇，社會沒有允許另外一個可供選擇的社會。

門徒是另外一個可以選擇的社會，這看起來很奇怪，印度居然是全世界自殺率最低的國家，按照邏輯來講，它應該是最高的，因為人們在受苦，他們是悲慘的、飢餓的，但是這個奇怪的現象到處都在發生：窮人不會自殺。他們不為什麼而活，也不為什麼而死，因為他們在挨餓，他們被他們的食物、住所、金錢，以及諸如此類的東西所占據，他們沒有能力去想自殺，他們還沒有那麼富有，美國什麼東西都有，印度什麼東西都沒有。

就在前幾天，我在讀一些東西……有一個人這樣寫：「美國有一個微笑的卡特(Jimmy Carter)，凱許(Johnny Cash：英文字的 Cash 是現金的意思)和鮑伯霍普(Bob Hope：英文字的 Hope 是希望的意思)，而印度有一個冷淡的、無趣的、死氣沉沉的慕拉吉德塞(Morarji Desai)，沒有現金，希望也很少。」

但是人們仍然不自殺，他們繼續生活，他們享受生活，即使乞丐也很激動、很興奮，沒有什麼東西好興奮，但是他們仍然懷著希望。

為什麼在美國卻發生了這麼多呢？一般生活的難題已經消失了，頭腦可以空下來去提高到比一般意識更高的層面，頭腦可以提升到超越身體和超越頭腦本身，意識準備起飛，而社會不讓它起飛。在十個自殺的人裡面，差不多有九個是敏感的人，看到人生的無意義，看到人生所加諸於人的侮辱，看到一個人必須跟無意義的事情妥協，看到大家對此事又是默默無言，環顧四周，又看到它就像「一個由白痴所講的故事，毫無意義。」——所以他們決定要毀掉身體。如果他們的身體能夠有翅膀，他們一定不會這樣決定。

自殺還有另外一個意義必須了解：在生活裡面，每一件事情似乎都是一般的、模仿的。你無法有一輛別人沒有的車，千千萬萬的人都跟你有一樣的車，千千萬萬的人都跟你過著同樣的生活，看同樣的影片、同樣的電影、同樣的電視、同樣的報紙，生活太一般化了，沒有留下什麼獨特的事情可以讓你來做，也沒有辦法讓你成為什麼獨特的，自殺似乎是一個獨一無二的現象：只有你能夠為你自己而死，其他沒有人能夠為你而死，你的死就是你的死，不是任何其他人的死，死是獨一無二的！

看看那個現象：死是獨一無二的，它把你定義成一個個人，它給你個體性。社會取走了你的個體性，你只是輪子的一個側軸，你是可以被替換的。如果你死了，沒有人會想念你，你將會被取代。如果你是一個大學教授，另外一個人會來成為那個大學教授，即使你是一個國家的總統，也有另外一個人會在你過世的時候馬上成為那個國家的總統，你是可以被取代的。

這種情況是令人傷心的——你的價值不多，你將不會被想念，有一天你將會消失，而且很快地，那些記住你的人也將會消失，然後你會變得幾乎好像從來沒有存在過，只要想想那一天，你將會消失……是的，人們會記住一些日子——你的愛人會記住你，你的小孩子會記住你，或許還有一些朋友，漸漸地，他們的記憶會褪色，會變模糊，然後開始消失，但是或許當那些跟你有某種親密關係的人還活著的時候，他們偶爾會想起你，但是一旦他們也走了，那麼……那麼你就完全消失了，好像你從來不曾在此地過，那麼你是否曾經在此或是不曾在此，就沒有什麼不同了。

生命並沒有給你獨特的尊敬，那是非常令人羞辱的，他逼你進入如此的一個洞穴，在那裡，你只是輪子的一個側軸，你只是龐大結構裡的一個側軸，它使你沒沒無聞。

最終的死亡是獨一無二的，而自殺比死亡更獨一無二，為什麼呢？因為死亡是自然來臨的，而自殺是某種「你」去做的事。死亡是超出你的：當它要來，它就來了，但自殺是你能夠操縱的，你不是一個犧牲品，你可以操縱它，而對於死亡，你是一個犧牲品，對於自殺，你是能夠控制的。出生已經發生了，你對它無法做任何事，在你出生之前，你沒有做任何事，它只是一個偶然事件。

人生裡面有三件事是非常重要的：生、愛、和死。生已經發生了，你對它已經不能再做什麼了，出生之前，人家甚至沒有問你：你想不想被生出來，你是一個犧牲品。愛也是自然發生的，你沒有辦法對它做任何事，你是無助的，有一天你墜入愛河，你無法對它做任何事。如果你想要墜入愛河，你無法操縱，那是不可能的。當你愛上某人，如果你不想這樣做，如果你想要將你自己拉開，那似乎也很困難。出生是一個發生，愛也是一個發生，只有死亡，你可以對它做一些事：你可以成為一個犧牲品，或是你可以為你自己作決定。

自殺的人是一個自己作決定的人，他說：「在存在裡面，我幾乎是偶然的，那麼至少讓我在存在裡面做一件事：我要自殺，至少有『一件』事我能夠做！」出生是沒有辦法去做的，如果愛不在那裡，它也是無法被創造出來的，但是死亡……死亡有另外一個選擇，你可以成為一個犧牲品，或是你可以決定。

這個社會從你身上帶走了所有的尊榮，那就是為什麼人們要自殺，因為他們的自殺將會給他們一種尊榮，他們可以對神說：「我已經放棄了你的世界和你的生命，它是不值得的！」那些自殺的人幾乎總是比那些拖著日子過活的人更敏感，我不是說要叫你自殺，我是說另外有一個較高的可能性，人生的每一個片刻都可能是那麼美好、那麼個人化、那麼非模仿性、那麼非重複性的，所以要珍惜可能的每一個片刻，那麼就不需要自殺，每一個片刻都能帶來如此的祝福，每一個片刻都能將你定義為獨一無二的——因為你是獨一無二的！

以前從來沒有一個人像你，將來也絕不會有。

但是社會強迫你變成一個大軍隊的一部分，社會從來不喜歡一個走他自己路線的人，社會希望你成為群眾的一部分：成為一個印度教教徒、成為一個基督徒、成為一個猶太人、成為一個美國人、或是成為一個印度人——不管怎麼說，就是成為某個群眾的一部分，任何群眾都可以，但是要成為某個群眾的一部分，永遠不要成為你自己。那些想要成為他們自己的人……那些人是地球上的要素；那些想要成為他們自己的人，他們是地球上最有價值的人，就是因為有這些人，地球上才有一些尊榮和芬芳，然而他們卻跑去自殺。

門徒和自殺是兩個選擇，這是我的經驗，唯有當你來到那個點，在那個點上，如果你不是成為門徒，就是自殺，唯有到那個時候，你才能夠變成一個門徒。門徒意味著：「當我還活著，我試圖要變成一個個人！我要以我自己的方式去過我的生活，我不要受人指使或受人支配，我不要像一個機構或是一個機器人一樣地運作，我將不會有任何理想，而且我將不會有任何目標，我將生活在這個片刻裡，我將依靠這個片刻的激勵而過活，我將會是自發性的，而且我將為它冒一切險！」

門徒是一個冒險。

珍，我要告訴你：我洞察了你的眼睛，自殺的可能性也存在，但是我不認為你必須自殺，只要成為門徒就可以了！你比你家庭裡面那四個自殺的人更幸運，事實上，每一個聰明的人都有自殺的可能性，只有白痴從來不自殺，你可曾聽過任何白痴自殺？他並不關心生活，他為什麼要自殺？只有罕有的才智才會開始感覺需要去做一些事情，因為一般人所過的生活並不值得去過，所以，或者做某些事來改變你的人生——給它一個新的形式、新的方向、新的層面——或者，為什麼要整天整年地繼續挑起這個如惡夢般的重擔？而且它將會繼續，醫學會幫助你持續更久——一百年，一百二十年，現在那些人說，一個人可以很容易地活將近三百年。

只要想想，如果人必須活三百年，自殺的比率一定會增到很高，因為到那時候，即使平庸的頭腦也會開始想，長久活下去是沒有意義的。

聰明意味著深入地看事情。你的人生有任何目的嗎？你的人生有任何快樂嗎？你的人生有任何詩在裡面嗎？你的人生有任何創造性在裡面嗎？你是否覺得感激你在這裡？你是否覺得感激你被生出來？你能夠感謝你的神嗎？你能夠用你的整個心去說人生是一個祝福嗎？如果你不能，那麼為什麼你繼續在過活？要不然就使你的生活變成一個祝福……否則為什麼要繼續讓這個地球背負著你？乾脆消失好了，或許其他某人可以占據你的空間而做得比較好，這個概念是一個非常自然的概念，聰明的人會自殺，而那些比聰明人更聰明的人，他們就去當門徒，他們開始創造意義，他們開始創造出一個深長的意義，他們開始去過真實的生活，為什麼要失去這個機會呢？

海德格說過：「死亡使我孤立，使我成為一個個人，我屬於『我的』死亡，不屬於群眾的死亡，我們每一個人都死他自己的死。死無法被重複，我可以參加兩次或三次考試，可以將我的第二次婚姻跟第一次作比較，以及諸如此類的事情等等，但是我只能死一次。你喜歡結多少次婚，就結多少次婚，你喜歡換多少次工作，就可以換多少次工作，你喜歡換多少個不同的住所，就可以換多少個……但是你只能死一次。死亡是非常具有挑戰性的，因為它同時是確定和不確定的，因此對死亡有很大的好奇心，對『它是什麼』有很大的好奇心，一個人會想要去知道它。人對死亡的沉思並不是什麼病態的，對這種事的譴責只是一個詭計，只是那不具人格的『他們』（群眾）為了要避免『一個人逃離它（指群眾）的暴虐而變成個人』的一個詭計。需要的是將我們的生命視為一個朝向死亡的存在，一旦這一點達到了，就有可能從每日生活的陳腐，以及從受不知名權力的奴役中被釋放出來。那個已經這樣去面對他的死的人，可以藉著這個方式而被刺醒，如此一來，他將視自己為有別於大多數人的一個個人，而準備好要去承擔他自己生命的責任，我們以這樣的方式決定去向著真實的存在，而拋棄不真實的存在，我們終於從大多數人當中浮現出來，而變成我們自己。」

即使只是去沉思死亡也會給你一個個體性、一個形式、一個形狀，或一個定義——因為那是「你的」死亡，那是世界上唯一留下來的一件獨一無二的事。當你想到自殺，它變得更是個人的，它是你的決定。

記住，我不是說你要去自殺，我是說目前你的生命正在引導你朝向自殺，你要改變它。

至於沉思死亡，它任何時候都可能來臨，所以不要以為去想死亡是病態的，它不是病態的，因為死亡是生命的頂點，是生命的最高潮，你必須留意它，它會來臨。要不然就是你自殺，要不然就是它自己來臨，但是不管怎麼說，它正在來臨，它必須發生，你必須為它準備，而唯一準備死的方法——正確的方法——不是自殺，正確的方法是每一個片刻都死，都讓你的過去死掉，那才是正確的方法。一個門徒就是應該這樣做：每一個片刻都死，都讓你的過去死掉，一個片刻都絕不要帶著過去，每一個片刻都死，都讓過去死掉，而在現在被生出來，那將會使你保持新鮮、年輕、充滿活力，那將會使你保持活生生的、脈動的、興奮的、狂喜的。一個每一個片刻都死，都讓過去死掉的人，會知道如何去死，那是一個最偉大的技巧和藝術，所以當死亡來到這樣的一個人身上，他會與之歡舞！他會擁抱它！它是一個朋友，而不是敵人，它是神以死亡的形式來到你身上，它是全然地放鬆而進入存在，它再度變成整體，再度變成與整體合一。

所以，不要把自殺稱為變態。

你說：「我來自一個在我母系方面有四個人自殺——包括我祖母——的家庭。」

不要譴責那些可憐的人，一刻都不要認為他們是變態的人。

這會如何影響一個人的死？有什麼可以幫助這種死的變態？它在我們家以一個主題在進行。

不要稱之為變態，它不是變態，那些人只是犧牲品，他們無法應付神經病的社會，他們決定消失而進入未知，對他們要慈悲，不要譴責、不要虐待他們，不要罵他們，不要稱之為變態或任何像這樣的東西，對他們要慈悲，而且要有愛。

不需要去跟隨他們，但是要體諒他們。他們一定是受很多苦，一個人不會輕易決定放棄生命，他們一定是強烈地遭受到痛苦，他們一定是過著地獄般的生活。一個人一定不會輕易決定去死，因為去活是自然的本能，一個人在所有各種處境和情況下都會繼續活下去，都會繼續妥協，只要活下去就好。當某人放棄他的生命，那只是表示事情超出他的妥協能力，要求太過分了。要求是那麼多，所以生命是不值得的，唯有到那個時候，一個人才會決定自殺，對那些人要慈悲。

如果你覺得某些事是錯的，那麼那是社會裡面的某些事是錯的，不是那些人裡面的某些事是錯的。社會是變態的，在原始社會裡，沒有人會自殺，我到過印度的一些原始部落：幾個世紀以來，他們都不知道有任何人自殺，他們沒有任何記錄說有任何人曾經自殺過，為什麼？——他們的社會是自然的，他們的社會不是變態的，它不會把人逼到不自然的事情上面去。社會是接受的，它讓每一個人按照他的方式和他的選擇去過他的生活，那是每一個人的權利。即使某人發瘋，社會也會接受，發瘋是他的權利，社會不會譴責。事實上，在一個原始社會裡，發瘋的人像神祕家一樣地受到尊敬，在他們的周圍有一種神祕，如果你洞察一個瘋子的眼睛和一個神祕家的眼睛，他們有一些共通性，有某種很廣大的東西、不明確的東西、雲霧狀的東西、好像一種星星由那裡生出來的混沌狀態的東西。神祕家和瘋子有一些類似性。

或許所有的瘋子都不是神祕家，但是所有的神祕家都是瘋狂的，我所說的「瘋狂」是意味著他們已經超越了頭腦。瘋子或許已經掉到頭腦以下，而神祕家或許已經超越頭腦，但有一件事是類似的——他們兩者都不在他們的頭腦(mind)裡。在原始社會裡，即使瘋子也受到尊敬，非常受到尊敬，如果他決定要發瘋，那沒有關係，社會會照顧他的食物、他的住處，社會愛他，愛他的瘋狂，社會沒有固定的規則，因此沒有人會自殺，因為自由還是保持完整。當社會要求奴役，而且繼續摧毀你的自由，從每一個方面來損傷你、麻痺你的靈魂、使你的心死去……一個人會覺得：死掉比妥協來得好。

不要稱他們為變態的人，要對他們慈悲，他們受很多苦，他們是犧牲品。試著去了解什麼事情發生在他們身上，那將會給你一個對自己人生的洞見。不需要跟隨他們，因為我給你一個機會去成為你自己，我為你打開一道門。如果你了解的話，你會看到那個要點，但是如果你不了解，那就很困難，我可以繼續大喊大叫，但是你將只會聽到那些你聽得進去的，你將只會聽到那些你想要聽的……那些你想要聽的。

一個心理學家朋友來：他寫了一個長問題，他說：「為什麼你一直在說要放棄自我？沒有人曾經能夠放棄自我。」他怎麼知道沒有人曾經能夠放棄自我？他說從來沒有人成功過。

他怎麼知道？

它成功過，雖然只有非常稀有的少數幾個人成功過，但是它成功過。只有稀少的人成功過，因為只有那些稀少的人讓它成功。每一個人都可能成功，但是人們不讓它成功，他們不準備放棄他們的自我。

他是一個心理學家，他說：「奧修，我在你裡面也看到一個很大的自我。」作為一個心理學家，他說：「我在你裡面也看到一個很大的自我。」

那麼你根本就沒有看到我，你看到的只是你自己的投射。

自我繼續投射它自己，自我繼續在它自己的周圍創造出它自己的實體、它自己的反射。如果你能夠非常深入地洞察我，那麼你為什麼要來這裡？你自己就能夠深入洞察你自己。如果你有這麼偉大的洞見，來這裡有什麼意義？它是無意義的，而且，如果你已經決定自我不能被丟棄，已經決定那是不可能的，那麼你甚至沒有去嘗試就已經作決定了。

而我不是說自我能夠被丟棄！我說自我不存在！你怎麼能夠丟棄某種不存在的東西？佛陀沒有說過必須丟棄自我，他說自我只須被洞察——你找不到它，因此它就消失了。

那麼你能夠怎麼做？當你走進你的本質裡，你找不到任何自我，你會在那裡找到寧靜，找到無我，在那裡沒有像自我一樣的中心……丟棄自我並不意味著你必須丟棄它，丟棄自我只是一個隱喻，它只是意味著當你向內走、向內看，而你找不到任何東西，自我就消失了。

事實上，即使說「消失」也是不對的，因為它一開始就不存在，那是一個誤解。

現在，你不是進入你自己，你是在看著我！而你認為你已經洞察了我！因為你是一個心理分析學家，或是一個心理學家，因此你就判定，而你的判定將會成為一個障礙，因為自我不存在我裡面！而且我要宣稱：自我不存在你裡面。即使對這個心理學家朋友，我也會說：自我不存在他裡面。自我不存在！它是一個非存在性的概念，只是一個概念而已。

它就好像當你在黑暗中看到一條繩子，而你以為它是一條蛇，你開始跑，跑得喘不過氣來，然後你被一個石頭絆倒而骨折，到了早上，你才知道它只是一條繩子，但是它的作用很大。蛇不在那裡，但是它影響你的實體，誤解跟了解一樣真實，它不是真的，但它卻是實實在在的！那就是實體和真理的差別。一條在繩子裡面看到的蛇是實在的，因為它的結果、它的後果是實在的。如果你有一個衰弱的心臟，那麼在一條繩子裡面看到一條蛇可能是很危險的：你可能跑得很快，而且可能心臟衰竭，它能夠影響你的整個人生，它看起來非常可笑，只不過是一條繩子而已！

我所說的，或佛陀所說的是：只要提一個燈向內走，好好地注意看那條蛇是否存在，佛陀發現它不存在你裡面，我發現它不存在我裡面。在我發現它不存在我裡面的那一天，我向四周洞察每一個人的眼睛，我也從來沒有發現過它，它是一個無法找到的概念，它是一個夢。

但是如果你心中過分充滿那個夢，你甚至可以將它投射到我身上，我對它無能為力。如果你投射，你就投射，它就好像你戴著眼鏡，有色的眼鏡，綠色的眼鏡，於是整個世界看起來都是綠色的。你來到我這裡說：「奧修，你穿著一件綠色的衣服。」我怎麼辦？我只能說：「只要摘下你的眼鏡。」而你說：「從來沒有人能夠摘下他自己的眼鏡，它從來沒有發生過！」那麼事情就變得很困難。

但是它對我來講不是一個問題。它對你是一個問題，我替你感到遺憾，因為如果這是你的概念，那麼你將會終身受苦，因為自我會產生痛苦。當一個不真實的概念被想成是真實的，你將會產生痛苦。真正講起來，痛苦是什麼？痛苦是當你有一些與真理沒有關連的概念時，就會有痛苦。

比方說，你認為石頭是食物，而你吃了它們，那麼你就會受苦，你會產生劇烈的胃痛，但是如果它是真正的食物，那麼你就不會受苦，你會被滿足。痛苦是由一個不真實的概念所產生出來的，至高無上的快樂是當你有合乎真實的概念時所產生出來的。至高無上的快樂是你和真理之間的一個連貫，痛苦是一個二分，是你和真理之間的分開。當你沒有跟著真理走，你就是在地獄；當你跟著真理走，你就是在天堂，就是這樣，這就是整個必須加以了解的事情。

這個人來自很遠的美國，聽著我的錄音帶，他開始為我感覺。他已經來到這裡，但是如果這就是他看事情的方式，他將會錯過。記住，它對我不是一個問題，如果你認為我是一個大的自我主義者，謝謝你，但那不是我的問題，那是你的概念，而你完全有權利去擁有概念，但是如果你對它那麼確定，將會發生什麼呢？

他說：「我曾經去過很多宗教界神聖的聖人那裡，而他們都是自我主義者。」

你一定是在每一個地方都戴著同樣的眼鏡，你繼續創造出你自己的實體，那是不真實的，那就是為什麼佛陀那麼堅持空無，那麼堅持沒有頭腦（no mind），因為當頭腦裡面沒有思想，你就無法投射任何東西，那麼你就必須去看真相，當你沒有任何概念，當你只是空的，一個鏡子在照著，那麼，不論什麼東西來到你面前，都會被照出來，按照原來的樣子被照出來，但是如果你有概念，你就會歪曲，思想是歪曲的媒介。

如果你能夠在我裡面看到自我，你真的是在做一項奇蹟，但那是可能的。你可以享有你的概念，但是只有你會被你的概念所傷害，別人都不會。如果這個概念持續下去，那麼你就不可能跟我連結。至少你在此地的這幾天，將你的概念擺在一旁。有一件事是確定的，你的心理學並沒有幫助你，否則你一定根本不需要來這裡。

就在前幾天，他坐在我的前面談他的難題，有時候我在懷疑……他有這麼多難題，而他是一個團體的領導人，他跟人們在一起要怎麼做？他能夠給予他們什麼幫助？他那麼肥胖，甚至這一點他都無法改變，而且他還繼續填飽他自己，這些是他的難題，他很害怕，所以他一再一再地向拉克斯米(Laxmi：奥修的祕書)堅持他需要一個私人的面談，因為，「我無法在人們面前談事情」。為什麼呢？人們會看到你的肥胖嗎？不管你是不是說出來，每一個人都有眼睛，他們可以看出你是肥胖的，而且你繼續在填飽你自己，你怎麼能夠避免周遭的人？他們會知道……

他想要有一個私人的面談，好讓他能夠告訴我他的難題，而他的難題就是肥胖……「我一直繼續吃而無法停止，我要怎麼辦？」你的心理學甚至連這個都幫不上忙，而你認為你的心理學能夠知道我，能夠看清我嗎？不要被你自己的把戲所欺騙。

你沒有看過任何神聖的人，我不是說他們是不神聖的，我只是說，你或許到過那裡，但是你沒有與他們在一起。如果你無法跟我在一起，你怎麼能夠跟他們在一起？你沒有和任何神聖的人在一起過，不管你到哪裡，你都帶著你的心理學去，帶著你聚集在你自己周圍的所有知識去，那對你是沒有用的！那是沒有價值的！而你繼續在忠告別人，你也會在別人身上產生同樣的心理創傷和心理情結。一個心理治療家唯有在他的忠告不僅是為別人，而且他的忠告還要存在於他自己的生活當中，還要他活過它、看過它的真理之後，他才能夠對別人有所幫助。

你說多年來丟棄自我、丟棄頭腦的教導並沒有奏效。它奏效了！它對我有奏效，所以我說它奏效了，我知道它對你沒有奏效，但是那個教導並沒有什麼不對，而是你裡面的某種東西錯了，所以它對你無效。它對千千萬萬的人有效，而且有時候或許你的鄰居就是一個成道的人，而你卻看不出來。

有一次……

有一個從美國來的求道者，他聽說在達卡，在孟格拉諜西有一位偉大的蘇菲神祕家，所以他趕著來——就好像一般的美國人一樣，他趕著來，他匆匆忙忙到了達卡，抓住一個計程車司機說：「帶我到這個神祕家那裡？」

那個計程車司機笑了，他說：「你真的有興趣嗎？那麼你找對人了，如果你問其他任何計程車司機，沒有人會知道，而我知道這個人，我跟這個人在一起幾乎有五十年了。」

「五十年？他多大年紀？」那個美國人問道。

那個計程車司機說：「他也是五十歲。」

他想：「這個人似乎瘋了！」他試試其他計程車司機，但是沒有人知道那個人，所以他必須回到這個瘋狂的人那裡。

他說：「我告訴過你，沒有人知道他，你跟我來，我會帶你去。」然後他就帶他去。達卡是一個古老的城市，街道很小，城市也很小，但是他繞來繞去繞了好幾個小時！那個美國人覺得很高興，因為目標越來越接近了。三、四個小時之後，他們停在一個小房子、一個非常窮的人家的房子前面，那個計程車司機說：「你等一下，我將安排你見師父。」

裡。

然後有一個女人來，他說：「師父在等著你。」那個人進去，那個計程車司機坐在那

他說：「來，我的孩子，你要問什麼？」

那個美國人不能相信，他說：「你就是那位師父嗎？」

他說：「我就是那個師父，我已經跟他生活在一起有五十年了，其他沒有人知道這件事。」他竟然就是那位師父……

但是你有你的概念：「一個計程車司機怎麼可能是一位師父？」只要把我想成是一個計程車司機……你將不會相信……你會嗎？這個心理學朋友會相信嗎？那是不可能的。

你有概念，因為你的概念所致，你繼續錯過你周遭的很多事情。世界上從來不會沒有師父，到處都有這種人，但是你看不出來，當你想要看他們，你會到梵諦岡去，因為你有某種概念，認為教皇一定是成道的，事實上，一個成道的人怎麼可能成為一個教皇？沒有一個成道的人會去做那種無意義的事，他或許會喜歡成為一個計程車司機。

當你在這裡的時候，在這幾天裡面，請你丟棄你的概念，敞開你自己，不要一開始就有了偏見說：「這種事從來沒有發生過。」這種事發生過！這種事在我身上發生過，你只要洞察我的眼睛，只要感覺我，那麼這種事也可能發生在你身上。除了這些概念和這個知識之外，沒有別的東西在阻礙，所以我說知識是一個禍因，拋棄你的知識，你的病狀就會解除！

問題

我是一個弱者，然而在這裡我人生第一次覺得我能夠放鬆在我的柔弱裡。我必須堅強和勇敢嗎？

在這裡沒有必須，所有的應該、必須和應當都必須被丟棄，唯有如此，你才能夠變成一個自然的人。

柔弱有什麼不對？每一個人都是柔弱的，部分怎麼可能是堅強的呢？部分必須是柔弱的，我們是在這個廣大的海洋裡一個極小的部分、極小的點滴，我們怎麼可能是堅強的呢？要對誰堅強？為什麼要堅強？是的，我知道你被教導要堅強，因為你被教導要成為暴力的、積極的、鬥爭的，你被教導要堅強，因為你被教導成要具有競爭性、要有野心、要崇尚自我主義，你被教導各種積極性，因為你被教導成去強取別人、強取自然，你沒有被教導愛。

在此，那個訊息是愛，所以，為什麼你需要力量？這裡的訊息是臣服，這裡的訊息是接受，不論情形是怎麼樣都完全接受。柔弱是美的，放鬆成柔弱的，接受它、享受它，它有它本身的美和它本身的喜悅。

「我是一個弱者……」

請你連「弱者」這個字都不要用，因為它含有一種譴責的意味在裡面。你可以說：「我是一個部分」，而部分一定是無助的，在它本身裡面，部分一定是無能的，部分唯有跟整體在一起時才是強而有力的。你的力量在於跟真理在一起，沒有其他的力量。真理是強的，我們是弱的，神是強的，我們是弱的，跟祂在一起，我們也是強的。反對祂、沒有祂，我們是弱的。跟河流抗爭，試著去逆流而上，那麼你將會被證明是一個弱者。隨著河流漂浮，順流而下，甚至不要游，只要放開來，讓河流帶領你到任何它要去的地方，那麼就沒有柔弱了。當要成為堅強的概念被丟棄了，就不會有柔弱被留下來，它們兩者一起消失，然後，突然間，你就變成既非柔弱，亦非堅強，事實上，你不存在，而神存在——既非弱，亦非強。

你說：「然而在這裡，我人生第一次覺得我能夠放鬆在我的柔弱裡。」

這是一個很好的感覺，不要失掉那個感覺！這是一個正確的感覺：放鬆——那是我的整個教導，放鬆進入你的本性。不管你是誰，不要強加任何理想，不要把你自己逼瘋，沒有這個需要，只要存在！——放棄「要成為什麼」，我們不到任何地方去，我們只要在這裡，這個片刻是那麼美好，是如此的一個祝福，不要將任何未來帶進它裡面，否則你將會毀了它，未來是有毒的。放鬆而且享受，如果我能夠幫助你放鬆和享受，我的工作就完成了，如果我能夠幫助你放棄你的理想，放棄你應該如何，以及不應該如何的概念，如果我能夠帶走別人給你的所有戒律，那麼我的工作就完成了。當你沒有任何戒律，當你按照每一個片刻的激勵去生活——自然的、自發性的、簡單的、平凡的——就會有很大的慶祝，這樣的話，你就已經回到家了。

那麼就不要再將它提出來……「我必須堅強和勇敢嗎？」

「為了什麼？」

事實上，是柔弱想要成為堅強，試著去了解這一點，它有一點複雜，但是讓我們來探討它，是柔弱想要成為堅強，是自卑感想要成為優越的，是無知想要成為博學多聞，好讓它能夠隱藏在知識裡面，好讓你能夠將你的柔弱隱藏在你的所謂權力裡面。從自卑感產生出成為優越的欲望，那就是世界上所有權力政治的整個基礎，只有較劣等的人會變成政治家：這是一個權力的驅策，因為他們知道，他們是較劣等的，如果他們沒有變成一個國家的總統，或是一個國家的首相，他們沒有辦法向別人證明他們自己，在他們自己裡面，他們覺得柔弱，他們鞭策著他們自己去驅向權力。

但是藉著成為一個總統，你怎麼能夠成為強而有力的？在內心深處，你知道你的柔弱是存在的，事實上，它將會更加被感覺到，甚至比以前更被感覺到，因為如此一來會有一個對照。在外在會有權力，而在內在會有柔弱——更加清楚，好像銀色被襯在黑雲裡面，情形就是如此：你覺得內在貧乏，你就開始奪取，你變得貪婪，你開始占有東西，這種情況一直一直繼續，沒有結束，而你的整個人生就浪費在東西上面，浪費在積聚上面。

但是你積聚得越多，你就更加透徹地感覺到內在的貧乏。在財富的對照之下，它能夠很容易地被看出來，當你看到這個——柔弱試著要變成堅強——你就知道它是荒謬的，柔弱怎麼能夠變成堅強？看到這一點，你就不會想要變成堅強，當你不想變成堅強，柔弱就無法在你裡面停留，只有跟想要堅強的概念在一起，它才能夠停留，它們是在一起的，就好像電的正負兩極，它們是一起存在的。如果你放棄想要成為堅強的野心，有一天你會突然發現柔弱也消失了，它不能夠保留在你裡面，如果你放棄想要富有的念頭，你怎麼能夠繼續想到你自己是貧窮的？要跟什麼對照來想？將不可能來衡量你的貧窮。

放棄富有的概念，放棄成為富有的概念，有一天貧窮就會消失。當你不渴求知識，而且放棄博學多聞的想法，你怎麼可能保持無知？當知識消失，繼之而來的，無知就會好像知識的影子一樣地消失，然後一個人就是聰明的。智慧不是知識，智慧是知識和無知兩者都不在。

以下是三項可能性：你可以是無知的；你可以是無知又博學多聞的；你也可以是既沒有無知，也沒有知識。第三個可能性就是智慧，那就是佛陀所說的般若波羅密多（Prajnaparamita）——彼岸的智慧、超越的智慧，它不是知識。

首先，放棄這個想要堅強的欲望。注意看，有一天你會感到驚訝，你會開始歡舞，因為柔弱已經消失了，它們是同一個硬幣的兩面，它們活在一起，它們配合在一起，一旦你貫穿了你存在裡面的這個事實，就會有一個很大的蛻變。

問題　人們為什麼會從世界各地來到你這裡，他們怎麼會來到你這裡？

如果一個人說真理，他一定遲早會被找出來——那就是為什麼他們來到這裡的理由。那是不可能的……如果你道出真理，人們不可能不來。他們在渴望真理，他們在熱望它，他們在切望它，他們已經渴望了好幾世。一旦一個真理的微波或是一首真理之歌在任何地方升起，那些熱望的人——他們可能是在這個星球的任何一個地方——在他們無意識裡面的某些東西就開始發生。在無意識裡，我們是互相連結的，在最深處……在我們本質最深的領域裡，我們是一體的。如果一個人成佛，那麼每一個人的無意識都會被激動，在意識上你或許不知道，但是每一個人的無意識都會被激動，它就好像一張蜘蛛網：你從任何一點碰觸它，整個網就會開始顫動。在我們基礎的部分，我們是一體的，我們就像一株堅固而壯大的樹，孤獨地站立在田野上——很大、巨大、枝葉茂密，有好幾百萬片樹葉，有很多樹枝，但是這些都要依靠一根堅固的樹幹，而它們都根植於同一處土壤裡面。如果一片樹葉成道，整棵樹都會無意識地知道它……「某件事已經發生了。」

那些有意識地尋求真理的人將會第一個開始移動，無意識裡將會有那個微波產生。一個朋友剛寫下來，他坐在加州的某一個地方……

這事在加州比在其他任何地方都更容易發生，加州是未來的希望，最有潛力的意識正在那裡發生，加州是最敏感的，所以它只能夠在加州發生，它不可能發生在蘇俄，在那裡，事物都非常無趣，而且死氣沉沉。

一個朋友去拜訪一個女人，他們正在吃吃喝喝，突然間，他深入看那個女人的眼睛，在它裡面有無比的力量，也許是酒精、音樂，和兩個人的單獨相處，以及那個愛的氣氛激發出某種東西來，他在那個女人的眼睛裡看到了無比的力量，他被那雙眼睛抓住了，幾乎是被迷住了，被催眠了。他開始注意看，當他開始注意看的時候，那個女人開始搖擺，某種無意識裡面的東西開始活動，幾分鐘之後，那個女人開始說：「羅尼希、羅尼希、羅尼希」——而她根本不知道我，甚至從來沒有聽過我，當她回過神來，那個人說：「你在重複某一個名字——羅尼希，它顯得非常奇怪，我從來沒有聽過這個名字。」

那個女人說：「我也從來沒有聽過，我不知道。」他們兩個人到一家書店去尋找那個名字，當然，它不是「羅尼希」，它是「羅傑尼希」（奧修原名），他仔細看了我的書，那就是他一直在找尋很多很多年的書，下個月他會來這裡。那是怎麼發生的？某種在那個女人深處的東西……

女人比較容易接受訊息，因為她比男人更接近無意識。男人已經遠離無意識，他已經變得過分集中在頭腦，集中在意識上，而女人仍然靠預感在生活。當那個男人深入看她的眼睛，某種在她無意識裡面的東西開始攪動，那個男人是一個有意識的追尋者，而那個女人不是，那個女人從來沒有在找尋師父，她不來此地，她一定是將它解釋成只是一個巧合或什麼東西，而不去理會它。她從來沒有興趣於任何追尋，但是她的無意識比較具有接受性，身為一個女人，然後再加上酒精，而且這個男人注視著她，極度地被她的眼睛所迷住——所有這些事情都產生了功效，某種東西浮現了，而這個男人的意識在注意看著，聽到這個字，他就被鉤住了，被那個字鉤住了，他無法忘掉它，他必須到書店去找出來，或者是到圖書館，東找西找，問朋友，看看這個字是什麼。

那不是一項奇蹟，那只是事情怎麼發生的一個簡單過程。

你問我：「人們為什麼從世界各地來到這裡，他們怎麼會來到你這裡？」

距離不是問題，追尋、切望和渴望才是問題。如果某人在追尋，遲早他會知道我，有時候是偶然的，他會開始被拉向我，有好幾百萬人在追尋，當更多人在我的周圍，更多人開始深入他們的本性，這個地方就更會形成那股拉力，那麼就不只是我在拉他們，不只是我在攪動他們的深處——這整個地方都會開始產生拉力，它能夠成為一個有磁性吸引力的中心。

那要依你而定，依你開始進入你的本性有多深而定，依你跟我諧調到什麼程度而定，依你的臣服有多深而定。

問題

恐懼要怎麼辦？我被它弄得團團轉，覺得很疲倦，它是否能夠被控制，或是被扼殺？要怎麼做？

這個問題是拉瑪南達所問的。

它沒有辦法被扼殺，也沒有辦法被控制，它只能被了解。在此，「了解」是關鍵字，只有了解能夠帶來突變，其他沒有東西能夠。如果你要試圖控制你的恐懼，它將會受到壓抑，它會進入你的深處，它將不會有所幫助，它將會把事情弄得複雜。當它在浮現，你能夠壓抑它，那就是控制，你可以壓抑它，你可以將它壓抑得很深，使它完全從你的意識消失，然後你將永遠不會覺知到它，但是它將會留在最下層的部分，它會產生一種拉力，它會支配你，它會操縱你，它會以一種間接的方式來操縱你，使你不會覺知到它，但是這樣一來，危險就更深了，這樣你就甚至無法了解它。

所以，恐懼不必被控制，不必被扼殺，其實它也是無法被扼殺的，因為恐懼包含一種能量，而能量是無法被摧毀的。你有沒有觀察過？在恐懼當中你有非常大的能量，就好像在憤怒當中，你也可以有那麼大的能量，它們兩者是同一個能量現象的兩面。憤怒是侵略性的，恐懼是非侵略性的，恐懼是負面狀態的憤怒，憤怒是正面狀態的恐懼。當你憤怒的時候，你有沒有注意到，你變得多麼有力，你有多麼大的能量？當你憤怒的時候，你可以丟一塊你平常抱不動的大石頭；當你憤怒的時候，你的力量增大三、四倍，你可以做出某些不生氣就無法做到的事。

或是，在恐懼的時候，你可以跑得非常快，甚至連奧林匹克的選手都會覺得嫉妒。恐懼產生能量，恐懼是能量，而能量無法被摧毀，一點點能量都沒有辦法從存在中被毀滅，這一點必須經常記住，否則你會做錯事情。你無法摧毀任何東西，你只能改變它的形式。你無法摧毀一個小石頭，一顆極小的沙粒也無法被摧毀，它只能被改變形式。你無法摧毀一滴水，你可以將它轉變成冰，你可以蒸發它，但是它仍然會維持，它會停留在某處，它無法離開存在。

你也無法摧毀恐懼，多少年來，人們一直都這樣在做，人們一直試著去摧毀恐懼，試著去摧毀憤怒、試著去摧毀性、試著去摧毀貪婪，摧毀這個，摧毀那個，整個世界一直繼續在努力，結果如何？人變成雜亂的一團，沒有什麼東西被摧毀，一切都依然存在，只是事情變得更複雜。不需要摧毀任何東西，因為本來就沒有東西可以被摧毀，那麼必須做什麼呢？

你必須了解恐懼，恐懼是什麼？它如何升起？它來自哪裡？它的訊息是什麼？洞察它，不要有任何判斷，唯有如此，你才會了解。如果你已經有一個概念說：

恐懼是錯的，它是不應該的——「我不應該恐懼」，那麼你就無法注意看，那麼你怎麼能夠面對恐懼？當你已經決定它是你的敵人，你怎麼能夠注視著恐懼的眼睛？沒有人注視敵人的眼睛。如果你認為它有什麼不對，那麼你將會試著從它旁邊繞過，避免它、忽略它，你會試著不要碰到它，但它還是會存在，這樣是不會有什麼幫助的。

首先要放棄所有的譴責、判斷和評價。恐懼是一個真實的存在，它必須被面對，必須被了解，唯有透過了解，它才能夠被改變。事實上，它是透過了解而被改變的，不需要做其他任何事，只要了解就可以改變它。

恐懼是什麼？首先，恐懼總是圍繞在某些欲望的周圍，你想要變成一個有名的人，想要變成世界上最有名的人——這樣就會有恐懼。如果你沒有辦法達到要怎麼辦？恐懼就產生了，這樣一來，恐懼就以一個欲望的副產品而來臨：你想要變成世界上最有錢的人，如果你不成功要怎麼辦？你開始顫抖，恐懼就產生了。你占有一個女人，你在害怕，或許明天你就無法占有，她或許會去找別人，她是活的，她可以走，只有死的女人不會走，但她還是活的，你只能占有一具屍體，那樣就沒有恐懼了，屍體將來還是會在那裡。你能夠占有傢俱，這樣做不會有恐懼，但是當你試著去占有一個人，恐懼就產生了。誰知道？昨天她不是你的，而今天她是你的，誰知道？明天她將是別人的，因此恐懼就會升起，恐懼是由占有的欲望而升起的，它是一項副產品，因為你想要占有，因此才會有恐懼，如果你不想占有，那麼就沒有恐懼。如果你沒有欲望說你未來要成為這個，成為那個，那麼就沒有恐懼。如果你不想上天堂，那麼就沒有恐懼，那麼教士就無法使你恐懼，如果你不想去任何地方，那麼就沒有人能夠使你恐懼。

如果你開始生活在當下這個片刻，恐懼就消失了，恐懼是透過欲望而來的，所以，基本上，恐懼是由欲望所產生出來的。

洞察它，每當有恐懼，看看它從哪裡來，是什麼欲望在產生這個恐懼，然後看看它的無用性。你怎麼能夠占有一個女人或一個男人？那是一個非常愚蠢、非常愚笨的念頭，只有東西能夠被占有，人是無法被占有的。

一個人是一個自由，一個人有了自由才會美。鳥兒在空中飛翔是美的，如果你將牠關在籠子裡，牠就不再是同一隻鳥了，這一點要記住。牠看起來好像還是牠，但是牠已經不再是同一隻鳥了，天空在哪裡？陽光在哪裡？風在哪裡？雲在哪裡？那個飛翔的自由在哪裡？所有這些都消失了，牠已經不再是同一隻鳥了。

你愛一個女人，因為她是一個自由，然後你將她關在籠子裡，你到法院結婚，你在她的周圍做一個漂亮的、或許是金製的籠子，鑲了鑽石，但她已經不再是同一個女人了，如此一來，恐懼就產生了，你會害怕，害怕那個女人或許不喜歡這個籠子，她或許會再度渴望自由，而自由是最終的價值，人無法放棄它。

人是由自由所組成的，意識是由自由所組成的，所以遲早那個女人會開始覺得無聊，覺得受夠了，她會開始尋找另外一個人，而你會害怕，你會產生恐懼，因為你想要占有，但是為什麼一開始你就想要占有？要成為不占有的，然後就沒有恐懼，當你沒有恐懼，很多你涉入在恐懼裡的、被網住、被鎖住在恐懼裡的能量，現在都可以使用了，而那些能量可以變成你的創造力，它可以變成一個歡舞或一個慶祝。

你害怕死亡嗎？佛陀說：你不可能死，因為一開始你就是不存在的，你怎麼可能死？洞察你的本質，深入它，看，是誰在死？你將不會找到任何自我，然後就不可能有死，只有自我的概念會產生出死亡的恐懼，當沒有自我，就沒有死亡，你是完全地寧靜、不朽、永恆——不是以「你」，而是以一個開闊的天空，不受任何「我」或「自己」的概念所污染，沒有界限的、不被限定的，這樣就沒有恐懼。

恐懼的來臨是因為有其他事情，拉瑪南達，你必須洞察那些事情，對它們的洞察將會開始改變事情。

所以，請你不要問它如何能夠被控制或被扼殺，它不是要被控制的，也不是要被扼殺的，它無法被控制，也無法被扼殺，它只能被了解，讓了解成為你唯一的法則。

第5章 空無的芬芳

一九七七年十月十五日

《心經》今譯文：

所以，喔，舍利子，在空裡面沒有形體、沒有感覺、沒有知覺、沒有衝動、也沒有意識；沒有眼睛、耳朵、鼻子、舌頭、身體、頭腦；沒有形體、聲音、氣味、味道、可觸知的東西、或頭腦的對象；沒有「視器官」的要素等等，直到我們來到：沒有「頭腦意識」的要素；沒有無知，也沒有無知的絕滅等等；直到我們來到：沒有腐敗和死亡，也沒有腐敗和死亡的絕滅；沒有痛苦、沒有起因、沒有停止、也沒有途徑；沒有認知、沒有達成、也沒有「沒有達成」。

對照的《心經》古譯文：

是故空中無色，無受想行識，無眼耳鼻舌身意，無色聲香味觸法，無眼界乃至無意識界，無無明亦無無明盡，乃至無老死，亦無老死盡，無苦集滅道，無智亦無得。

空無是彼岸的芬芳，它是心對那「超越的」的敞開，它是千瓣蓮花的開花，它是人的命運，唯有當人來到這個芬芳，當他來到這個他本性裡面的絕對空無，當這個空無遍布他整個人，當他只是一個沒有雲的純粹天空時，他才是完整的。

這個空無就是佛陀所說的涅槃，首先我們必須確實了解這個空無是什麼，因為它不只是空的，它是充滿的、它是洋溢的，絕對不要認為空無是一個負面的狀態、是一個空缺，不，空無只是沒有東西，東西消失了，只有最終的實質被留下來，形體消失了，只有無形被留下來，界限消失了，只有不被界限的留下來。

所以空無並不是好像沒有東西，它只是意味著：不可能定義它是什麼，它就好像，如果你從你的房子移去所有的傢俱，將它們放在外面，某人進來，說：「現在，這裡沒有東西。」他以前有看到傢俱，現在傢俱不在了，所以他說：「這裡已經不再有任何東西，沒有東西存在。」他的描述只有到某一個程度是正確的，事實上，當你移去傢俱，你只是移去房子空間裡面的障礙物，現在，純粹的空間存在，而沒有阻礙的東西，現在，沒有雲在天空飄浮，它只是一片天空，它不只是空無，它是純粹，它不只是不在，它是一個「在」。

你有沒有在一個完全空無的房子裡待過？你將會找到那個「在」的空，它是非常有實質的，你幾乎可以碰觸到它，那就是一座廟、一間教堂，或是一幢回教寺院的美——純粹的空無，只是空的。當你進入一座廟，包圍住你的是空無，它什麼東西都沒有，但它不只是空的，在那個空裡面有某種東西在，但只是對那些能夠感覺到它的人而言，它是在的，只是對那些有足夠的敏感去感覺到它的人、有足夠的覺知去看它的人而言，它才是在的。

那些只能夠看到東西的人會說：「有什麼在那裡？我看不到。」而那些能夠看到空無的人會說：「全部都在這裡，因為空無在這裡。」

「有」和「沒有」的同一是空無的祕密，讓我再重複它，它對佛陀的方法而言是非常基本的：空無跟「沒有」並不是同一的，空無是「有」和「沒有」的同一。在空無當中，兩極已經不再是兩極，相反之物已經不再是相反之物。

當你跟一個女人或一個男人做愛，性高潮的那個點就是空無的那個點，在那個片刻，女人已經不再是一個女人，男人已經不再是一個男人，形體都消失了，男人和女人之間的兩極性已經不在了，那個兩極之間的緊張拉力已經不在了，它是完全的放鬆，他們兩者都互相溶入對方，他們已經毀了他們的形體，他們已經進入一種無法被限定的狀態，那個男人不能夠說「我」，那個女人也不能夠說「我」，他們已經不再是兩個「我」，他們已經不再是兩個自我，因為自我與自我之間總是在衝突，自我透過衝突而存在，沒有衝突，它無法存在。在那個高潮的片刻裡，不再有任何自我，因此才有它的美、才有它的狂喜、才有它那如三摩地般的性質。

但是它的發生只有一個片刻，不過即使只有那個片刻，即使只有一個單一的片刻，都比你的整個人生更有價值，因為在那個片刻，你最接近真理，男人和女人不再是分開的。這是兩極性：陰和陽、正和負、白天和晚上、夏天和冬天、生和死——這些是兩極。當「有」和「沒有」會合，當相反之物會合而不再是相反之物，當它們互相進入對方、溶入對方，就會有性高潮。性高潮是有和沒有的會合，它跟「沒有」不是同一的，它超越有和沒有兩者。

就一方面來講，它超越兩者，就另一方面來講，它是兩者同時在一起的。正和負的融合就是空無的定義，那也是性高潮的定義，那也是三摩地的定義，請記住這一點。

有和沒有的同一是空、空無和涅槃的祕密，空並非只是空的，它是一個「在」，一個非常堅實的在，它不排除它的相反之物，它包含了它，它充滿了它，它是一個充滿的空，是一個滿溢的空，它是活的、十分活的、非常活的，所以，一刻都不要讓字典欺騙了你，否則你將會誤解佛陀。

如果你查字典尋找「空無」的意義，你將會錯過佛陀，字典只有定義平常的空無、平常的空，而佛陀是在談論某種非常不尋常的東西，如果你想要知道它，你將必須進入生活，進入某種有和沒有會合的情況，然後你才會知道它。唯有當身體和靈魂會合，當世界和神會合，當相反之物不再是相反之物，你才會嘗到它的滋味。

它的滋味就是「道」的滋味，就是禪、哈希德派（Hassidism：猶太神祕宗派）或瑜伽的滋味。

「瑜伽」這個字也是有意義的，它的意思是會合在一起。當男人和女人會合，它就是一個瑜伽：他們會合在一起，他們真正靠近，他們開始重疊，然後消失進入對方，然後他們就不再有中心，相反之物的衝突已經消失，而有了完全的放鬆。

一個男人和一個女人之間的放鬆只發生在很短暫的時間裡，但是這個放鬆可以以一種非暫時性的方式跟整體發生，它可以以一種永恆的方式發生。在愛當中，你只有一滴它的狂喜，而在狂喜當中，你有整個海洋的愛。

唯有當你裡面沒有思想之雲的時候，這個空無才能夠達成。阻礙你內在空間、遮蔽你內在空間的就是這個思想的雲。你有沒有注視過天空？夏天的時候，它非常潔淨而晴朗，如水晶般地清晰，連一個小點的雲都沒有，然後雨來了，成千上萬的雲朵飄來，整個地球就被雲包圍住，陽光消失了，天空已經不再有空間，這就是頭腦的狀態：頭腦經常被雲所包圍，它是你意識的雨季，陽光已經不再能夠被享用，光被隱藏起來，被阻隔了，空間的純粹以及空間的自由已經不再了，到處你都發現你自己被雲所限定。

當你說「我是一個印度教教徒」，你是在說什麼？你被一朵雲抓住，被「你是一個印度教教徒」這個思想抓住；當你說「我是一個回教徒」，或是一個耆那教教徒，你是在說什麼？你變成跟一朵思想的雲認同，你在喪失你的純潔。那就是為什麼我說：一個具有宗教本質的人既非印度教教徒，亦非回教徒，或基督徒——他不可能是，他是一個意識的夏季，他沒有雲：太陽在那裡，很明亮，不受阻礙，在他的周圍有無限的空間，在他的周圍有寧靜，你找不到有雲的意識在震動。

當你說「我是一個共產主義者」，你是在說什麼？你是在說你一直在讀馬克思、列寧、史達林或毛澤東的書，你已經太過於執著於資本論（Das Kapital）；你已經和階級鬥爭、窮人、富人和衝突認同；你已經變得太被一個夢或一個烏托邦所吸引、所催眠，而認為在未來的某一天，一個沒有階級的社會能夠被創造出來，你變得太被這烏托邦所縈擾於心，你準備為它做任何事，即使你必須去殺死千百萬人，你也準備要這麼做，你認為這是為他們而做，是為了他們的好處著想。這是一種有雲的狀態。

當你說「我是一個印度人」，這也是一樣，當你說「我是一個中國人」，這也是一樣。如果你真的想成為具有宗教性的，你將必須慢慢放棄這些認同。不應該有任何觀念占據你，不應該有任何書本成為你的聖經！不應該有《吠陀經》來限定你，不應該有《吉踏經》來限制你，你不應該讓任何哲學、神學、教條、理論或假說來塞滿你，你不應該讓你意識的火焰周圍有任何煙霧，唯有如此，你才是具有宗教性的。

如果你問一個具有宗教性的人：你是誰？他只能說：「我是一個空無」，因為空無不是一個概念，不是一個理論，它只是指示著一種純粹的狀態。

記住，知覺跟知識沒有關係，事實上，當你透過知識來感知，你並沒有很正確地感知，所有的知識都會造成投射。知識是一個偏斜，知識是一個偏見，知識是一個結論，甚至在你進入事情之前，你就已經下了結論。

比方說，你來找我的時候，你已經在你的頭腦裡有一個結論，然後你會繼續透過你的雲來看我，很自然地，你的雲會將影子投放在我身上。如果你帶著這樣的概念來找我：「這是一個錯誤的人，危險的、罪惡的。」那麼你將會繼續找出某種支持你概念的東西。

任何你所攜帶的概念都是自我延續的，它會繼續為它自己找證明，那個帶著偏見來的人會將他的偏見加強，事實上，他從來就沒有來到我這裡。

要來到我這裡，一個人必須是沒有被雲籠罩的，沒有贊成或反對的偏見，沒有既定的概念，你只是去看什麼是存在的，你沒有攜帶任何意見。你聽過很多事情，但是你不相信其中的任何一個，你用你自己的眼睛看，你用你自己的心去感覺，那就是一個宗教人士的性質。如果你想要知道真理，你將必須丟棄你多年來在很多很多前世所累積下來的所有各種知識。

每當某人帶著知識來到真理，他就無法看到它，他是瞎的，知識使你變瞎。如果你想要有清晰的眼睛，你就要丟棄知識。知覺跟知識無關，真理和知識不在一起，知識不能夠包含生命和存在的無限，知識非常微小、非常渺小，而存在非常廣大、非常巨大，它怎麼能夠包含存在？它不能夠，如果你強迫存在進入你知識的模型，你將會摧毀它的美，你將會摧毀它的真理。一旦存在被轉變成知識，它就不再是存在。它就好像一個人攜帶著印度的地圖，而認為他攜帶著印度。沒有任何地圖能夠包含印度。

月亮的照片並不是月亮，「神」這個字並不是神，「愛」這個字也不是愛，沒有任何文字能夠包含生命的奧祕。知識只不過是文字、文字和文字，知識是一個非常大的幻象，所以佛陀說：讓空無在你裡面安定下來。

空無意味著一種不知道的狀態，一種沒有雲飄進你意識裡的狀態。當你的意識沒有被雲籠罩著，那麼你是空。空跟真理配合得很完美，只有空能夠跟意識完美地配合，知識無法包含人本質的奧祕，知識是跟「那神祕的」對抗的。「那神祕的」意味著那不為人所知的，那不能夠被知的，那基本上、本質上、實質上不可知的，不僅是不為人所知，而且是不可知的，那不可知的怎麼能夠被貶為知識？知識繼續蒐集岸邊的小石頭，而繼續錯過鑽石；知識是平庸的、借來的，它從來不是真實的，從來不是原創的。要知道真理，你需要一個洞見，原創的洞見，你需要能夠看穿再看穿的眼睛，你需要透明的洞察力。

所以，唯有當頭腦完全沒有知識，知識完全空白，它才會知道。當沒有知識，就「有」知識，因為當沒有知識，就有知道，當頭腦完全沒有知識，赤裸的、寧靜的、不產生作用的……當頭腦在等待著，而沒有任何要等什麼的概念，只是一個純粹的等，期待的，但不知道期待什麼，等待客人，但是沒有任何概念，有一個敞開的門，等待客人敲門，但是對客人是誰沒有任何概念……你怎麼能夠預先知道要等待誰呢？

如果你帶著一張神的藍圖，你將會繼續錯過神，因為你以前從來不知道祂，是的，別人知道，但任何他們所說的都只是地圖，我能夠給你的只是一張地圖。所有的知識都是地圖，不要開始崇拜地圖，不要開始創造一座廟在地圖的周圍。廟宇就是這樣被創造出來的，一座廟獻給《吠陀經》，另一座獻給《聖經》，再另一座獻給《可蘭經》——這些都是地圖！這些不是真正的國家，它們只是地圖。當我告訴你某些事，我必須使用語言，語言達到你，你跳到語言上面，你開始聚集那些語言——頭腦是一個非常大的聚集者——然後你就開始認為你知道。

這不是去知道的方法，去知道的方法是丟棄所有的知識，很乾脆地一次就把它丟棄！不要慢慢地丟，漸漸地丟。如果你看出這個要點，它能夠在這個片刻就發生，你不需要特別做任何事，你甚至不要丟棄知識，只要了解知識無法使你變成一個知者這個要點——事實上它會阻礙你——了解這個要點，就是革命……了解這個要點，就是蛻變。

所以，當頭腦是赤裸的、寧靜的、不產生作用的，當它處於完全的等待，那麼真理就出現了，那麼就有真理，它不需要來自任何地方，它一直都在那裡，但你是那麼充滿知識，因此，你繼續錯過它。

空無能夠知道真理，因為在空無裡面，智力完全發揮了它的功能，唯有在空無裡面，智力才能完全發揮它的功能。那就是為什麼——你看這個奇蹟！——小孩非常聰明，而老年人漸漸地變得那麼遲鈍，小孩學東西學得那麼快！你變得越老，學習就變得越困難。如果你老了，才要學中文，你將要花上三十年，而一個小孩在兩三年之內就學會了。

現在科學家說，一個小孩能夠很容易地至少學會四種語言，如果他有機會去接觸四種語言——很容易學會！這是最少的，最多的還沒有被測定：如果小孩有機會去接觸多種語言的話，他們能夠同時學習多少種語言。這種事會發生！如果家庭是一個使用多種語言的家庭，它能夠很容易發生，如果他居住的那個城鎮是多語系的，它能夠很容易發生。在孟買，它很容易發生：小孩很容易就學會印度語、英語、馬拉提語（Marathi）和古渣拉提語（Gujarati），小孩只需要有機會去接觸，他非常聰明，他馬上看到它的要點而學會它，當你變得越老，事情就變得越困難。

他們說，教一隻老狗新的技巧是很困難的，它不必然如此！如果你維持是一個空無，那麼它不必然如此，因為這樣的話，你的整個人生都保持是一個小孩。

即使當蘇格拉底快死的時候，他還是一個小孩，因為他仍然很敏感，心靈敞開，準備去學習，甚至準備從死亡學習！當他躺在床上，毒藥準備好了，六點鐘的時候人家要給他毒藥。當太陽將要下山，他很興奮，就像一個小孩。他的門徒在哭、在泣，而他卻很興奮，他一再一再地起來，走出去問那個人，是誰在準備毒藥：「它需要多久時間？」——他的眼睛是那麼好奇，而他即將要死了！已經沒有時間這麼好奇了，這個人再過幾分鐘就要呼他的最後一口氣，而他是那麼興奮、那麼狂喜，有一個門徒問他：「你為什麼這麼興奮？你即將要死了！」蘇格拉底說：「我已經知道了生命，我從人生學了很久，現在我想要知道死亡，想要從死亡學習，所以我很興奮。」

對一個天真的人來講，即使死亡也變成一項偉大的經驗。蘇格拉底非常天真，西方還沒有產生出另外一個人能夠跟他相比，蘇格拉底是西方的佛陀。

如果你保持是一個小孩，你能夠一直保持有能力學習，是什麼在你裡面產生遲鈍、愚蠢和平庸？——知識。你累積知識，因此，你變得越來越沒有能力知道。

放棄知識！我教你放棄知識，我不教你放棄世界。放棄世界是愚笨的、愚蠢的、無意義的！我教你放棄知識。

有一件奇怪的事發生，我偶爾碰到一些已經放棄世界的人。在喜馬拉雅山上，我碰到一個印度教教徒的托缽僧，他非常老，一定有九十歲了，或甚至更老，曾經有七十年的時間他是一個門徒，有七十年的時間他生活在社會的外面，他已經放棄了社會，他已經有七十年的時間沒有回到平原，當他年紀輕輕二十歲的時候，他來到了喜馬拉雅山，然後就沒有再回到印度，他從來沒有再在群眾裡面，但他仍然是一個印度教教徒，他仍然把自己想成是一個印度教教徒。

我告訴他：「你放棄了社會，但是你並沒有放棄你的知識，而那個知識是社會所給予的，你仍然是一個印度教教徒，你仍然在群眾裡面，因為成為一個印度教教徒就是在群眾裡面，你仍然不是一個個人，你還是沒有變成一個空。」

那個老人了解之後開始哭，他說：「從來沒有人告訴過我這一點。」

你能夠放棄社會，你能夠放棄財富，你能夠放棄太太、先生、孩子、家庭和父母——那是容易的，沒有什麼大不了，但真正的事情是放棄知識。這些是身外之物，你能夠逃離它們，但是對於某種在你裡面的東西，對於黏住你的東西，你要逃到哪裡去，你要怎麼逃離它們！它們跟著你，你可以到一個喜馬拉雅山的山洞，但你還保持是一個印度教教徒，你還保持是一個回教徒，你還保持是一個基督徒，那麼你將不能夠看到喜馬拉雅山的童貞。一個印度教教徒無法看到它，一個印度教教徒是瞎眼的。

成為一個印度教教徒意味著成為瞎眼的，成為一個回教徒意味著成為瞎眼的，你或許可以使用不同的工具來變成瞎眼的，那是沒有差別的，一個人因為《可蘭經》而瞎了眼，另一個因為《吉踏經》而瞎了眼，又另外一個因為《聖經》而瞎了眼，但那些眼睛都是充滿知識的。佛陀說：空無會讓才智發揮它的功能。

「佛」（buddha）這個字來自 buddhi 這個字，它的意思是聰明才智，當你是一個空，當空包圍了你，當空定義了你，當空包含了你，當你只是一個敞開，那麼就有聰明才智，為什麼呢？因為當你是空，恐懼就消失了，而當恐懼消失，你就能夠很聰明地運作。如果有恐懼，你無法很聰明地運作，恐懼會使你殘缺、使你麻痺。

由於恐懼，你不斷地在做一些事情，那就是為什麼你無法變成一個佛，而成佛是你天生的權利！由於害怕，你變得很有品德；由於害怕，你去到了廟宇；由於害怕，你遵循某種儀式；由於害怕，你對神祈禱。一個透過恐懼而生活的人無法聰明，恐懼對聰明才智來講是毒素。如果有恐懼，你怎麼能夠是聰明的呢？恐懼會以不同的方式拉著你，它不會讓你成為勇敢的，它不會讓你步入那未知的，它不會讓你變成一個冒險者，它不會讓你離開老家、離開群眾，它不會讓你變成獨立的、自由的，它會使你保持是一個奴隸。

我們在很多方面都是奴隸，我們的被奴役是多層面的：政治的、靈性的、宗教的，在每一方面我們都是奴隸，恐懼就是被奴役的根本原因。

你不知道神是否存在，但是你仍然在祈禱，不是嗎？這是非常不聰明的，這是愚蠢的，你在向誰祈禱？你不知道神是否存在，你沒有任何信任，因為你怎麼能夠有任何信任呢？你還不知道，所以，只是由於恐懼，你繼續執著於神這個概念。

你有沒有注意到？當有很多恐懼的時候，你就記住神；當某人即將過世，你就開始想到神。

我認識一位克里虛納穆提的追隨者，他是一位很有名的學者，聞名全國，他追隨克里虛納穆提至少有四十年，所以他不相信神，他不相信祈禱。

有一天，他生病了，他得了心臟病，剛好我在同一個鎮上，他的兒子打電話給我說：「我父親正處於一個很危險的情況，如果你能夠來，那對他將是一個很大的慰藉，目前可能是他最後的時刻了。」

所以我趕過去，當我走進房間，他躺在床上，閉起眼睛，頌唸著：「南無、南無、南無。」

我簡直不能相信！有四十年的時間他一直在說沒有神，以及「我不相信」……這個老年人到底怎麼了，我將他搖醒，問他：「你在做什麼？」

他說：「不要打擾我，讓我做我想要做的。」

但是我說：「這個是非常違反克里虛納穆提的。」

他說：「忘掉克里虛納穆提！我即將要死了，而你還在談論克里虛納穆提！」

「但是難道你那四十年就白白浪費了嗎？你從來不相信頌唸或祈禱能夠有所幫助。」

他說：「是的，我真的從來不相信，但是現在我止面對著死亡，在我裡面有很大的恐懼，或許……誰知道……神是存在的？再過幾分鐘我就要與祂會面。如果祂不存在，那麼就沒有問題，我念『南無、南無』也不會有什麼損失，如果祂存在，那麼我就可以得到某種東西，至少我能夠告訴祂：『在那個片刻，我記得你。』」

你有沒有注意到？每當你不幸的時候，你就開始更記住神。當你危險的時候，你就記住神，當你很快樂而且每一件事都進行得很順利的時候，你就忘掉一切有關神的事。你的神只不過是你投射的恐懼。

佛陀說：明智不可能來自恐懼。恐懼的存在有一個非常基本的原因：因為你認為你存在！——所以才有恐懼，恐懼是跟隨著自我的一個影子。自我本身是幻象的，但是那個幻象在你的人生投射了一個很大的影子，因為你認為「我存在」，所以才有恐懼：「也許我做錯了某些事，我會被丟進地獄，那麼我將會受苦。」如果你認為「我存在」，那麼，很自然地，你就會想為來生或為另一個世界做一些準備、做一些善事、積一點德（punya）。

你知道嗎？這個小鎮的名字Pune，來自Punya，這個字的意思是「德」。

積一點德，積一點東西在你的帳戶、在你的存款，那麼你可以給神看：「看，我一直都是一個真正的好孩子，我做過這些事情：斷食很多天，從來沒有用任何邪惡的眼睛去注視任何人的太太、從來沒有當過賊、捐過很多錢給這座廟宇和那間教堂，我總是按照別人對我的期望做好自己。」一個人開始積德只是為了萬一在另一個世界有需要。

但這是來自恐懼，你成為好人或是成為壞人，全部都是因為恐懼而採取的生活方式。一個聰明的人心無恐懼地過活，但是為了能夠過沒有恐懼的生活，你必須洞察你的自我。如果沒有自我，如果「我」不存在，那麼，恐懼怎麼能夠存在呢？那麼你就沒有辦法被丟進地獄，因為一開始你就是不存在的。而你也沒有辦法在天堂接受報酬，因為一開始你就是不存在的。你是不存在的，只有神存在，所以你怎麼能夠成為一個罪人或聖人？如果只有神存在，那麼你有什麼好害怕的？你沒有被生出來，因為一開始你就是不存在的；你也不會死，因為一開始你就是不存在的，所以沒有生，也沒有死，你不是分開的，你跟這個存在是一體的。作為一個波浪，你或許會消失，但是作為海洋，你將會繼續活下去，海洋是真實的存在，波浪只是由私意而來的。

空無不知道恐懼、貪婪、野心或暴力；空無不知道平庸、愚蠢或白痴；空無不知道天堂或地獄，因為沒有恐懼，所以就有明智。這是最偉大的陳述之一，必須記住：當恐懼不存在，就有明智，然後行動就有一個完全不同的品質，它是神聖的，它是神的，為什麼呢？因為當你由空無來行動，它不是一個固定的反應；當你由空無來行動，它不是一個預演；當你由空無來行動，它是自發性的，那麼你就一個片刻接著一個片刻地生活著（每一個片刻都是有覺知的），你是一個空無：一個情形產生，你就對它自然反應，如果你是一個自我，你從來不會自然反應，你總是固定式地反應。

希望你能夠了解。當你是一個自我，你總是採固定式地反應。比方說，如果你認為你是一個非常非常好的人，你認為你是一個聖人，然後某件事發生了，某人侮辱了你，那麼，你要對這個侮辱自然反應或固定式地反應？如果你認為你是一個聖人，你會再三考慮要怎麼樣來反應，要怎麼做，你才能夠維持你聖人的風範；否則這個人藉著侮辱你，可能會毀了你聖人的風範，因此你沒有辦法自發性地反應，你必須向後看，你必須考慮，而時間在經過，它或許甚至只用了一個單一的片刻，但是時間在經過，你的反應不能夠是自發性的，它不能夠就在那個片刻反應出來，你根據過去來行動，你會想：「這太過分了，如果我生氣——而憤怒正在來臨——如果我生氣，我的聖人風範就喪失了，這樣做所付出的代價太高了。」——你開始微笑，為了要保持你的聖人風範，你微笑，這個微笑是假的，它不是來自你，它不是發自你的內心，它只是在那裡，塗在嘴唇上，它是虛偽的！你不是在笑，只有你的假面具在笑，你在欺騙，你是一個偽君子！你是虛偽的！你是騙子！但是你保持了你聖人的風範：你根據過去來行動，你按照你這個人的特定形象和概念來行動，這是一種固定式的反應。

一個自然的人不會固定式地反應，他會自然反應，差別在哪裡？他只是讓那個情形來對他產生作用，而他讓那個反應自然地表現出來，不管它是什麼。

由過去來生活的人是可以預測的，而一個片刻接著一個片刻去生活的人是無法預測的。

成為可以預測的，就是成為一個東西；成為無法預測的，就是成為自由。自由是人的尊榮，直到你變成無法預測的那一天……沒有人知道，甚至你也不知道自己的反應。記住，甚至你也不知道，如果你已經知道你將會做什麼，那麼它就不再是自然反應了，你已經準備好，它已經預演過了。

比方說，你要去面談，你先預演：你先想，他會問什麼，以及你要知道如何回答它，這種事每天都在發生，它非常清楚。我每天晚上會晤一些人，兩種人都有，當某人準備好，來這裡，已經想過他要向我說什麼，已經準備好，草稿都準備好了，他只要再重新說一次，他已經決定他要問的每一件事，而我能夠看出那個人的困難，因為當他來到我面前，當他坐在我身邊，那是一個不同的情況，改變開始發生，那個氣氛，那個在場，他對我的愛，我對他的愛，別人的在場，那個非常確實的信任，那個在流動的愛，一個靜心的狀態，這跟他以前一直在設想的完全不一樣，現在，他所準備的一切看起來都是不切題的、不適合的，因此他變得煩燥、不安：「怎麼辦？」他不知道如何自然地行動，如何根據眼前的情況來行動。

他來到我面前，但是我看到他的虛假，他的問題不是發自他的內心，它只是來自喉嚨，它沒有深度，他的聲音也沒有深度，他本身不確定他是否要再問那個問題，但是他已經準備好了，也許是準備了好幾天，所以頭腦繼續說：「問它，既然你已經準備好了。」而他已經看到它的不相干，或許它已經被回答了，或許在回答別人的時候，我已經回答了它，或許那個情形是：他自己的頭腦已經改變了，而它已經不再有意義了，但是他由過去來行動：那是固定式的反應，它會看起來很笨拙。如果他沒有什麼東西可以問，他會覺得很尷尬，而他又不能哭，因為他是一個虛假的人，他沒有辦法只是說「哈囉」，他沒有辦法說：「我只要坐在你面前一分鐘，什麼話都不要說。」他無法由這個片刻來行動，他無法在此時此地，他覺得很尷尬，他必須問，否則人們會怎麼想？——「如果你沒有東西可以問，那麼為什麼一開始你要要求在達顯(darshan：師父跟門徒在一起的聚會)當中發言？」所以他就問了，而其實他已經不再在那個問題的背後了，那是一個很爛的老問題，已經不再有意義了，但他還是問。

有時候，你或許已經注意到：對某些人我一直花很長的時間繼續回答，而對另外一些人我以一種很簡短的方式回答。每當我看到某人是虛假的，他的問題是虛假的，是一個準備好的問題，那麼，回答他是沒有意義的，只是出自對他的尊敬，我談了一點，但是再來我就沒有興趣了。虛假的發問者對我所說的也沒有興趣，因為他甚至對他自己的問題也已經不再有興趣，他怎麼能夠對那個問題的回答有興趣。

但是其他有一些人，虛假漸漸消失，門徒變得越來越真、越來越實，某人只是坐在那裡笑，那是由當下那個片刻而來的，他不覺得尷尬，他不覺得那個情形不對勁，那個情形不會不對勁，是那份預先準備的手稿不對勁。

面對空無，你必須是空無，唯有如此，才能夠有會合，因為只有類似的東西能夠會合，那麼就有非常大的喜悅，那麼那個會合就非常美，那麼兩者之間就有對話，或許一語不發，但是仍然有對話。有時候某人來，只是坐著，開始擺動，閉起他的雙眼，向內走——那是來接近我的正確方式——走到他自己的內在，只是跳進我裡面，而讓我跳進他裡面，或者只是碰觸我的腳，或者只是洞察我的眼睛，或者有時候也會有一個很大的問題升起，但是它就在當下那個片刻升起，那麼它是真的，它含有很大的力量，它是來自你最深的核心，它是切題的。

當你由空無來行動，你會自然反應，它不再是一個固定反應，它有真理，它具備了確實性和真實性在它裡面，它是存在性的，它是立即的、自發性的、簡單的、天真的，而這個行動不會產生任何「業」(Karma：由自我的行為所產生的力量，會延續到來生以後)。記住，「業」這個字的意思是行動，是一個特殊的行動，不是所有的行動都會產生業，這一點要記住，佛陀在成道之後還活了四十二年，他並不是所有的時間都坐在菩提樹下，什麼事都不做，他做了一千零一件事，但是並沒有產生業。他有行動！但是那已經不再是固定反應，而是自然反應。

如果你由空無來自然反應，它不會留下殘渣，它不會在你身上留下痕跡，那麼，業就不會產生，你仍然是自由的，你繼續行動，但是你仍然是自由的。它就好像一隻鳥飛過天空，沒有留下痕跡，沒有留下腳印，一個活在空無的天空裡的人，沒有留下腳印，沒有留下業，沒有留下殘渣，他的行動是全然的，當那個行動是全然的，它就結束了，它是完整的，一個完整的行動不會像一朵雲懸在你的周圍，只有不完整的行動才會懸在你的周圍。

某人侮辱你，你想打他，但是你沒打，你保持了你聖人的風範，你微笑，並且祝福那個人，然後回家，這樣的話，事情會變得困難，整個晚上你會夢見你在打那個人，你或許甚至會在夢中殺死他。有幾年的時間，它將會懸在你的周圍，它是不完整的，任何不完整的東西都是危險的，而當你是虛假的，每一件事都會變成不完整的。你愛一個女人，但是還愛得不夠而無法使它完整，即使當你在做愛的時候，你也沒有完全在那裡，或許你仍然在排演，或許你一直在讀你可以拿到的性手冊，或許你一直在讀筏磋衍那的《印度愛經》（*Kamasutra*）或是馬斯特和強生，或是金賽的報告，而你一直在學習如何做愛，你是準備好的，知識廣博的！那麼這個女人只是一個用來練習你的知識的機會，所以你在練習你的知識，但它將會是不完整的，因為你沒有在它裡面，然後它是不滿足的，那麼你會覺得受到挫折，而那個原因就是你的知識。

愛不是某種拿來練習的東西，生活不需要練習，生活必須去體驗，以全然的天真去體驗。生活不是一齣戲劇，你不需要準備，你不需要為它作預演，當它來臨的時候，就讓它來，要成為自發性的。

但是如果有自我存在，你怎麼能夠是自發性的？自我是一個很大的演員，自我是一個很大的政客，自我繼續在操縱你，自我會說：「如果你真的想要以一種洗鍊的方式來行動，準備是需要的，如果你真的想要以一種有修養的方式來行動，你必須先預演它。」自我是一個表演者，因為這個表演者的緣故，你繼續失去了歡樂、失去了慶祝、失去了生命的祝福。

佛陀說：當行為來自空無，它不會產生業。它是那麼地全然，在它的全然當中……那個循環是完整的……這樣就結束了！你絕不會向後看，你為什麼要繼續向後看呢？因為事情在那裡是不完整的，每當某件事是完整的，你不會向後看，它是結束的！整個要點已經達成，對它已經沒有什麼事要做了。從空無發出行動，那麼你的行動就是全然的，整個行動沒有留下記憶，我的意思是說沒有心理上的記憶。這個記憶會留在頭腦裡，但是沒有心理的擱置，我對門徒的定義就是：一個沒有心理擱置的人。

當一個行為是全然地完整，你就能夠免於它，當那個行為是全然的，你就能夠從它溜出來，就好像一條蛇從舊有的殼溜出來，舊有的殼就被留下來，只有不完整的行為才會變成「業」，這一點要記住。

但是要有一個完整的行為，它必須來自空無。

覺知有三個層面：覺知到自己，覺知到世界，以及覺知到介於自我和世界之間的想像物。柏爾士(Fritz Perls)將這個中間層面稱為「非軍事區」，它的功能就是使我們不會完全跟我們自己以及跟我們的世界連繫在一起，這個「非軍事區」包括我們的偏見，包括預先判斷。我們透過這個預先判斷來看世界、看其他人和看自己。如果我們透過偏見來看這個世界，我們就無法看到它的真理，我們就無法看到那存在的，我們創造了一個幻象，那就是印度教教徒所稱的「馬亞」(Maya：幻象)。

如果我們用判斷，用一個預先的偏見來看外界，那麼我們會創造出一個我們自己的世界，那就是馬亞、幻象，那是一個投射，如果我們透過這些判斷、知識和意見來注意看我們自己，我們會創造出另外一個幻象——自我，那麼我們就無法看到存在於我們內在的真相是什麼。我們無法看到外面的是什麼，我們也無法看到裡面的是什麼，當我們錯過外界的東西，我們就創造出幻象——馬亞；當我們錯過內在的東西，我們就創造出自我——阿漢卡(ahankar)，這兩種東西都是透過非軍事區而發生的。

戈齊福以前習慣把這個區域叫做「緩衝區」，其實「非軍事區」是用來稱呼它一個很美的名字。這個區域越大，這個人就越是病態的、越是神經病的，這個區域越小，這個人就越健康，心理越健全，當這個區域完全消失，沒有思想介於你和世界之間，連一個思想都沒有，那就是佛陀所謂的空無，那麼那個人就非常健全、神聖和完整。

在我們進入經文之前，有一些關於「自我」或「自己的幻象」的事情必須加以了解。

第一：自我不是一個真實的存在，它只是一個概念，當你進入這個世界，你並沒有帶著它進來，它不是你本性的一部分。當一個小孩被生下來，他並沒有帶著自我來到這個世界，自我是某種學習而來的東西，它不是遺傳的一部分。

阿爾波特(Gordon Alport)認為自己(self)是指某種屬於一個人獨特的東西，因為每一個空無都是獨特的，因此自己就被創造出來，每一個空無都有它自己的表現方式，因為有了這個獨特性，所以才可能創造出自我。

我以我的方式來愛，你以你自己的方式來愛，我的行為是按照我的方式，你的行為是按照你自己的方式，人們之間有不同，但是只有不同，沒有別的。玫瑰花以一種方式，金盞花以另一種方式，但兩者都是花！那個開花是同樣的，那個空無是同樣的，但是每一個空無以一種獨特的方式在運作，就是因為如此，才可能創造出自我。

有七個門，自我從那裡進入，有七個門，我們從那裡學習自我。這七個門必須被了解，因為如果你了解它們，你就能夠丟棄自我。因為那些門如果被了解得非常好，就能夠關起來，那麼自我就不會再被創造出來。很正確地看它，而且了解得非常好，知道自我只是一個影子，那麼，它就開始自己消失。

阿爾波特稱第一個門為「身體的自己」，我們生下來並沒有帶著一個「自己」的感覺，小孩子在母親的子宮裡並沒有「自己」的感覺，他跟母親是一體的，他完全跟母親連為一體，母親是她的整個存在，是他的宇宙，他不知道他是分開的。當小孩子從子宮出來，當他跟母親的連結被切斷，而必須自己呼吸的時候，那個分離就發生了。事實上，呼吸並不是小孩子要去做的事，他怎麼能夠做呢？他甚至還不能呼吸，所以他還不存在。呼吸發生了，並非小孩子在做它，它是一個發生，小孩子開始呼吸這一件事是來自空無，那幾秒鐘非常非常有價值，是關鍵性的，是很危險的，父母、醫生和護士，這些照顧生產的人都殷切地期待——這個小孩是否會呼吸？

你無法強迫這個小孩，你無法說服他，而小孩子也無法做任何事，如果它會發生，它就會發生，它或許不發生，或許會發生，有時候小孩子一直不呼吸，我們就認為他生下來就死了。

小孩子如何作第一次呼吸，那是很神奇的，他以前從來沒有這樣做過，他也無法為它作準備，他不知道有呼吸的操作過程存在，肺部以前從來沒有運作過，但是呼吸發生了，然後那個奇蹟就開始了。但是，要記住，那個呼吸是來自空無，稍後，你會開始說：「我在呼吸。」這種說法是沒有道理的，不是你在呼吸！是呼吸自己發生的，不要創造出「我」的概念，不要說「我在呼吸」，沒有人在呼吸！要不要去做，那不是你能力範圍之內的事。

只要你停止呼吸幾秒鐘，你就會知道停止呼吸是困難的，幾秒鐘之後就會產生一個不知來自何方的衝力，然後你就會開始再呼吸，或是嘗試中外界來阻止你呼吸，試個幾秒鐘，你將會突然感覺到有一股很大的衝力，它是超越你的，呼吸本身想要進來。

那是「空」在你裡面呼吸……或者你也可以稱之為「神」，那是沒有差別的，那是一樣的，空或神，它們的意義是一樣的。

「空」在佛教裡面的意義和「神」在基督教、猶太教或印度教裡面的意義是完全一樣的，神是一個空。

我們生下來的時候並沒有感覺到自己，它不是我們遺傳稟賦的一部分，嬰兒無法區別自己和周遭的世界，即使當小孩子開始呼吸，他也要花上幾個月的時間才會覺知到他的內在和外在之間的區別，漸漸地，透過越來越多複雜的學習，以及知覺的經驗，某種「在我裡面」的東西和「在我外面」的其他東西之間，就發展出一個模糊的區別。

這是自我進入的第一個門：區別說有某些東西「在我裡面」。比方說小孩子覺得餓，他能夠感覺到它來自內在，然後母親打小孩，他能夠感覺到它來自外在，現在有一個區別一定會漸漸被感覺出來——有一些事來自內在，有一些事來自外在。當母親微笑，他能夠了解到那個微笑是從母親那裡來的，然後他反應，他也微笑，現在他能夠感覺到那個微笑是從裡面、從內在的某個地方來的，內在和外在的觀念就產生了，這是第一次被經驗到的自我。

事實上外在和內在之間沒有區別，內在是外在的一部分，外在是內在的一部分。在你房子裡面的天空和在你房子外面的天空並不是兩個天空，這一點要記住，它們是同一個天空！同樣地，在那裡的你和在這裡的我也不是兩個！我們是同一個能量的兩面，是同一個硬幣的兩面，但是小孩子卻以這種方式開始學習自我。

第二個門就是自我認同。小孩子學習他的名字，了解今天在鏡子裡面的映像和昨天看到的那一個是同一個人，因此他相信，在面對變化的經驗當中，這個「我」或「自己」的感覺是持續不變的。小孩子繼續了解到每一件事都在改變，他有時候餓，有時候不餓；有時候是睡的，有時候是醒的；有時候是生氣的，有時候是懷有愛心的，事情繼續在改變，有時候是很美的一天，有時候是黑暗和陰沉的一天，但是「他」仍然站在鏡子前面……

你有沒有注意看過一個嬰孩站在鏡子前面？他試著要去抓鏡子裡面的小孩，因為他認為那個小孩在鏡子的那一邊，如果他抓不到，他就會轉過去看鏡子的後面，或許那個小孩藏在那裡。漸漸地，他開始了解，是他本身被反映出來，然後他就開始感覺到一種持續：昨天在鏡子裡面的是同一張臉，今天也是同一張臉。當小孩子首度注視著鏡子，他們會被鏡子所迷惑，他們不會離開它，他們會一再一再地到臥房去看他們是誰。

每一樣事物都繼續在改變，只有一樣東西似乎是不變的——自我形象。自我從另外一個門進入，從「自我形象」進入。

第三個門是自我尊敬。這關係到小孩子驕傲的感覺，這個驕傲是因為小孩子自己學習去做一件事所產生出來的：做、探尋和製造等等。當小孩子學習任何東西，比方說，他學了「爹」這個字，他就整天一直喊「爹」、「爹」，他不會錯過一個使用這個字的機會。當小孩子開始學習走路，他整天都在嘗試走路，他跌了又跌，蹣跚而行，受了傷又站起來，因為走路給他一個驕傲：「我也能夠做某件事！我能夠走路！我能夠從這裡攜帶東西到那裡！」

因為小孩子是一個打擾，所以父母親很擔心，當他開始攜帶東西，他們無法了解：「為什麼？為什麼你要從那裡拿那一本書？」小孩子對書根本沒有興趣！書對他來講是無意義的，他無法想像你為什麼一直繼續在看這個東西，「你在那裡找尋什麼？」但是他的興趣是不同的，他的興趣在於他能夠攜帶一樣東西。

小孩子開始殺害動物，他看到一隻螞蟻，就馬上將它殺死，這表示他能夠做某些事！他在享受做那件事，他會變得非常具有破壞性。如果他找到時鐘，他會打開它，他想知道裡面是什麼，他變成一個探尋者、一個發問者。

他享受做事，因為那些事給了他的自我第三個門：他對他能夠做感到驕傲。當他會唱一首歌，他就準備要唱給每一個人聽，一有客人來，他就準備要唱，他等著某人給予一個暗示，然後他就可以唱那首歌，或者他能夠跳舞，或者他能夠做模仿表演，或其他的事！不管它是什麼，他想要做一些事來顯示他不只是無助的，他也能夠做，這個作為將自我帶進來。

第四個是自我延長、歸屬和占有。小孩子以「我的」房子，「我的」父親，「我的」母親，「我的」學校來說話，他開始增加「我的」的範圍，「我的」變成他的關鍵字。如果你拿了他的玩具，他對玩具並沒有很大的興趣，他對「那個玩具是『我的』，你不能拿走它！」更有興趣，記住，他對玩具並沒有很大的興趣，當沒有人有興趣，他會將玩具丟在牆角，然後跑到外面去玩，但是一旦有人想要拿它，他就不想給，它是他的「我的」。

「我的」給予一個「我」的感覺。記住，那些門不只是為了小孩，在你一生當中，它們都維持那樣，當你說「我的」房子，你是孩子氣的；當你說「我的」太太，你是孩子氣的；當你說「我的」宗教，你是孩子氣的。

當一個印度教教徒和一個回教徒開始宗教抗爭，他們都是小孩子，他們不知道他們在幹什麼，他們並沒有真正成熟和長大，小孩子經常在爭論：「我爸爸是世界上最偉大的爸爸！」教士們也繼續在抗爭：「我的神的觀念是最好的、最強而有力的、最真實的！其他人的都只不過是如此如此而已。」

這些都是非常幼稚的行為，但是它們在你一生當中都徘徊在你的周圍。你對你的名字很有興趣。當我改變人們的名字，有少數人非常頑固，他們不想改變名字，有少數人寫信給我：「我要當門徒，但是請你不要改變我的名字。」為什麼？「我的」名字，它似乎是某種像偉大財富那麼寶貴的東西，其實名字裡面並沒有什麼東西，但是有三、四十年的時間，你的自我是跟著那個名字而活的。自我很難關起一個門，所以那個名字要改變！好讓你能夠看到，那個名字是任憑私意的，它隨時可以改變，所以我只是直截了當地改變了你的名字。其他的宗教也有改名字的，如果你變成一個耆那教的和尚，他們會小題大作——一個很大的行列和慶祝，某人變成一個和尚！如此一來他會變得非常執著於那個新的名字！有那麼多慶祝、那麼多歡宴、那麼多榮耀和尊敬、那麼多無謂的紛擾，然後整個要點就喪失了。我只是實際上改變它，給你一個概念說名字不是什麼東西，它是任憑私意的，它能夠很容易改變，你可以被叫做甲，你可以被叫做乙，你也可以被叫做丙，那是無關緊要的，事實上你是沒有名字的，所以那是沒有關係的，任何名字都可以，它只是為了達到實用的目的。

第五個門是自我形象。這一方面所談到的是一個小孩子如何看他自己，透過跟父母的相互作用，透過讚美和懲罰，他學習擁有他自己的形象——好的或壞的。

小孩子總是期待父母如何對他們反應，如果他做某一件事，他們是讚美或懲罰他？如果他感覺被懲罰，他會認為：「我做錯了什麼事，我是不好的。」如果他做了某件好事而被讚美，他會認為：「我是好的，我被賞識。」然後他就開始去做更多更多的好事，好讓他能夠被賞識，或者如果父母非常挑剔，不可能取悅，或是他們的要求太過分，小孩子無法達到，那麼他會開始做他們認為「壞的」事情，他會有所反應和叛逆。

這是兩個方式，但那個門是一樣的，或者你讚美他，而他覺得很好，他是一個有成就的人，或者如果你沒有讚美他，那麼他會說：「好，我將做給你看。」然後他也會使他的存在讓你感覺到，他會開始破壞東西，他會開始抽菸，他會開始做一些你不喜歡的事，他會說：「現在你看到了嗎？你必須留意我、必須注意我、必須知道我不是一個沒沒無聞的人，我在這裡，你不能忽視我。」好人和壞人、聖人和罪人就是這樣產生出來的。

第六個就是理智的自己。

小孩子學習理智、邏輯和辯論等各種方式，他知道他能夠解決難題，理智變成他本身一項很大的支持，那就是為什麼人們會辯論，那就是為什麼受過教育的人認為他們不是泛泛之輩，沒有受過教育，你會覺得有一點尷尬。你有一個很高的學位——哲學博士或文學博士——你繼續炫耀和展示你的學歷證件；你是一個金牌得主，你居整個大學之冠，這個那個，為什麼？因為你在顯示，你已經變成一個有理性的人，受過良好的教育，在最好的大學裡受教育，接受最佳教授的教育：「我能夠比其他任何人辯論得更好。」理智變成一個很大的支撐。

第七個是獨特的努力、人生的目標、野心，以及想要變成什麼：透過什麼事物和什麼人，一個人想要變成什麼，想要變成什麼人。未來的顧慮、夢和長程目標出現了，這是最後階段的自我，然後一個人開始想，要在世界上做什麼才能夠留名青史，才能夠在時間的沙灘上留下你的簽名。變成一個詩人嗎？變成一個政客嗎？變成一個偉人嗎？做這個或是做那個？生命跑得很快，溜得很快，一個人必須做某些事，否則他很快就會變成空，沒有人會知道他曾經存在過。一個人想要變成亞歷山大大帝或是拿破崙，如果可能的話，他想要變成一個有名的、眾人皆知的好人，或是一個聖人、一個偉人；如果不可能，那麼，他也想要變成某個重要人物。

有很多殺人犯在法庭承認，他們之所以殺人並不是因為他們對殺那個人有興趣，他們只是想使自己的名字上頭條新聞。

一個人從背後殺害某一個人，他甚至從來沒有看過那個人就刺死他，他完全不知道那個人，他們不認識，沒有友誼，也沒有敵意，他從來沒有見過他，這一次也是，他沒有看到他殺死的那個人的臉，他沒有看到他，他只是從背後刺殺他，那個人坐在沙灘上看海浪，這個人來就殺死他。

法庭感到很疑惑，但是那個人說：「我的興趣不在於那個被我殺死的人本身，那是無關的，任何一個人都可以，我要去那裡殺一個人，如果那個人不在那裡，那麼其他任何人都可以。」但這又是為什麼呢？他說：「因為我想要我的照片和我的名字上頭條新聞，我的欲望被滿足了，我在全國各地都被談論，我因此而感到快樂，現在我準備要死，如果你判我死刑，我能夠快樂地死：人家已經知道我，我已經有名了。」

如果你不能變得有美名，你就試著去變成惡名昭彰，如果你不能變成聖雄甘地，你就寧願變成希特勒，但是沒有人想要保持沒沒無聞。

這些就是七個門，透過這些門，自我的幻象被增強，變得越來越強，如果你了解這七個門，透過這七個門，自我能夠再度被送出去，慢慢地、慢慢地，你必須從每一個門深入洞察你的自我，然後跟它說再見，然後空無就會產生出來。

經文說：

所以，喔，舍利子，在空裡面沒有形體、沒有感覺、沒有知覺、沒有衝動、也沒有意識；沒有眼睛、耳朵、鼻子、舌頭、身體、頭腦；沒有形體、聲音、氣味、味道、可觸知的東西、或頭腦的對象；沒有「視器官」的要素等等，直到我們來到：沒有「頭腦意識」的要素；沒有無知，也沒有無知的絕滅等等；直到我們來到：沒有腐敗和死亡，也沒有腐敗和死亡的絕滅；沒有痛苦、沒有起因、沒有停止、也沒有途徑；沒有認知、沒有達成、也沒有「沒有達成」。

這是一個非常革命性的描述……

所以，喔，舍利子……

「所以」在三段論法裡面，在邏輯論裡面是完全切題的，但是在這段經文之前沒有論點，而佛陀卻說：「所以，喔，舍利子。」

學者們一直非常頭痛，為什麼他使用「所以」。「所以」是三段論法的一部分：所有的人都是必有一死的，蘇格拉底是一個人，所以蘇格拉底是必有一死的，它是邏輯的一部分，在沒有命題、沒有辯論的情況下，佛陀突然說：「所以……」，這是為什麼？

學者無法了解它，因為在表面上沒有辯論，但是在佛陀與舍利子的眼睛之間已經有了一次對話，已經出現了一項了解，聽著佛陀講空與空無，舍利子已經提升到空無的層面。

在此，它能夠在你裡面升起，你能夠感覺到它……它的翅膀在你的周圍拍動。

洞察他的眼睛，佛陀感覺到、看到：舍利子已經了解，現在辯論可以再進一步。在表面上沒有辯論、沒有爭論、沒有討論，但是有一次對話，對話是在佛陀和舍利子的兩個能量之間。有一個結合，他們兩個已經連結起來了，在那個連結當中，在那個連結的片刻，舍利子洞察了佛陀的空，因此佛陀說：「所以……你已經看到了，舍利子，現在我能夠更深入它，深入更細節的部分，現在我能夠說一些以前不可能說的事。」

所以，喔，舍利子，在空裡面沒有形體、沒有感覺、沒有知覺……

……因為沒有人可以去感覺，所以怎麼可能有感覺？當自我不在那裡，就沒有感覺、沒有知識、沒有知覺、沒有形體產生。因為天空完全沒有雲，你可以從一朵雲看到一個形體，你不是有時候也會看到嗎？一朵雲看起來好像一隻象，然後它變成一隻馬，然後變成其他的東西，它繼續在改變，它形成了很多形體，但你是否曾經看過任何形體在純淨的天空裡產生？沒有任何形體曾經產生。

沒有形體、沒有感覺、沒有知覺、沒有衝動……

當裡面沒有人，衝動如何能夠產生？欲望如何能夠產生？

……也沒有意識。

當沒有內容物、沒有客體，主體也會消失，那個一直都是屬於客體的意識也不會再在那裡被發現。

佛陀說：「每一樣東西都消失為空無，舍利子。現在你能夠了解，所以我說它，你已經看到它！你已經洞察了我！你已經在那個邊緣，你已經窺進深淵、窺進永恆、窺進那深邃的深處。」

沒有形體、聲音、氣味、味道、可觸知的東西、或頭腦的對象；沒有「視器官」的要素等等……沒有「頭腦意識」的要素……

當你處於那種狀態，你甚至無法說：「我處於空無的狀態。」因為如果你這樣說，你就回來了。

……直到你來到：

如果你說：「我經驗到空無。」那意味著你回到了形體的世界，頭腦已經開始再度運作。在那個片刻你跟空無是分不開的，所以你怎麼能夠說：「我經驗到空無？」空無不像一個客體，它跟你是分不開的，你跟它是分不開的，在那裡，觀察者就是被觀察的；在那裡，客體就是主體，二分性消失了。

沒有無知，佛陀說。

沒有知識，也沒有無知，因為唯有當你就知識而言的時候，無知才會存在，它是跟知識相比較的，你說一個人是無知的，你是什麼意思？你是將他跟一個博學多聞的人比較，但是沒有知識就不可能有任何無知。

沒有無知，也沒有無知的絕滅。

佛陀說：記住，我不是在說無知消失，無知從來就不存在，它是一個知識的影子，它是一個沉迷於知識的頭腦的影子。

當你把光帶進一個黑暗的房間裡，你怎麼說？你說黑暗消失，它離開房間、逃離房間、逃走了嗎？不，你不能夠這樣說，因為黑暗一開始就不存在，它怎麼能夠離開？光出現，黑暗就找不到，因為黑暗只是光的不在。

所以沒有無知，也沒有無知的絕滅；沒有知識，也沒有「沒有知識」。一個人對於所有這些知識和無知都沒有任何概念，只是天真的、童貞的。免於知識同時又免於無知就是童貞的、純潔的。

沒有腐敗和死亡……

……因為沒有一個人可以死，記住，沒有腐敗和死亡的絕滅，而佛陀不是在說死亡消失，因為死亡從一開始就不在那裡，說死亡消失一定是錯的，佛陀的主張是非常非常完美的，非常非常小心的，他從來沒有講出一句能夠讓任何知道真相的人反駁的話，他沒有妥協，他沒有跟聽者妥協，他盡可能說出了能夠說出來的最完美的東西。

沒有痛苦……

現在他來到了革命性的最終陳述。

你一定聽過佛陀四個高貴的真理，第一個高貴的真理就是痛苦：每一個人都是痛苦的，整個存在都是痛苦、苦痛、悲慘和身心的極度痛苦。第二個高貴的真理是：痛苦的起因在於渴求和欲望。痛苦存在：這是第一個高貴的真理；第二個高貴的真理是痛苦有一個原因，而那個原因就是欲望，我們受苦是因為我們欲求；第三個高貴的真理是：這個欲求可以被停止，那是可能的，它可以被停止，藉著深入洞察欲求，它可以被停止，當欲求停止，痛苦就消失；第四個高貴的真理是：有一個八重的途徑可以導致欲求的停止，以及隨之而來的，痛苦的停止。

這是佛教最基本的哲學，然而在這個陳述裡，佛陀連那四個真理也否定了。

他說：「沒有痛苦、沒有起因、沒有停止、也沒有途徑。」

從來沒有人陳述這樣一個革命性的東西，佛陀達到了革命的最高峰，其他每一個人都趕不上他。

現在學者一直在擔心這是矛盾的，佛陀教導說有痛苦，然後有一天他說：「沒有痛苦。」他教導說痛苦有一個起因，然後有一天他說：「沒有起因。」他教導說有一個可能性，痛苦可以被停止，然後有一天他說：「沒有停止。」他說——他的整個佛理是依據這個陳述——有八重途徑：正確的洞見、正確的練習、正確的靜心、正確的三摩地，以及諸如此類的途徑等等；這是將你引導到最終真理的八個分支途徑；然後有一天他說：「沒有途徑，真實的存在是一個沒有途徑的真實存在。」為什麼要有這樣的矛盾？

第一個陳述是對那些不知道他們不存在的人所說的，第一個陳述是對那些充滿自我的一般人所說的，而這部《心經》的陳述是對處於一個特殊的空間，處於一個特殊的狀態之下的舍利子所說的。

……現在我能夠對你說這個，我以前不能說，因為你還沒有準備好，現在你看進了我裡面，當你看進我裡面，你已經看到了空無是什麼，你已經嘗到了它！所以，舍利子！現在已經能夠對你說沒有痛苦——那是一個夢，人們在夢中受苦；沒有起因——人們在夢中欲求；沒有停止——人們在夢中練習、做一些方法、靜心冥想、做瑜伽等，整個途徑都存在於夢中。現在我能夠對你說，因為你是醒的，舍利子，你的眼睛是睜開的，現在你已經看到自我不存在。

離開自我就是離開睡眠（自性的睡眠），離開自我就是離開黑暗，離開自我就是成為自由的，在那個自由當中可以說是沒有途徑。它就好像是一個夢。

你在夢中受苦，當你在夢中受苦，它是那麼地真實，你在找尋：「為什麼我在受苦？」然後你在夢中遇見一位偉大的聖人，那個聖人說：「你受苦是因為你在欲求，你那麼迷戀於金錢，所以你因此而受苦，如果你放棄那個欲望，痛苦就消失了。」你了解它，它是很邏輯的，你知道它，你自己有經驗，每當你欲求，痛苦就來臨，欲望越多，痛苦就越多，欲望越大，痛苦就越大，你了解它，然後你問：「那麼要如何停止它？」然後那個偉大的聖人說：「你做倒立，你做瑜伽，你做動態靜心，你做亢達里尼靜心，你做那達布拉瑪靜心，你做團體治療，你做遊戲靜心，你做原始療法，以及所有的。」那個偉大的聖人說：「你做這些事情，它們會對你有幫助，你會變得更了解你的欲望，然後你就可以拋棄欲望。」

所以那個聖人給一個非常好的八重途徑，他說：「這就是那個方法。」有一天，你將會真正醒來……記住，這些事情會幫助你醒來，即使你在夢中倒立，你的夢也可能被打破，試試看！今天晚上就試試看！當處於夢中，就在夢中倒立，突然間你會了解，你是醒的，在夢中做亢達里尼靜心，你將會是醒的，如果你不醒，至少你先生會醒，鄰居會醒，某些事將會發生。

所有的方法都只是要喚醒你，但是當你是醒的……

所以，舍利子……

現在佛陀可以告訴舍利子這些，因為他是醒的，佛陀可以說：「現在我可以告訴你真理──沒有人存在，門徒不存在，師父不存在，夢不存在，痛苦不存在，聖人不存在，起因不存在，停止也不存在，沒有途徑。」

這是真理的最終陳述。

但是這只能在最高階段，在梯子的第七階才說，舍利子在這一天到達了那一階，那就是為什麼「所以」，舍利子。

第6章 變成一個佛什麼東西也沒得到

一九七七年十月十六日

問題　小孩子形成自我之前的空，和佛陀成道的如小孩子般的性質之間有什麼不同？

有一個類似性和一個不同。本質上，小孩子是一個佛，但他的佛性和他的天真是自然的，不是掙得的。他的天真是一種無知，不是一種成就，他的天真是無意識的，他沒有覺知到它，他沒有注意到它，他絲毫沒有留意到它。天真存在，但是他沒有注意到，他會喪失它，他必須喪失它，遲早那個樂園會失去，他正在走向失去的道路上。每一個小孩都必須經歷過所有各種腐敗和不純潔，經歷過這個世界。

小孩子的天真是亞當被逐出伊甸園之前、是他嘗了知識的果實之前、是他變得有意識之前的天真，它就像動物一樣。注視任何動物的眼睛，一隻牛或一隻狗，你會看到純潔，看到存在於一個佛的眼睛裡同樣的純潔，但是有一個不同，而那個不同是很大的：佛陀已經回到家了，而動物還沒有離開家。小孩子仍然在伊甸園裡，仍然在樂園裡，他將必須喪失它，因為一個人必須先失去才能夠得到。

佛陀已經回到了家……他經歷了整個循環，他走開了，他失去了，他誤入歧途，他深入黑暗、罪惡、不幸和地獄，那些經驗是成熟和成長的一部分，沒有它們，你就沒有脊骨，沒有它們，你的天真是非常脆弱的，它抵擋不了風，它忍受不了寒風雨，它非常虛弱，它無法存活，它必須經歷人生之火，你會犯一千零一個錯誤，你會失敗一千零一次，然後你再度站起來，所有那些經驗都慢慢使你成熟，你才能夠變成一個成人。

佛的天真是一個成熟的人、完全成熟的人的天真。

小孩子的性質是無意識的本性，佛性是有意識的本性；小孩子的性質是一個周圍，而沒有「中心」的概念，佛也是一個周圍，但根植於中心，歸於中心；小孩子的性質是無意識的無名，佛性是有意識的無名，兩者都是無名的，兩者都是沒有形體的，但是小孩子還不知道形體，以及它的痛苦，它就好像你從來沒有坐過牢，所以你不知道自由是什麼，然後你在牢裡待很多年，或很多世，有一天你被釋放出來……你走出監獄的門，歡欣鼓舞，狂喜不已！而你會感到驚訝，那些已經在外面的人，他們在街上走，工作、上班、上工，他們根本沒有在享受他們的自由，他們是不注意的，他們不知道他們是自由的，他們怎麼會知道？因為他們從來沒有待在監獄裡，他們不知道那個對比，沒有背景可供對照。

它就好像你用白色的粉筆在白色的牆上寫字，沒有人能夠讀出字來，即使你本身也無法讀出你所寫的，其他人就更不用說了！

我聽過目拉·那斯魯丁一個很有名的趣聞：在他的村子裡，他是唯一能夠寫字的人，所以人們如果想要寫一封信、一些文件、或任何東西，都會來找他，他是唯一會寫字的人。有一天來了一個人，不管那個人說什麼，那斯魯丁就將它寫成一封信，那是一封長信。那個人說：「現在請你讀一讀，因為我想要確定每一樣東西都有寫進去，想要確定我沒有忘記任何東西，而且想要確定你沒有將任何東西弄亂。」

目拉說：「這恐怕有困難，我知道怎麼寫，但是我不知道怎麼讀，而且，這封信不是寫給我的，我讀它也是違法的。」

那個村民被說服了。那個概念完全正確，因為那個村民說：「你是對的，它不是寫給你的。」

如果你寫在一道白色的牆上，即使你自己也沒有辦法讀它，但是如果你寫在一塊黑板上，它就很清楚，你可以讀它。對照是需要的。小孩子沒有對照，它是一抹銀色的線條，但是沒有黑色的雲襯托；佛是一抹銀色的線條，在黑色的雲裡面。

白天的時候，天空仍有星星，它們並不會跑到其他地方去，它們無法走得那麼快，它們不會消失。它們本來就在那裡，它們整天都在那裡，但是晚上的時候，因為黑暗，你才能夠看到它們，它們才開始出現。當太陽下山的時候，它們才開始出現，當太陽越來越深陷，陷到地平線以下，更多更多的星星就會冒出來。其實，它們整天都在那裡，但是因為沒有黑暗，所以很難看到它們。

小孩子有天真，但是沒有可供對照的背景，你無法看到它，你無法了解它，它並不很明顯。佛已經經歷了他的人生，已經做了一切需要做的，不管是好是壞，他已經碰觸到這一極和那一極，他當過罪人和聖人。記住，佛不只是一個聖人，他曾經是罪人，也曾經是聖人，然而佛性是超越這兩者的，現在他已經回到家了。

那就是為什麼佛陀在上述的經文裡面說：「沒有痛苦、沒有起因、沒有停止、也沒有途徑；沒有認知、沒有知識、沒有達成、也沒有『沒有達成』。」當佛陀悟道，有人問他：「你達成了什麼？」他笑著說：「我沒有達成任何東西，我只是發現那一直都是這樣的東西，我只是回到家，我只是取回那一直都是我的，而且一直跟著我的東西，所以沒有所謂的達成，我只是認出它，它不是一項發現，它是一項再發現。」當你成佛，你將會了解這一點：變成一個佛並沒有得到什麼東西。你會突然了解到，這是你的本性，但是要認出這個本性，你必須先走入歧途，你必須先深入世界的動盪，你必須先進入所有各種泥濘的地方和空間，為的是要能夠看到你全然的潔淨、你全然的純潔。

前面我告訴過你們自我形成的七個門，以及自我的幻象如何被增強。關於它，我們再深入探討一些是有幫助的。

這七個自我形成的門並不是非常明確而互相分開的，它們是重疊的，很少人能夠從所有的七個門來達成他的自我。如果一個人從所有的七個門達成他的自我，他就變成一個完美的自我。唯有一個完美的自我才有能力消失，一個不完美的自我是無法消失的。當果實成熟的時候，它會掉下來，當果實不成熟，它會黏在樹上，如果你仍然執著於自我，記住，那是果實還沒有成熟，因此它還黏住，如果果實成熟，它會掉到地上而消失，自我的情形也是一樣。

一個似非而是的真理是：唯有一個真正發展得非常完整的自我才能夠臣服。通常你認為自我主義者無法臣服，我所觀察到的不是如此，多少年代以來，諸佛所觀察到的也不是如此。唯有完美的自我主義者才能夠臣服，因為只有他知道自我的慘痛，只有他有力量臣服，他已經知道自我的所有可能性，而且已經經歷過非常大的挫折，他受了很多苦，他已經受夠了，他想要找任何一個藉口將自我交付出去，那個藉口或許是神，或許是一位師父，或許是任何藉口，但是他想要將它交付出去，那個擔子太重了，而且他已經背負很久了。

沒有發展他們的自我的人也可以臣服，但是他們的臣服將不會完美，他們的臣服將不會是全部的，內心深處的某些東西會繼續執著，內心深處的某些東西會繼續希望：「或許有某種東西在自我裡面，為什麼要臣服？」

在東方，自我尚未發展得很好，因為無我的教導產生了一個誤解：如果自我要臣服，那麼為什麼要發展它，是為了什麼？一個簡單的邏輯：如果它有一天必須拋棄，那麼為什麼要費心去培養它？為什麼要花這麼多努力去創造它？它必須被拋棄！所以東方沒有費心去發展自我，東方的頭腦發現它很容易對任何人低頭，它覺得很容易，它隨時準備臣服，但是這種臣服基本上是不可能的，因為你尚未有自我可以用來臣服。

你會感到驚訝：東方所有偉大的佛都是來自戰士族——佛陀、馬哈維亞、帕希瓦（Parshwa）、涅米（Nemi），所有耆那教的二十四位大師都屬於戰士族，所有印度教的神的化身都屬於戰士族——南無、克里希納——除了一個，叫做帕拉斯南無（Parashuram），他似乎是意外地生在一個婆羅門的家庭，因為你無法找出一個比他更偉大的戰士，那一定是某種意外，他的整個人生是一個持續的戰爭。

當你知道沒有一個婆羅門曾經被稱為佛，被稱為神的化身，被稱為大師，你會感到驚訝，這是為什麼？婆羅門是謙卑的，從一開始他就在謙卑當中被教養成人，他被教養成要謙卑，一開始他們就教他沒有自我，所以他們的自我不成熟，不成熟的自我會執著於自我。

在東方，人們的自我非常非常殘缺不全，他們認為臣服很容易，他們總是準備好要臣服於任何人，帽子一脫下來，他們就準備臣服，但是他們的臣服絕不會深入，它只是表面的。

西方的精神剛好相反，來自西方的人有非常非常強和高度發展的自我，因為整個西方的教育是去創造一個高度進化的、界定得很好的、培養得很好的、很老練的自我，他們認為臣服很困難，他們甚至沒有聽過「臣服」這個名詞，光是那個概念聽起來就很醜陋，令人感到羞辱，但這個似非而是的真理是：當一個西方的男人或女人臣服的時候，那個臣服會真的很深，它進入到他或她本質的核心，因為自我已經高度發展。自我已經高度發展，所以你認為它非常困難臣服，但是如果臣服發生了，它會進入到核心，它是絕對的，在東方，人們認為臣服非常容易，但是由於自我並沒有那麼高度發展，所以它從來不會非常深入。

佛是一位深入人生經驗、深入人生之火、深入人生地獄，而且將他的自我成熟到最終極的可能性、成熟到最極點的人，在那個片刻，自我掉下來，然後消失，他再度成為一個小孩子。它是一個再生，它是一個復活。首先你必須在自我的十字架上受苦，你必須將十字架背在你自己的肩膀上，直到最後，你必須學習自我，唯有如此，你才能夠放掉它，然後就會有一個很大的愉悅。當你免於監禁，在你的本質裡面就會有一個歡舞、一個慶祝，你無法相信為什麼那些在監獄外面的人是那麼死氣沉沉、那麼無趣，在那邊勉強熬日子，他們為什麼不歡舞？他們為什麼不慶祝？他們不能夠，因為他們還不知道監獄的悲慘。

在你能夠變成一個佛之前，這七個門都必須被使用，你必須進入人生最黑暗的領域，進入靈魂的黑夜，然後當晨曦再度升起，大地重現光明，你必須再回到黎明。但是一個完全高度發展的自我是非常少發生的。

如果你了解我，那麼整個教育的結構應該是似非而是的：首先他們必須教你自我，自我必須是第一部分的教育，前半段的教育，然後他們必須教你沒有自我，如何丟棄自我，那是後半段。人們從一個門、兩個門或三個門進入，然後他們就陷住在某一個殘缺不全的自我裡面。

我所說的第一個門是身體的自己。小孩子開始慢慢、慢慢地學習：一個小孩要學習他是分開的——有一些東西在他裡面，有一些東西在他外面，這需要大約十五個月的時間，他學習到有一個跟別人的身體分開的身體，但是有一些人終其一生都還是執著於非常非常片斷的自我，那些人就是我們所知道的物質主義者、共產主義者或馬克思主義者，那些就是相信身體就是全部的人，他們相信沒有比身體更多的東西，身體是你的整個存在，沒有跟身體分開的、在身體之上的意識，意識只是一個發生在身體裡面的化學現象。你跟身體是分不開的，當身體死了，你就死了，一切都消失……由塵土出來，又歸於塵土……在你裡面沒有神性。他們把人貶為物質。

這些就是仍然執著於第一個門的人，他們的心理年齡似乎只有十五個月大，非常非常基本和原始的自我仍然是物質主義的。這些人仍然停留在兩件事上面：性和食物。但是，你要記住，當我說物質主義者、共產主義者或馬克思主義者，我並非意味著這些就是全部，某人或許是一個精神主義者，但是他也可能仍然執著於第一個門。

比方說聖雄甘地，如果你讀了他的自傳，他稱他的自傳為「我的真理實驗」，但是如果你繼續讀他的自傳，你將會發現那個名字是不對的，他應該稱它為「我的食物和性的經驗」，因為在他的書裡找不到真理，他一直在擔心食物：要吃什麼，不吃什麼，他的整個煩惱似乎都是關於食物，然後關於性：如何成為一個無慾的人？——這是一個主題，這是潛伏的暗流，他日日夜夜一直在想食物和性，在想，一個人要如何才能夠免於這些東西。他不是一個物質主義者，他相信神，事實上，因為他相信神，所以他想很多關於食物的事，因為如果他吃了某些不對的東西而犯下一個罪惡，那麼他就會遠離神。他談論神，但是卻在想食物。

不僅他是如此，所有耆那教的和尚也都是如此。他受耆那教和尚的影響很大，他在古渣拉特（Gujarat）出生，古渣拉特基本上都是耆那教教徒。耆那教對古渣拉特有很大的影響，在古渣拉特，甚至印度教教徒也是比較像耆那教教徒，而比較不像印度教教徒。甘地有百分之九十是一個耆那教教徒，他出生在一個印度教的家庭，但是他的頭腦被耆那教的和尚所制約，他們一直都在想食物。

然後關於性的概念升起——如何去除性，他的一生，直到最後，他都在顧慮它——如何去除性？在他人生的最後一年，他用裸體女人來實驗，跟她們睡覺，只是要試驗他自己。因為他覺得死亡正在接近，他必須試驗他自己，看看在他裡面是否仍然有一些色慾。

整個國家都在燃燒，人們被殺，回教徒殺害印度教教徒，印度教教徒殺害回教徒，整個國家都燃起戰火，而他就在它的中央，在諾瓦卡利(Novakali)，但是他的顧慮是性，他在跟女人、跟裸體的女人睡覺，他在試驗他自己，試驗他的無慾是否已經完美，或是還沒。

但是為什麼要有這個懷疑？因為長久的壓抑。整個人生，他一直在壓抑，現在，到了最後關頭，他變得害怕，因為在那個年齡，他仍然在夢想性，所以他非常懷疑，他能夠面對他的神嗎？……他是一個精神主義者，但是我要稱他為一個物質主義者，而且是一個非常原始的物質主義者，他所關心的是食物和性。

不管你是贊成它或反對它，都沒有關係——你的顧慮顯示了你的自我停留在那裡。而且我也要把資本主義者包括進去：他的整個顧慮就是如何聚集財富，如何累積財富，因為金錢有凌駕於物質之上的力量。你可以用金錢來購買任何物質的東西，你無法用金錢購買任何精神的東西，你無法購買任何有內在價值的東西，你只能購買東西，如果你想要購買愛，你買不到，但是你可以買到性，性是愛的物質部分，你可以用金錢購買物質或占有物質。

現在你會感到驚訝：我把共產主義者和資本主義者都包括在同一個範圍，而他們是敵人，就好像我把查瓦卡(Charvarka)和聖雄甘地包括在同一個範圍，而他們是敵人。他們是敵人，但他們所顧慮的是一樣的，資本主義者試著去聚藏財富，而共產主義者反對它，他希望除了政府之外，任何人都不許聚藏財富，但他的顧慮也是金錢，他也是一直在想錢，馬克思將他那本共產主義偉大的書定名為《資本論》，那不是偶然的，那是他們的顧慮：如何能夠不讓任何人聚藏財富，好讓政府能夠聚藏，以及如何占有政府，所以，事實上、基本上、終究上，共產主義者也是在聚集財富。

有一次聽說目拉·那斯魯丁變成一個共產主義者，我知道他……我有一點疑惑，這是一項奇蹟！我知道他很喜歡占有，所以我問他：「日拉，你知道共產主義是什麼意思嗎？」

他說：「我知道。」

我說：「你知不知道，如果你有兩部車子，而某人沒有車子，你必須給他一部。」

他說：「我完全願意給予。」

我說：「如果你有兩個房子，而某人沒有房子，你必須給他一個房子？」

他說：「我現在馬上完全準備好要給予。」

我說：「如果你有兩隻驢子，你必須將其中的一隻給那個沒有驢子的人？」

他說：「這一點我不同意，我不能給，我不能這樣做！」

但是我說：「為什麼？那不是同樣的邏輯、同樣的推論嗎？」

他說：「不，那是不同的，我有兩隻驢子，但是我沒有兩部車子。」

共產主義者的頭腦基本上是資本主義者的頭腦，資本主義者的頭腦基本上是共產主義者的頭腦，他們是同一個遊戲的伙伴，那個遊戲的名字叫做「資本」。

很多人，千千萬萬人，只發展了這個原始的自我，非常基本的自我。如果你有這個自我，那是很難臣服的，那是非常不成熟的。

第二個門我稱之為自我認同。

小孩子開始發展一個他是誰的概念，照著鏡子，他看到相同的臉，每天早上起床，他跑到洗手間去照鏡子，他說：「是的，這就是我，睡覺並沒有擾亂任何東西。」他開始有一個持續的「自己」的概念。

那些變得太過於陷住在這個門，被這個門所限制住的人，就是認為他們會進入天堂或進入樂園的所謂靈性主義者，他們相信他們會在那裡。當你想到天堂，你一定會認為，因為你在這裡，你也將會在那裡。或許身體將不會在那裡，但是你內在的持續還會在，那是很荒謬的！唯有當「自己」溶解，當所有的認同都溶解，那個解放、那個最終的解放才會發生，你變成一個空……

所以，喔，舍利子，在空裡面沒有形體，或者形體是空，而空是形體。

沒有知識，因為沒有知者，甚至沒有意識，因為沒有什麼東西可以被意識，也沒有人可以去意識它，一切都消失了。

小孩子所擁有的「持續的自己」的概念被靈性主義者所攜帶著，他們繼續在找尋：靈魂從哪裡進入身體，從哪裡離開身體，靈魂有什麼樣的形體，它的表現物和它的媒介物是什麼，以及諸如此類的東西，這些全都是垃圾和無意義的東西。「自己」(self：真如)沒有形體，它是純粹的空無，它是廣大的天空，沒有任何雲在裡面，它是一個無思想的寧靜，不被任何東西所限制，不被任何東西所包含。

一個「永久的靈魂」的概念、一個「自己」的概念，繼續在你們的頭腦裡耍把戲，即使身體死了，你也想要確定「我將會活下去」。

過去有很多人曾經去找佛陀，因為印度這個國家被第二種自我所支配：人們相信永久的靈魂，人們相信永恆的靈魂。他們一再一再地來到佛陀面前說：「當我死了，會不會留下一些東西？」佛陀會笑，然後說：「現在是空！所以為什麼要擔心死亡？打從一開始就從來沒有任何東西。」這對印度人來說是不可思議的，印度人的頭腦主要是被第二種自我所占據，那就是為什麼佛教沒有辦法在印度存活，在五百年之內，佛教消失了。由於老子的緣故，它在中國找到了更好的根，老子真的是在那裡為佛教創造出一個很美好的環境，那個氣氛已經準備好，好像某人已經將土地準備好，只需要種子。當那個種子到達中國，它長成一棵大樹，但是它卻從印度消失。老子沒有任何「永久的自己」的概念，在中國，人們不會太擔心這個。

世界上有三種文化：一種叫做物質主義——在西方非常突出；另一種叫做靈性主義——在印度非常突出；中國有第三種文化，既非物質主義，亦非靈性主義，它是道家主義：活在這個片刻，不要煩惱未來，因為煩惱天堂、地獄和樂園基本上是繼續在關心自己，那是非常自私的，那是非常自我中心的。根據老子、根據佛陀、或是根據我：一個試著要上天堂的人是一個非常非常自我中心的人，是一個非常自私的人，他根本不知道他自己內在的本質——沒有「自己」。

第三個門是自尊：小孩子開始學習做事，而且享受做事，有少數人停留在那裡，他們變成技術人員，他們變成演員或表演者，他們變成政客，他們變成演出者，基本主題就是「做者」，他們要向世界顯示，他們能夠做某些事，如果世界允許他們有一些創造力，那很好，如果世界不允許他們有創造力，他們會變成破壞的。

你知不知道希特勒想要進入一所藝術學校？他想要變成一個畫家，那是他的心念，但是他被拒絕，他不是一個畫家，他無法通過藝術學校的入學考試，那個拒絕很難被他所接受，所以他的創造力就變酸了，他變成破壞的，但是基本上他想成為一個畫家，他想要做某些事，而人們覺得他沒有能力做它，所以他產生報復心理，而開始變成破壞的。

罪犯和政客並沒有離得很遠，他們是在伯仲之間。如果給罪犯一個好的機會，他會變成一個政客，如果沒有給政客好的機會來發表他的政見，他會變成一個罪犯，他們是一線之隔的個案。政客隨時都可能變成罪犯，罪犯也隨時可能變成政客。多少年代以來，這種事一直都在發生，但是我們還沒有洞察力來深入看這些事情。

第四個門是自我延伸。「我的」(mine)這個字在此是關鍵字，一個人必須藉著累積金錢、累積能力，藉著變得越來越大、越來越大，來延伸他自己。愛國者說：「這是我的國家，而且這是世界上最偉大的國家。」你可以問印度的愛國者，他們繼續到處叫喊著說，這裡是世界上最純潔的美德之土。

有一次，一個所謂的聖人來找我，他是一個印度教的和尚，他說：「你不相信這是唯一有這麼多佛、這麼多神的化身、這麼多大師——南無、克里希納，以及其他諸佛誕生的國家嗎？為什麼？因為這是一塊最具美德的土地。」

我告訴他：「事實剛好相反，如果你看到附近某一個人家醫生每天來，有時候是內科醫生，有時候是針灸醫生，或自然療法的醫生；這個醫生，那個醫生，你會了解到什麼？」

他說：「這很簡單！那個家庭生病了。」

印度的情形也是如此：需要那麼多佛，這個國家似乎是十分生病和病態的，那麼多治療家、那麼多醫生。佛陀說過：「我是一個醫生。」你知道，克里希納說過：「每當世界上有黑暗，每當世界上有罪惡，每當宇宙的法則被擾亂了，我就會回來。」所以，為什麼他在那個時候來？它一定是為了相同的理由，為什麼在印度有這麼多這樣的事情發生？

但是愛國者是自大的、侵略性的、自我主義的，他繼續宣稱：「我的國家是特別的，我的宗教是特別的，我的教會是特別的，我的書是特別的，我的師父是特別的。」然而每一樣東西都沒有什麼特別，這只是自我在主張它自己。

有少數人被這個「我的」所拉住了——教條主義者、愛國者、印度教教徒、基督徒和回教徒等等。

第五個門是自我形象。小孩子開始洞察事情、開始經驗，當父母覺得小孩子是好的，他就認為：「我是好的。」當他們拍拍他，表示贊成，他就覺得：「我是好的。」當他們生氣地看著，當他們對他喊叫，當他們說：「不要做那個！」他就覺得：「我做錯了。」因此他就縮回來。

一個小孩子第一天入學，老師問他：「你叫什麼名字？」

他說：「強尼，不要。」

老師覺得困惑，他說：「強尼，不要？從來沒有聽過這樣的一個名字！」

他說：「不論什麼時候，不論我在做什麼，這是我的名字——我媽媽會喊：『強尼，不要！』我爸爸也會喊：『強尼，不要！』所以我想這是我的名字，『不要』總是存在，我做什麼是無關緊要的。」

第五個門是道德進入的門：你變成一個道德家，你開始覺得很好，「比你更神聖」，或者是在挫折當中、在抗拒當中、在奮鬥當中，你變成一個不道德的人，你開始跟整個世界抗爭，將你自己顯示給整個世界。

完形心理學的創始者波爾斯(Fritz Perls)寫了一段他的經驗，那是他一生努力當中最重要的部分。他是在非洲執業的心理分析學家，他的業務很好，因為他是那裡唯一的心理分析學家，他有一部大車子，有一幢大的平房，還有一個花園和一座游泳池，以及每一樣平庸的頭腦想要擁有的東西——中產階級的奢侈品。然後他到維也納去參加一個世界性的心理分析學會議，當然，他在非洲是一個相當成功的人物，所以他在想，佛洛依德一定會迎接他，一定有一個很大的歡迎。對心理分析學家來說，佛洛依德是一個父親般的人物，所以他希望佛洛依德能夠稱許他。他寫了一篇論文，寫了好幾個月，因為他想要讓佛洛依德知道他是誰。佛洛依德讀了那篇論文，沒有反應，很冷淡，其他的心理分析學家也很冷淡，他的論文幾乎不被注意，也不被評論，他覺得很震驚，也很沮喪，但是他仍然希望去看佛洛依德，然後或許某些事會發生。於是他跑去看佛洛依德，快進門的時候，佛洛依德站在那裡，他為了要給佛洛依德一個深刻的印象，所以他對佛洛依德說：「我是從幾千哩以外的地方來的。」佛洛依德沒有歡迎他，只說：「你什麼時候回去？」這話對他非常傷害，「這算是歡迎嗎？」——「你什麼時候回去？」整個面談就這樣結束了！他掉頭就走，在他的頭腦裡，好像念咒語一樣，繼續念著：「我會表現給你看，我會表現給你看，我會表現給你看！」他努力去表現給他看：他創造出一個很大的運動來反對心理治療——完形心理學。

這是一種像小孩子般幼稚的反應，如果小孩子被接受，他就覺得很好，然後他就準備去做任何父母想要他們做的事……如果他一再一再地遭到挫折，那麼他就開始以這樣的方式想：「我不可能得到他們的愛，但是我仍然需要他們的注意，如果我不能透過正當的方式得到他們的注意，我將透過錯誤的方式來得到他們的注意，現在我要抽菸，我要手淫，我要傷害我自己和傷害別人，我要做所有各種他們說不要做的事，我將使他們為我忙個不停，我將表現給他們看。」

這是第五個門：自我形象。罪人和聖人就是停留在那裡，天堂和地獄就是停留在那裡的概念。有千千萬萬人停留在那裡，他們一直在害怕地獄，並且一直在貪婪天堂，他們想要得到神的讚許，他們希望神對他們講：「你很好，我的兒子，我對你感到高興。」他們繼續犧牲他們的生命，只是為了要被超出生和死之外某種想像的東西所讚許，他們繼續做一千零一種對他們自己的折磨，只是為了要讓神說：「是的，你為我犧牲你自己。」

似乎好像神是一個被虐狂或虐待狂，或是諸如此類的東西。人們折磨他們自己，以為這樣就會使神高興。這是什麼意思？你斷食，然後你就認為神會對你感到高興嗎？你使自己挨餓，然後你就認為神會對你感到高興嗎？祂是一個虐待狂嗎？祂以折磨人們來享樂嗎？聖人，所謂的聖人一直都是這樣在做：折磨他們自己，然後望著天空，遲早神會說：「好孩子，你做得很好，現在來享受天堂的快樂，來這裡！這裡有酒在河裡流，路是黃金鋪的，宮殿是由鑽石做成的，這裡的女人永遠不會老，她們永遠都是十六歲，來這裡！你所做的已經夠了，你已經掙取到了，現在你可以享受！」

整個在犧牲背後的概念就是這樣，它是一個愚蠢的概念，因為一切自我的概念都是愚蠢的。

第六個就是理智的自己，它是透過教育、經驗、閱讀、學習或聽講而來的，你開始累積概念，然後你開始從那些前後一致的完整概念和哲學創造出各種系統。這就是哲學家、科學家、思想家、知識分子和唯理主義者所停留的地方，但是這個「自己」變得越來越老練：從第一個開始，第六個是非常老練的。

第七個是個人獨特的努力：藝術家、神祕家、烏托邦理想家、夢想家——他們停留在那裡，他們總是試著要在世界上創造出一個烏托邦。「烏托邦」這個字非常美，它的意思是永遠不會來臨的。它一直都正在來臨的途中，但是它從來不會來臨，它總是在那裡，但是從來不會在這裡。凝視過月亮的人，他們一直在期待那遙遠的、那遠處的，他們總是在想像中流轉。偉大的詩人、生活在想像中的人，他們的整個自我都投入在想要成為什麼。另外有某一種人，他想要變成神，那麼他就是一個神祕家。

記住，「想要成為什麼」(becoming)是第七個自我的關鍵字，第七個是自我的最後一個，最成熟的自我來到那裡，所以你會覺得，當你看到一個詩人，他或許什麼東西都沒有，他或許是一個乞丐，但是在他的眼睛裡，在他的鼻子上，你會看到很大的自我。神祕家或許已經拋棄了整個世界，而且或許是坐在一個喜馬拉雅山的山洞裡，你去那裡注意看他，他或許光著身子坐在那裡，但是他有一個那麼微妙的自我，那麼精煉的自我，他或許甚至會向你頂禮，但他是在顯示：「看我是多麼謙恭！」

有七個門，當自我發展得很完美，所有這七個門都被跨過，那麼，那個成熟的自我就自己會掉下來，小孩子是在這七個自我之前，佛陀是在這七個自我之後，它是一個完整的循環。

你問我：「小孩子形成自我之前的空，和佛陀成道的如小孩子般的性質之間有什麼不同？」

這就是那個不同：佛陀已經進入所有這七個自我，看了它們、洞察它們，發覺它們是虛幻的，然後回到原來的家，再度變成一個小孩子。

那就是當耶穌說「除非你變成像小孩子，否則你將無法進入我神的王國」的意思。

問題

我只是好奇，你是否讀過卡山札基(Kazantzakis)《希臘的左巴》一書？我非常喜歡它，你不是要我們剛好像左巴（Zorba）的方式一樣嗎？至少我對你教導的了解是這樣的。

我有好幾世都當希臘的左巴，我不需要讀那本書，那是我的自傳，我就是希望你們成為那樣。

把生活過得愉快、過得容易、過得放鬆，不要創造出不必要的難題。你的難題有百分之九十九是你自己創造出來的，因為你把生活過得太嚴肅了，嚴肅就是難題的根本原因。要以遊戲的心情來過生活，那麼你就不會錯失任何東西，因為生活就是神。忘掉神！只要很活生生地，完全活生生地過每一個片刻，就好像這是最後的片刻。很熱烈地去生活它，讓你的火炬從兩端一起燃燒，即使只是一個片刻，那也就夠了。一個熱烈而盡致的片刻就足夠讓你嚐到神的滋味。你可以以一種不冷不熱的、中產階級的方式過生活，你可以繼續生活，拖著你自己過日子，過千千萬萬年，這樣的話，你只會在人生之道上多沾一些灰塵，其他不會有任何進展。只要一個片刻的清晰、盡致和自發性，你就會像火焰一樣燃燒，只要一個片刻就夠了！一個片刻就會使你成為永恆的，你會從那個片刻進入永恆，那就是我給門徒們的整個訊息：過一個你永遠不會後悔的生活。

一個朋友送我一段剪下來的文章。

一個記者問一個八十五歲的老太婆：如果她必須重新再活一次，她要怎麼生活？

那個老太婆說——她的話有偉大的洞見在裡面，要記住：「如果我能夠再活一次，下一次我一定敢去犯更多的錯誤，我一定要放鬆，我一定要使自己變得柔軟靈活，我一定要比這一生來得更愚蠢，我一定要對更少的事採嚴肅的態度，我一定要冒更多的險，我一定要作更多的旅行，我一定要爬更多山，游更多河，我一定要吃更多冰淇淋，更少豆子，或許我一定會有更多實際上的麻煩，但是我一定會有更少想像中的麻煩。」

「你看，我是一個每天、每小時都過得很理性、很明智的人，喔！我享受過某些片刻，如果我要再來一遍，我一定要享受更多的片刻，事實上，我一定要嘗試其他什麼東西都不要，只要那些片刻，一個接一個，而不要每天都活在未來的幾年之後。我是一個去到每一個地方都要帶溫度計、熱水瓶、雨衣和手電筒的人，如果我必須再來一次，我一定要比我原來攜帶更輕的裝備旅行。」

「如果我必須再活一次，我一定要在更初春就開始打赤腳，然後一直維持到深秋，我一定要跳更多的舞，我一定要坐更多的旋轉木馬，我一定要摘更多的雛菊。」

那也是我對門徒的看法，盡可能盡致地去過這個片刻，不要太明智，因為太多的明智導致神經不正常，讓一些瘋狂存在你裡面，那會給予生命熱情，使生活更加充滿朝氣；讓一些無理性一直存在，那會使你能夠遊戲，使你能夠有遊戲的心情，那會幫助你放鬆，一個明智的人完全停留在頭腦裡，他沒有辦法從頭腦下來，他生活在樓頂上。你要到處都生活，這是你的家！樓頂上，很好，一樓，非常好，地下室，也很美，到處都生活，這是你的家。我要告訴這個年老的女人：不要等到下一次，因為下一次永遠不會來臨。

並不是說你不會再被生出來，你會再被生出來，但是到時候你會忘記，那麼你就必須再從ＡＢＣ開始，這個年老的女人以前曾經在這裡，她以前一定有無數次在這裡過，而我可以告訴你們，每一次在差不多八十五歲的時候，她一定會以同樣的方式決定：「下一次我的做法一定要有所不同。」但是下一次你已經記不得了，問題就在這裡，你喪失了前世所有的記憶，然後你再度從ＡＢＣ開始，同樣的事又再度發生。

所以我不要叫你等到下一次，抓住這個片刻！這是唯一存在的時間，沒有其他時間，即使你已經是八十五歲了，你也可以開始生活。當你是八十五歲，你還會有什麼損失嗎？如果你春天打赤腳在沙灘上，如果你蒐集雛菊，即使你死於那些事，這也沒有什麼不對。打赤腳死在沙灘上是正確的死法，為蒐集雛菊而死是正確的死法，不管你是八十五歲或十五歲都沒有關係，抓住這個片刻，成為一個左巴。

你問：

我只是好奇，你是否讀過《希臘的左巴》一書？我非常喜歡它。

只是喜愛它並不會對你有什麼幫助，要成為它！有時候你所愛好的是你現在的相反，你享受你現在的相反，因為它會解放你裡面的幻想，它給你一個你喜歡成為怎麼樣的藍本：那就是左巴的吸引力。

但是喜愛那本書將不會有所幫助，那就是多少年來人們一直在做的，人們喜愛《聖經》，但是他們不變成耶穌，他們喜愛《心經》……他們重複唸它，他們每天頌唸它，在東方有千千萬萬人每天唸五次《心經》，在中國、在日本、在韓國、在越南——他們繼續重複唸它，那是一部很短的經，幾分鐘之內就可以再唸一次，他們喜愛它，但是他們卻不去變成它！

要變成一個左巴，記住：喜愛書本將不會有所幫助，只有成為它才會有所幫助。

我很喜歡它，你不是要我們剛好像左巴的方式一樣嗎？

不完全是，因為我不喜歡有很多左巴在世界上；不完全是，因為那樣一定會很醜、很單調、很無聊，你要以你自己的方式成為一個左巴。

絕不要試著去模仿任何人，絕不要成為一個模仿者，那等於自殺，那麼你就永遠無法享受，你將永遠是一個複本，你將永遠不能成為原創的，而所有發生在人生裡面的——真、善、美、解放、靜心和愛——都發生於原創之中，從來不會發生在複本。要小心，模仿是危險的，如果你只是開始跟著左巴，開始按照他的方式來做，你會產生麻煩，人們就是這樣在做。

注意看基督徒，注意看印度教教徒，他們一直都試著要完全這樣做。沒有人能夠再度成為一個佛陀！神不允許任何重複！神不允許第二手的人，祂喜愛第一手的人，祂喜愛佛陀，祂是那麼地喜愛，所以它就結束了，現在已經不需要佛陀了，它已經不再像一個愛的事件。如果它是重複的，那麼它一定是像再去看你以前看過的同一部電影，它一定是像再讀你以前已經讀過很多次的書。神並不是無趣而愚笨的，祂絕不讓任何人去重複任何其他人：基督只有一次，佛陀只有一次——你也是只有一次！你是單獨的，沒有其他人像你，只有你是你，這個我稱它為對生命的崇敬，這真的是自我尊敬。

向左巴學習，學習其中的祕密，但絕不要試著去模仿，學習那個氣氛，欣賞它、深入它，與它產生相同的情感，分享左巴的內容，然後按照你自己的方式去做，成為你自己。

問題　是否可以請你談論祈禱和靜心之間的共同點，以及它們之間的相異之處？

這個問題是馬克那維鎮所問的……

附註：你不知道我，因為我還沒有私下見過你，阿露普（奧修的門徒）知道我一點。

阿露普不知道她自己，她怎麼能夠知道你？——即使一點點也不可能知道！你還沒有見過我，那是對的，但是我知道你，因為我知道我自己。當我知道我自己的那一天，我就知道每一個人，因為那是同樣的空無以不同的方式開花。我知道你，馬克，你或許不知道我，你怎麼可能知道我？你甚至不知道你自己，但是我知道你，我或許不知道你的形體，但是我知道你……而你不是那個形體。

所以，喔，舍利子，形體是空，而空就是形體。

我或許不知道包圍在你周圍的人格，但是我知道在你裡面的真理。因為我知道你，所以我能夠幫助你，因為我知道你，所以我能夠帶領你到彼岸，如果我不知道你，我無法帶領你到彼岸。

你問：

是否可以請你談論祈禱和靜心之間的共同點，以及它們之間的相異之處？

我本來昨天要談這個問題，但是昨天有很多問題，所以我無法回答你。

馬克今天寫了另外一個問題：

親愛的「意識和自由」的夏季時光：

前天我問你關於祈禱和靜心的異同點，在那個時候，我正在讀你的書《道之門》(*I am the Gate*)，而我已經在那裡面找到了答案，謝謝那個反應。

荷蘭多雲的天空——馬克那維鎮

你不會被稱為馬克那維鎮太久！我想就在今天，因為我不想等到明天，我要幫你找一個優美的名字，它將不是多雲的，它將不是一個多雲的荷蘭天空，它將是一個印度夏季無雲的天空。

這種事會發生很多次，當你問一個問題，如果你尋找它，你就會找到它，耐心是需要的，因為當我回答別人的問題，它們也是你的問題，只需要耐心，當我回答一個問題，我是在回答很多問題——已經問的、沒有問的、將來要問的，以及將來不會問的都包括了。

很好，馬克，你等了一天而沒有生氣。有少數人非常生氣，他們寫生氣的信給我：「我一直在問問題，但是你都沒有回答我」。他們沒有在聽我講，他們只是在找尋他們的問題，那是他們的自我，問題是不重要的，而是：「我的問題必須被回答。」這才重要。每當我看到某人問了一個問題，在那個問題裡面，「我的」更重要，像那種問題我從來不回答。

慕克塔坐在那裡，她一再一再地繼續寫很多很多問題：「奧修，為什麼你從來不回答我的問題？」當她丟棄她的「我的」那一天，她將會開始找到答案。

我在回答，繼續在回答！但是當你太過於執著在你的問題，而你只是在等待：你的問題什麼時候會被回答，這樣你將會錯過所有一直灑到你身上的答案。有發生很多次這樣的情形，當我回答一個問題，發問者本身無法接收到它，但是其他人卻能夠更容易接收到它，因為他們不擔心，那不是他們的問題，所以他們靜靜地坐著，他們不會對它感到興奮，他們不會對它感到緊張，那不是跟他們個人有關的問題，他們可以放鬆地享受那個回答。

當那是你的問題，你就變得緊張而且害怕，而我從來不會錯過機會，如果我能夠打擊你，我就打擊你！

問題　奧修，我聽過你重複地說，我們應該待在世界裡，待在市井之間，但是我在這裡碰到的大多數人都計畫要跟你生活在古渣拉特，他們回去西方也只是為了要籌足夠的錢來這裡生活，他們正在計畫一個大的社區。請你評論。強調跟一個活的師父在一起的重要，但是一旦那個連繫建立，你就一直跟著我們。為什麼每一個人都想要生活在你的社區，而不要停留在世界？那一定很棒，但市井那邊要怎樣？

這裡將成為你所見過最大的市井！不要為它擔心！這裡將成為世界，當然，比你在任何地方能夠找到的更熱烈、更紛亂。記住，沒有人在計畫它，它是由空無發展出來的……所以，喔，舍利子。

問題　面對政客、教士和經濟的既得利益，你的理想社會還有什麼樣的機會？

首先，我沒有興趣於任何理想的社會，因為如此，我也沒有興趣於任何理想的個人，「理想」這個名詞對我來說是一個骯髒的名詞。我沒有理想，理想逼我發瘋，就是理想使這整個地球成為一個大的瘋人院。

理想意味著你不是你應該是的那個樣子，它會產生緊張、焦慮和痛苦，它會瓜分你，使你精神分裂。理想是在未來，而你是在這裡，除非你正是那個理想，不然你怎麼能夠生活？首先你必須成為那個理想，然後你才能夠開始生活，然而，這種事從來不會發生，就事情本然的性質來說，那是不能夠發生的。理想是不可能的，所以它們才叫做理想，它們逼你瘋狂，使你發瘋，而且會產生譴責，因為你總是不夠理想，罪惡感因此而產生，事實上，那就是教士和政客一直在做的——他們想要在你裡面創造出罪惡感。他們用各種理想來創造罪惡感，那是一個簡單的運作過程：首先給予一個理想，然後罪惡感就自動產生。

如果我告訴你，兩隻眼睛不夠，你需要三隻眼睛，打開你的第三眼！去讀羅桑倫巴（Lopsang Rampa）——打開你的第三眼！然後你認真去試，試這個、試那個，然後你倒立，你念咒語——但是第三眼還是沒有打開，然後你就開始感到罪惡感——某些東西錯失了……你不是正確的人選，你變得沮喪，你用力摩擦第三眼，但是它沒有打開。

要小心所有這些無意義的事，這兩隻眼睛是優美的，如果你只有一隻眼睛，那也是非常好的，因為耶穌說：「當兩隻眼睛變成一隻，那麼整個身體就充滿光。」但我不是說你必須試著使兩隻眼睛變成一隻，你只要按照你現在的樣子來接受你自己。神已經把你造得很完美，祂在你裡面並沒有留下任何不完整的東西，如果你覺得有不完整，那麼，那也是完美的一部分，你是非常完美地不完美。神的了解更好：唯有在不完美當中，才有成長；唯有在不完美當中，才有流動；唯有在不完美當中，某些事才有可能。如果你剛好是完美的，你一定會像石頭一樣地死氣沉沉，那麼就不會有什麼事發生，沒有什麼事能夠發生。如果你了解我，我要告訴你：神也是完美地不完美，否則祂一定很久以前就死了，祂一定不會等到尼采宣布說上帝已死。

如果神是完美的，那麼這個神會做什麼？那麼，祂無法做任何事，那麼，他不能夠有任何自由去做，祂無法成長，沒有地方去，祂一定會陷在那裡，祂甚至無法自殺，因為當你是完美的，你不會做那種事。

按照你現在的樣子來接受你自己。

我對任何理想的社會沒興趣，根本沒興趣，我甚至對理想的個人也沒興趣，我對理想主義根本就沒興趣。

對我來說，社會是不存在的，只有個人存在，社會只是一個實用性的功能結構。你沒有辦法碰到社會，你碰到過社會嗎？你碰到過人類嗎？你碰到過印度教或猶太教嗎？不，你總是碰到個人，具體的、實實在在的個人。

但是人們一直在想如何改善社會，如何建立一個理想的社會，這些人證明了災難的存在，他們是一個大災禍，由於他們理想的社會，他們摧毀了人們對自己的尊敬，而且他們在每一個人裡面創造出罪惡感。每一個人都是有罪的，似乎沒有人能夠按照他現在的方式而快樂。任何東西你都可以創造出罪惡感，而一旦罪惡感被創造出來，你就變得強而有力，那個在你裡面創造出罪惡感的人變得強而有力，凌駕在你之上。記住這個策略，因為如此一來只有他能夠替你贖罪，然後你就必須找他。教士先創造出罪惡感，然後你就必須上教堂，然後你就必須去教堂懺悔：「我犯下了這個罪」，而他以神的名義來原諒你，首先他以神的名義創造出罪惡感，然後他以神的名義來原諒你。

注意聽這個故事。

卡爾文犯了一個大錯，被他母親抓到，馬上送去懺悔。

「神父」，卡爾文說：「我玩我自己。」

「你為什麼要這樣做？」教士真的很生氣地喊出。

「我沒有更好的事可做。」卡爾文說。

「作為贖罪的懲罰，你要向天父祈禱五次，向聖母瑪利亞祈求五次。」

一星期之後，卡爾文的母親再度抓到他，他再度被送去懺悔。

「神父，我玩我自己。」

「你為什麼要這樣做？」

「我沒有更好的事可做。」卡爾文說。

「作為贖罪的懲罰，向天父祈禱十次，向聖母瑪利亞祈求十次。」

下一週，卡爾文再度犯錯，「再去懺悔，」母親說：「把這塊蛋糕帶給那個好神父。」

當在排長隊等待的時候，卡爾文把蛋糕吃了，懺悔的時候他說：

「神父，我母親送給你一塊巧克力蛋糕，但是我在等待的時候全把它給吃光了。」

「你為什麼要這樣做？」教士問。

「我沒有更好的事可做。」

「那麼你為什麼不玩你自己。」

教士不是興趣於你在做什麼，他有他的既得利益——他的巧克力蛋糕。你可以下地獄！你可以做任何你想要做的事，但是巧克力蛋糕在哪裡？

他們創造出罪惡感，然後他們以神的名義來原諒你，他們使你成為罪人，然後他們說：「現在來到基督這裡，他是救世主。」

沒有人可以拯救你，因為一開始你就沒有犯任何罪，你不需要被拯救。

這就是佛陀的訊息：你已經在那裡！你已經被拯救了！救世主不必來，你沒有罪。

沒有痛苦，舍利子，沒有痛苦的起因，沒有痛苦的停止，沒有到達它的途徑，它不是被達成的，它也不是沒有被達成的。

它是已然的情形，它就是你的本性。

我沒有興趣於任何理想的社會，請放棄那個夢。理想已經在世界上產生很大的惡夢，記住，現在在政治上沒有什麼事能夠發生，政治已死，不論你投什麼票，右派或左派，不要帶著幻象來投票，認為哪一個系統可以成為救世主的想法必須被拋棄，沒有一個系統能夠成為救世主——基督、克里希納或南無。你儘管放棄那個認為你有罪、你是一個罪人的一派胡言。

將你的整個能量放在跳舞和慶祝，那麼你就是理想的，理想就在此時此地，而不是你必須變成理想的。

這樣的意識形態已經喪失了它的真理，事實上，它一開始就從來不存在，而且說服的力量也消失了。很少嚴肅的頭腦會再相信我們可以定下藍圖，然後透過社會工程使一個和諧社會的新烏托邦發生。我們活在一個完全自由的時代，我們來得正是時候，人類已經不再幼稚，它已經更成熟了，我們生活在一個非常蘇格拉底的時代，因為人們都在問所有人生重要的問題。不要開始渴求或渴望某種未來的理想、概念或完美，放棄所有的理想，完全活在此時此地。

我的社區將不會成為一個理想的社會，我的社區將會成為一個此時此地的社區。

第7章 充滿的空：佛教的靈魂

一九七七年十月十七日

《心經》今譯文：

所以，喔，舍利子，由於這個沒有達成，所以一個菩薩——透過依靠智慧的完美——沒有思想覆蓋地住在；由於沒有思想覆蓋，所以他不會恐懼，他已經克服了會使人類煩惱的東西，最後他達到了涅槃。

所有在三個時期裡面顯現出來的佛，因為他們依靠智慧的完美，所以完全清醒到極致的、正確的、和完美的成道。

對照的《心經》古譯文：

以無所得故，菩提薩埵，依般若波羅密多故，心無罣礙，無罣礙故，無有恐怖，遠離顛倒夢想，究竟涅槃，三世諸佛，依般若波羅密多故，得阿耨多羅三藐三菩提。

靜心（meditation）是什麼？這整部《心經》是關於靜心最內在的核心，讓我們來探討它。第一件事：靜心不是集中精神，集中精神的時候有一個「自己」在集中，有一個客體被集中，有二分性；靜心的時候沒有人在裡面，也沒有東西在外面，它不是集中精神。內與外之間沒有分隔，內繼續流進外，而外繼續流進內。界線、境界和邊界不復存在，內就是外，外就是內，它是一個非二分的意識。

集中精神是一種二分的意識，所以集中精神會使人疲倦。當你集中精神，你會覺得筋疲力盡，你無法二十四小時都集中精神，你必須放假去休息，集中精神永遠不能變成你的本性。靜心不會使你疲倦，靜心不會使你筋疲力竭，靜心可以變成一件二十四小時的事——整天、整年都可以，它可以變成永恆，它就是放鬆本身。

集中精神是一個行為，一個意志的行為，靜心是一個沒有意志、沒有行動的狀態，它是放鬆，一個人只要落在他自己的存在，而那個存在跟整體的存在是一樣的。在集中精神當中有一個計畫、一個投射、或一個概念；在集中精神當中，頭腦由一個結論來運作：你在做某事；集中精神來自過去。在靜心的背後沒有結論，你沒有特別在做任何事，你只是存在，它沒有過去，它沒有被過去所污染，它沒有未來，它是純粹的，所有的未來都沒有，它就是老子所說的「為無為」——透過沒有行動來行動，那就是禪師們一直在說的：「靜靜地坐著，什麼事都不做，當春天來臨，草木就自己生長。」記住：「自己（生長）」意味著什麼事都沒有做，你沒有把草向上拉高；當春天來臨，草木就自己生長。當你讓生命以它自己的方式來進行，當你不想去指引它，當你不想去給予任何控制，當你沒有在操縱，當你沒有強加任何紀律在它上面，那個純粹沒有紀律的自發性狀態就是靜心的狀態。

靜心是在現在，純粹的現在，靜心是立即，你沒有辦法去靜心，你只能在靜心裡面，你沒有辦法在集中精神裡面，但是你能夠集中精神。集中精神是屬於人的，靜心是神性的。

當你集中精神的時候，你裡面有一個中心，它來自那個中心，當你集中精神的時候，你裡面有一個自己，事實上，那個集中得很厲害的人開始累積一個非常強的自己，他開始變得越來越強而有力，他開始變得越來越是一個完整的意志，他會看起來更聚精會神，更一體。

靜心的人不會變得強而有力：他會變寧靜、變安和，力量是由衝突所產生出來的，所有的力量都來自摩擦，摩擦會生電，你可以由水來發電：當河流從山邊落下，河流和岩石之間有一個摩擦，那個摩擦會產生能量，所以那些追求權力的人總是在爭鬥，爭鬥產生能量，透過摩擦，能量被創造出來，力量被創造出來，它一直都是如此。

世界一再一再地進入戰爭，因為世界太過於被權力的概念所支配，沒有爭鬥，你無法成為強而有力的。

靜心帶來和平，和平有它本身的力量，但那是一個截然不同的現象。由摩擦產生出來的力量是暴力的、侵略性的、陽性的，而來自和平的力量——我用力量這個名詞，因為沒有其他的名詞可以使用——是陰性的，它有一種優雅，它是被動的力量，它是接受性，它是敞開，它不是來自摩擦，所以它不是暴力的。

佛陀是強而有力的，強而有力在他的安和、在他的寧靜，他跟玫瑰花一樣地強而有力。他的強而有力不像原子彈，他跟小孩子的微笑一樣地強而有力……非常脆弱，非常敏感而容易受傷，他不像劍一般地強而有力，他的強而有力就像在黑暗的夜晚裡燃燒發亮的一盞小燈，那是一種完全不同層面的力量，這個力量就是我們所稱的神聖的力量，它來自沒有摩擦。

集中精神是一個摩擦：你跟你自己的頭腦爭鬥，你試著以某種方式來集中你的頭腦，使它朝向某一個概念，朝向某一個目標，你強迫它，你將它一再一再地拉回來。它試著要逃走，要跑開，要走入歧途，它開始想到一千零一件事，而你把它拉回來，並且強迫它，你進入一個自我爭鬥，當然力量會產生出來，那個力量跟其他任何力量同樣地具有傷害性，那個力量跟其他任何力量同樣地危險，那個力量會再度被用來傷害某人，因為來自摩擦的力量是暴力，來自暴力的東西將會是暴烈的，它具有破壞性。來自安和、沒有摩擦、沒有爭鬥、沒有加以操縱的力量是玫瑰花的力量，是一盞小燈的力量，是一個微笑的小孩的力量，是女人哭泣的力量，是在眼淚裡面和在露珠裡面的力量，它是無邊的，但不沉重，它是無限的，但不暴烈。

集中精神會使你成為一個有意志的人；靜心會使你成為一個空。

那就是佛陀告訴舍利子的，般若波羅密多的意思剛剛好就是：「靜心，彼岸的智慧。」

你無法將它帶出來，但是你可以對它敞開，要將它帶進世界，你不需要做任何事，你無法將它帶出來，它是超出你的。要它來，你必須消失。靜心要存在，頭腦必須停止。集中精神是頭腦的努力，靜心是一種沒有頭腦的狀態，靜心是純粹的覺知，靜心裡面沒有動機。

靜心是不用種子長出來的樹，那就是靜心的奇蹟、魔術和奧祕。集中精神有一個種子在裡面：你為某一個目的而集中精神，它是有動機的，它是被動機所激發的，靜心沒有動機。如果沒有動機，那麼一個人為什麼要靜心？

唯有當你洞察了所有的動機，而發現它們的不足，當你經歷過動機的整個過程，並且了解了它的虛假性，靜心才會出現。你了解到，動機沒有辦法引導你到哪裡，你只是繼續在轉圈子，你還是維持一樣。動機一直繼續引導你、驅策你、幾乎要把你逼瘋、產生新欲望，但是從來不曾達成任何事情，雙手還是跟以前一樣空空的，當你了解到這一點，當你洞察了你的人生，並且了解到你所有的動機都失敗……

沒有任何動機曾經成功過，沒有任何動機曾經帶給任何人任何祝福，動機只是承諾，但是貨品從來沒有送達。一個動機失敗了，另外一個動機就進來，再度向你承諾……你就再度被欺騙，一再一再地被動機所欺騙，有一天你會突然覺悟，你會突然了解，那個了解就是靜心的開始，它沒有種子在裡面，它沒有動機在裡面。如果你為某種東西靜心，那麼你是在集中精神，而不是在靜心，那麼你仍然在世界裡，你的頭腦仍然興趣於低級的東西，興趣於不重要的東西，那麼你是世俗的，即使你的靜心是要達到涅槃，你也是世俗的，因為靜心沒有目標。

靜心是洞察到所有目標都是假的，靜心是了解到欲望無法引導你到任何地方，了解到這一點……

這不是一個你可以從我這裡、從佛陀，或是從耶穌那裡得到的信念，這不是知識，你將必須親自去了解它，你現在馬上就可以了解它！你已經生活過，你看過很多動機，你曾經動盪不安，你曾經想過要怎麼做，或是不要怎麼做，而且你已經做過很多事情，所有那些都引導你到哪裡？只要洞察它！我不是說你要同意我，我不是說你要相信我，我只是要使你對你所疏忽的事產生警覺。這不是一個理論，這是一項簡單事實的簡單描述，也許因為它是那麼簡單，所以你一直忽略它。頭腦總是興趣於複雜的事情，因為使用複雜的東西可以做成某些東西，而在一個簡單的情況裡，你什麼東西都不能做。

簡單的被漏掉了，簡單的被忽略了，簡單的被忽視了，簡單的是那麼明顯，所以你從來不去洞察它，你繼續找尋複雜的。複雜的有挑戰在裡面，一個現象、一個難題、一個複雜的情況給你一個挑戰，那個挑戰產生能量、摩擦和衝突：你必須解決這個難題，你必須證明你能夠解決這個難題。當一個難題存在，你就因為那個有可能證明某種東西的興奮而顫抖，但是我所陳述的是一個簡單的事實，它不是一個難題，它不會給你挑戰，它只是在那裡，你可以注意看它，也可以避開它，它不會大聲喊叫，它非常簡單，你甚至無法稱它為裡面一個靜止的、小的聲音，它甚至不會低語，它只是在那裡，你可以看，也可以不看。

看它！當我說「看它」，我的意思是說馬上看它，立刻看它，不需要等待，當我說「看它」的時候，你要快！一定要看，而且要快，因為如果你開始思考，如果你沒有立刻很快地看它，在那個瞬間，頭腦會介入，然後開始思考、開始帶來思想、開始帶來偏見，你就處於一種哲學的狀態——很多思想，那麼你就必須選擇哪一個是對的，哪一個是錯的，你就開始推測，這樣你就錯過了那個存在的片刻。

存在的片刻是立即的，只要看，那就是靜心，那個看就是靜心。只要看某一件事或某一個狀態的真實性就是靜心。靜心沒有動機，因此它沒有中心，因為沒有動機，也沒有中心，所以沒有自己在裡面。在靜心當中你不是由一個中心來運作，你是由空無來行動，靜心就是由空無來自然反應，它就是這麼一回事。

頭腦會集中精神：它是由過去來行動的，靜心是在現在行動，由現在行動，它是對現在一個純粹的自然反應，它不是固定反應，它不是由結論來行動，它是看著那個存在的情況來行動。

在你的生活當中注意看：如果你由結論來行動的話，會有一個很大的不同。你看到一個人，你覺得被吸引——一個漂亮的人，看起來很好，看起來很天真，他的眼睛很漂亮，氣質很優美，但是之後那個人自我介紹，他說「我是一個猶太教教徒」，而你是基督徒，某些東西立即產生作用，然後就有一個距離：現在那個人已經不再天真，那個人已經不再漂亮，因為你對猶太教教徒有某些概念。或者，他是一個基督徒，而你是一個猶太教教徒，你對基督徒有某些概念，在過去，基督教對猶太教教徒做了些什麼，其他基督徒對猶太教教徒做了些什麼，多少年代以來，他們是如何折磨猶太教教徒……突然間你了解到他是一個基督徒，某些東西立刻就改變，這是由結論和偏見來行動，而不是注意看這個人，因為這個人或許不是你所認為的那種猶太教教徒，因為每一個猶太教教徒都是不同的，每一個印度教教徒都是不同的，每一個回教徒也都不同。你不可以由偏見來行動，你不可以先把人分類，然後按照對方的類別來行動，你不可以把人歸類，沒有人可以被歸類，你或許被一百個共產主義者欺騙過，當你碰到第一百零一個共產主義者，不要相信已經在你的頭腦裡決定下來的類別，認為共產主義者都是欺騙的，或是怎麼樣。這個人或許跟他們是不同類型的人，因為沒有兩個人是一樣的。

每當你由結論來行動，那是你的頭腦，當你洞察現在，而不讓任何概念來遮蔽真相、遮蔽事實，你只是洞察事實，然後由那個「看」來行動，那就是靜心。

靜心並不是某種你在早上做，然後就結束的事，靜心是某種你必須在你人生的每一個片刻都去經驗它的事。走路、睡覺、坐著、講話、聽講——靜心必須成為一種氣氛，一個放鬆的人會停留在它裡面，一個繼續丟棄過去的人會保持靜心。絕不要由結論來行動，那些結論是你的制約、你的偏見、你的欲望和你的恐懼，以及所有剩下來的；簡言之，「你」在那裡！

「你」意味著你的過去，「你」意味著所有你過去的經驗。不要讓死的來支配活的，不要讓過去影響現在，不要讓死亡壓倒你的生命，靜心就是這樣，簡言之，在靜心當中，「你」不在那裡，死的沒有控制活的。

靜心是一種經驗，它給你一種完全不同的品質來過你的生活，那麼你就不會像一個印度教教徒，或是一個回教徒，一個印度人，或是一個德國人來生活，你只是透過意識來生活。當你生活在當下這個片刻，沒有任何東西干擾，那麼那個注意是完全的，因為沒有分心。分心來自過去和未來，當注意是完全的，那個行動也是完全的，它沒有留下殘餘物，它繼續解放你，它絕不會為你創造出籠子，它絕不會監禁你，那就是佛陀的最終目標，那就是他所謂的涅槃。

「涅槃」意味著自由——完全的、絕對的、沒有阻隔的自由，你變成一個開放的天空，它沒有邊界，它是無限的，它只是在那裡……然後有空無圍繞著你，裡裡外外都是空無，空無是靜心狀態的意識功能，在那個空無裡面就是祝福，那個空無本身就是祝福。

現在來看經文：

所以，喔，舍利子，由於這個沒有達成，所以一個菩薩——透過依靠智慧的完美——沒有思想覆蓋地住在；由於沒有思想覆蓋，所以他不會恐懼，他已經克服了會使人煩惱的東西，最後他達到了涅槃。

記住，那個「所以」一直都指示著佛陀繼續深入看著舍利子的空無，因為他繼續感覺到他的能量是放鬆的，他的能量已經不再動盪不安，他沒有在思索，只是在聆聽，他沒有在思考，只是跟著佛陀在那裡，心神在、敞開、隨時準備好，那個「所以」是指舍利子本性的展開，佛陀看到了更多更多的花瓣在打開，所以他能夠再進一步，所以他能夠帶領舍利子更深入一點，舍利子是準備好的。

這個「所以」不是邏輯的，這個「所以」是存在性的。深入看著佛陀，舍利子正在展開，深入看著舍利子，佛陀準備帶領他更進一步朝向彼岸，每一個陳述都進入得更深、更高。

所以，喔，舍利子，由於這個沒有達成，所以一個菩薩——透過依靠智慧的完美——沒有思想覆蓋地住在。

你必須去靜心冥想每一個字，不是集中精神在它上面——我要提醒你。是去靜心冥想它、聆聽、深入地看，而不是集中精神，也不是去思考，這些東西比思想更高、比思想更大。

在這些領域裡，思想是愚蠢的。

首先他說：由於這個沒有達成……

靜心無法被達成，因為靜心不可能有動機。當你達成某些東西，你是透過動機而達成；當你達成某些東西，你總是必須為未來工作、為未來計畫。除了靜心之外，你無法就在現在達成任何東西。讓我再講一次：除了靜心之外，你無法就在現在達成任何東西。為什麼？如果你想要金錢，你無法就在現在得到它，你必須為它努力工作，不論合不合法，你都必須為它工作。

有比較慢的方式，你或許變成一個商人，有比較快的方式，你或許變成一個政客，但是你將必須做某些事，不論快或慢都需要時間，時間是一定要的，沒有時間，你無法得到金錢，如果沒有時間，就在當下這個片刻，你怎麼能夠得到？即使你想要向你的鄰居搶劫，即使你想要向坐在你旁邊的人扒錢包，那也需要時間，時間是一定要的。如果你想要變得有名，那也需要時間，如果你想要變得在政治上飛黃騰達，時間是需要的。

只有靜心能夠馬上、就在這個片刻，立即達成，為什麼？因為它是你的本性，為什麼？因為它已經在那裡，是的，你沒有要求它，但是沒有要求，它還是在那裡，你可以現在馬上要求它，甚至一個片刻都用不著。

……由於這個沒有達成……

涅槃不是什麼東西，只是靜心達到一個完整的圓圈；神不是什麼東西，只是靜心的花蕾變成一朵花。

這些不是達成，這些就是你的本質，你可以歲歲年年一直忽視它們、忽略它們，但是你不可能失去它們。它們就在那裡，駐在你裡面。任何一天，你閉起你的眼睛，然後看，你會開始笑，你一直都在錯誤的地方找尋這個祝福。你在找尋這個來自空無的安全，但是你卻在金錢、在銀行存款、在這裡、在那裡找尋，它絕不會透過那些而發生，它不可能透過那些而發生。沒有任何外在的東西可以保障你的生命安全，外在是不安全的，它怎麼能夠保障你的生命安全？政府無法保障你的生命安全，因為政府本身是不安全的，因為或許會有革命；銀行無法保障你的生命安全，因為銀行也可能破產，只有銀行會破產，其他還有什麼會破產的嗎？你所愛的女人無法使你的生命安全，因為她或許會愛上別人；你所愛的男人無法使你的生命安全，因為他或許會過世。

所有這些事情都存在，所以你越是具有外在的安全，你就變得越不安全，因為如此一來，你會害怕銀行，它可能會破產。如果你沒有任何帳戶，你就不會介意，任何日子你都可以讓它破產，但是如果你有銀行帳戶在那裡，那麼你就會擔心，你就會多一個不安全——銀行會破產的可能，如此一來，你就無法安眠，因為你會繼續思考，將會有什麼事發生。

如果你信任任何外在的東西，那會產生更多的不安全，那就是為什麼一個人變得越富有，他就越不安全。記住，我不贊成貧窮，我不是在說「要貧窮」，貧窮裡面並沒有什麼神聖的東西，而且我不是在說貧窮的人是安全的，他也有他的不安全。然而有錢人也有他的不安全，當然，有錢人的不安全比較複雜，而窮人的不安全比較簡單，但那個不安全都是存在的。我不是在說，成為貧窮是某種很特別的事，或是說成為貧窮是某種非常重要、非常有意義的事，或是說，你可以以你的貧窮來自豪。

成為貧窮跟靈性無關，富有跟靈性也沒有任何關係，那些是不相關的事。窮人和富人向外看的程度是一樣的，或許窮人只有一輛牛車，而富人有一輛凱迪拉克的汽車，但那都無關緊要，牛車和凱迪拉克汽車同樣是外在的，兩者都是向外看。富人或許有很多銀行帳戶，而窮人或許只有一個小錢包，而且裡面的錢很少，但那是無關緊要的，他們兩者都是向外看。

安全是內在的途徑，因為在那裡你知道沒有人會死，沒有人會受苦，沒有什麼事會發生，只有純粹的天空，雲來了又去，但是天空依然存在，生命來了又去，形體來了又去，但是空無依然存在。

這個空無已經在那裡，所以佛陀說唯有當你了解它是不能達成的，它才能夠被達成，唯有當你了解那個基本的事實，它才能夠被達成。那個基本的事實就是：它已經在那裡，情形已經是如此。

這個空無法以任何方式來引出、來發展，它目前已經充滿在那裡，因此，在一個單一的片刻裡，它就能夠被達成，佛陀稱之為「充滿的空」。因為如果空在那裡的話，它只能是充滿的，如果它不是充滿的，那表示某種異於空的東西也在那裡，而那個其他的東西會阻礙、會阻隔，那個其他的東西會創造出二分性、會創造出磨擦、會創造出緊張、會創造出焦慮，跟「其他的東西」在一起，你無法安適。

唯有當它是充滿的、當所有的阻礙都被拋棄了、當沒有任何東西在你裡面，當沒有人在那裡成為它的觀察者，空才會存在。佛陀說：這個空甚至不是一項經驗，因為如果你經驗到它，那意味著「你」在那裡去經驗它，它就是「你」，所以你不能夠經驗到它。唯有當某種東西不是你的時候，你才能夠經驗到它，經驗意味著二分性——觀察者和被觀察者；知者和被知者；主體和客體；看者和被看者。但是唯有空沒有人在看它，也沒有人被看；沒有東西作為一個客體，也沒有東西作為一個主體，這個非二分的空是充滿的，它是完全充滿的，它的充滿無法被精煉、無法被增加，沒有東西能夠從它那裡拿出來，也沒有東西能夠被增加進去，它是完全地充滿。

「充滿的空」不是一項經驗，因為沒有經驗者在它裡面，因此，佛陀說：靈性不是一項經驗，神沒有辦法被經驗，那些說「我經驗到神」的人不是不了解他們所說的，就是他們在使用一個非常非常不足的語言。你無法經驗神，在那個經驗裡找不到你，經驗存在，但是經驗者不在，所以你不能夠宣稱它是一項經驗。每當某人問佛陀：「你有沒有經驗過神？」他總是保持沉默，一句話都不說就馬上改變話題，而開始談論其他的事。

在他的一生當中，每當有人問起那個問題，他總是保持沉默，有很多人認為他沒有經驗到神，所以他保持沉默，但他是唯一沒有說任何事的人——不管是正的或負的。並不是因為他沒有經驗到，他經驗到了，但是它無法以一個經驗來談論，所以他保持沉默，因此當比拉多問耶穌說：「真理是什麼？」他保持沉默。

克里虛納穆提繼續在說——他在「經驗」和「正在經驗」之間作了一個很微妙的區別，那是一個很美的區別——他說：「那是一個正在經驗，而不是一個經驗。」它是一個過程，而不是一件事情；它是活的，而不是死的；它是正在進行的，而不是已經結束的。你進入神，然後它是一個正在進行的現象：它一直一直永恆地繼續下去，你絕不會從它那裡出來，它是一個正在經驗、一個活的過程，就好像一條河，或是好像一朵正在開、正在開、正在開，而且繼續正在開的花，它絕不會有任何終點。

去說一個人經驗到神是愚笨的、毫無價值的、愚蠢的，去說一個人達到莫克夏（moksha：真理）、達到涅槃、達到真理，這並不是很有意義的，因為這些是不能夠被歸類成「達成」的事。

因此佛陀說：

所以，喔，舍利子，由於這個沒有達成……

當頭腦停止，而不再有興趣於達成任何事情，那麼它就達成了佛性；當頭腦完全停止而不再走到任何地方，它就開始向內走，它開始落在一個人自己的本性上——那個深邃的深淵。「充滿的空」藉著不達成來達成，所以不要成為一個達成者，不要以達成的方式來開始思考，不要認為你必須達成這個或達成那個，不要認為你必須達成神，這些都是遊戲，頭腦再度欺騙你，遊戲的名稱改變了，但是那個遊戲、那個微妙的遊戲，仍然維持不變。

……一個菩薩透過沒有達成而達成，透過依靠智慧的完美而達成……

這是一個非常非常有意義的陳述，佛陀說：一個人應該不要依靠任何東西。這和一般的佛教是非常對立的，因為一般的佛教有三個基本的避難所：我在佛陀裡面找到避難所，我在佛陀的社區裡面找到避難所，我在佛陀所教的法則裡面找到避難所。當門徒來到佛陀面前，向佛陀鞠躬，臣服於他，然後說：「我在佛陀裡面找到避難所，我在佛陀的社區裡面找到避難所，我在佛陀所教的法則裡面找到避難所。」而佛陀在這裡卻說一個人不應該依靠任何東西——沒有避難所，沒有地方有任何庇護所。

這部《心經》被稱為佛教的靈魂，而佛廟被稱為佛教的身體，那三個避難所是為了非常平庸的頭腦，那些頭腦在找尋一些庇護所、一些支撐和一些支持，而《心經》的陳述是為了最高的靈魂，為了那個已經達到了第六階，而正懸於第六階和第七階之間的靈魂，只要推他一點點……

……所以，喔，舍利子……

據說佛陀的第一次講道被稱為「轉動宗教之輪的講道」。佛陀第一次講道（Dhamma Chakrapravatan Sutra）是在靠近瓦拉那西（Varanasi）的地方，這個講道創造出所謂的一般宗教，這是為一般大眾而講的，在那個講道裡，他宣布：「來佛裡面避難，來佛所教導的法則裡面避難，來佛的社區裡避難。」

二十年之後，他宣布了這第二個教條。他花了二十年的時間將少數人帶到了最高的可能性，這個講道被認為是第二個最重要的講道。

第一個是在薩拉那斯（Saranath），靠近瓦拉那西的地方所講的，那時候他告訴人們：「來我裡面避難，我已經得道了！來我裡面避難，我已經到達了！來分享我，我已經到達了，來，並且跟隨我。」那是為一般的頭腦所講的。很自然地，那個時候佛陀不能夠宣布《心經》，因為群眾一定無法了解。

然後他陪著他的門徒下功夫二十年，現在舍利子已經很接近，由於那個接近，所以他說：

所以，喔，舍利子……

現在我可以將它告訴你，我可以告訴你「依靠智慧的完美」……你只要依靠一樣東西，那就是覺知、留意。一個人只要依靠一樣東西，那就是他自己內在的源頭、本性，其他每一樣東西都必須被丟棄，所有的避難所都必須被丟棄。

透過只有依靠靜心的完美，一個人所必須做的不是去依靠任何東西——不論它是世俗的或是其他的，將它全部放掉，讓那個放掉一切之後所造成的空能夠自由發揮，不要被任何贊成或反對的態度所阻撓，停止依靠任何東西，不要在任何地方尋找任何避難所或支持，那才是真正的拋棄。

我們（與整體）分開的自己是一個假的實體，它唯有藉著找到一些支撐來依靠才能夠維持它自己。找那三寶來避難是佛教的主要行為——在佛裡面避難，在佛的社區裡面避難，在佛的法則裡面避難。然而，在此，佛陀反駁上述的那些，這並不是矛盾，他只是說出那些你能夠了解的。在我的主張裡，你會發現一千零一個矛盾，因為它們是針對不同的人而說的。你越成長，我將越會有不同的主張，因為我的主張是對你的一個自然反應，我不是在對牆壁講話，我是在對你講話，我只能給你你所能接受的那麼多，你的意識越高、越深，我就越能夠說出一些不同的東西。

當然，那些不同的陳述將會非常矛盾，如果一個人想找尋邏輯的一致性，他將連一個都找不到。在佛陀的陳述裡，你無法找到任何邏輯的一致性，所以佛陀過世的那一天，佛教被分成三十六個派別。剛好在他過世的那一天，門徒們被分成三十六個派別，這到底是怎麼一回事？

因為他對不同的人一直在作很多不同的陳述——由於他們不同的意識和了解——所以他們開始爭吵和爭鬥，他們說：「這是佛陀告訴我的！」只要想想：最初的五個門徒，佛陀對他們說：「我已經達成了——來到我這裡，我會帶領你們到那裡」；如果那些最初的門徒碰到舍利子，然後舍利子說：「它透過一種沒有達成而被達成；一個宣稱他已經達成的人是錯的，因為它無法被達成」——那些最初的門徒們會怎麼說？他們一定會說：「你在說什麼？我們是最老的門徒，最資深的。佛陀告訴我們的第一個陳述是：『我已經達成了！』事實上，如果他沒有那樣宣布，我們絕不會跟隨他，因為他宣布了它，所以我們才跟隨他。我們的動機很清楚：他已經達成了，我們也想要達成，所以我們跟隨他。他告訴過我們：『我是你們的避難所，來我裡面避難，讓我成為你們的庇護所。』而你是在胡說些什麼？佛陀不可能說『沒有達成』，你一定是誤解了，如果不是什麼東西被弄錯了，就是你捏造了它。」

這段陳述、這段《心經》是私底下說的，它是佛陀告訴舍利子的，它是特別講給舍利子聽的，它就好像是一封信，舍利子無法給予任何證明，因為當時還沒有錄音機，他只能說出來，他可以發誓：「我沒有說任何不真實的東西，佛陀告訴我：『只依靠你自己的靜心，不要依靠其他東西。』」

依靠其他東西的頭腦是假的自己，是自我（ego）。沒有支撐，自我無法存在，它需要支撐，必須有某種東西來支持它，一旦所有的支撐都被拿掉，自我就掉到地上而消失了，但是唯有當自我掉到地上，那個意識才會在你裡面升起，它是永恆的、它是無時間性的、它是不朽的。

在此，佛陀說：「沒有避難所，舍利子，沒有樂方，舍利子，沒有任何東西，也沒有任何地方可以去，你已經在那裡。」

如果你沒有準備而進入這個充滿的空，它將會使你起一個很大的顫抖，如果你被某人丟進它裡面……比方說，有時候人們帶著深深的愛和尊敬來到我這裡，他們說：「奧修，你為什麼不把我推得重一點？」如果你還沒有準備好就被推進它裡面，那將不會有所幫助，它或許反而會在未來的很多世裡阻礙你的進步。一旦你沒有準備好就進入那個空無，你會很震驚、很駭怕，至少有幾世，你將不會再找尋任何談論空無或談論神的人，你會避開它，那個恐懼會變成你裡面的一個種子。

不，你不能沒有準備就被推進去，你只能慢慢、慢慢地被推進去，只能按照你準備的比例來被推進去。你有沒有聽過丹麥哲學家、現代存在主義的創始者齊克果有名的陳述？他說：「人是顫抖的，經常在顫抖，為什麼？因為死亡在那裡，為什麼？因為『有一天我或許不會存在』的恐懼在那裡。」

對於平常的頭腦來講，他是對的——每一個人都在顫抖。問題總是「存在或不存在」，死亡總是懸在那裡，你無法想像消失成空無，它會刺傷你，它會使你駭怕。如果你深入看你自己的內在，你會發現你自己因為有那個成為空無的概念而顫抖，你要存在、要維持、要持續、要永遠持續，所以那些完全不知道他們內在本性的人一直相信靈魂是不朽的，不是因為他們知道，而是因為恐懼，由於那個顫抖，他們必須相信靈魂是不朽的，那是一種希望的滿足。

所以任何談論靈魂不朽的白痴都會吸引你，你會被鉤住，並不是你了解他所說的——他或許也不了解他自己所說的——但是它將會很有吸引力。在印度，人們相信靈魂不朽，然而你無法在其他任何地方找到比他們更膽怯的人。有一千年的時間，他們一直都在做奴隸，做小國家的奴隸。任何來到印度的人都能夠毫無困難地征服印度，要征服印度很簡單，而這些人就是相信靈魂不朽的人。事實上，一個真正相信靈魂不朽的國家根本無法被征服，因為沒有人會怕死，你怎麼能夠征服一個不怕死的人？他們一定會寧死不屈，他們不可能對任何征服者讓步，但是有一千年的時間，印度人一直都在做奴隸，他們很容易就一直做奴隸。

英國是一個很小的國家，在印度有幾個區都比英國大，英國能夠很容易地統治著這個大國，它並不困難，為什麼？而這些人竟然是相信靈魂不朽的。

那個信念不是他們的經驗，那個信念來自恐懼，如果你了解這一點，事情就可以解釋了。這些是膽怯的人，他們害怕，他們怕死，因此他們執著於靈魂不朽的概念，並不是他們知道，並不是他們有經驗過，他們從來沒有經驗過像那樣的事，他們只經驗過圍繞在他們周圍的死亡。因為死亡，所以他們非常害怕，所以他們一方面繼續相信靈魂不朽，另一方面，任何人都可以折磨他們，他們已經準備好要屈從，要向你頂禮。

由於恐懼，人們才相信不朽，由於恐懼，人們才相信神，由於顫抖……

對於一般人的頭腦來說，齊克果是對的。另外一個存在主義的哲學家沙特說：「人被判罪成為自由的。」為什麼「被判罪」？為什麼使用「被判罪」這個醜陋的名詞？自由——它是一種判罪嗎？是的，對一般的頭腦來講，它是如此，因為自由意味著危險，自由意味著你無法依靠任何東西，你只能依靠你自己，自由意味著所有的支撐都被拿開了，所有的支持都消失了，自由基本上意味著空無，唯有當你是空無的時候，你才是自由的。

注意聽沙特所說的：「作為自由的人變成極度的痛苦。」極度的痛苦？來自自由？是的，如果你沒有為它準備好，如果你沒有準備好進入它，它是極度痛苦的。儘管人們繼續在說，但是事實上沒有人想要自由，「沒有人」想要自由！人們想要成為奴隸，因為在奴役當中，你可以將責任丟給別人，你從來不必負責任，你只是一個奴隸：你能怎麼樣呢？你只是奉命行事。

但是當你有了自由，你就害怕了，責任就產生了，你對每一個行為都覺得有責任：如果你這樣做，這個可能會發生；如果你那樣做，那麼其他的事可能會發生，你必須選擇，而選擇產生顫抖。對一般的頭腦而言，沙特是對的：自由產生極度的痛苦。

他說：「人被判罪成自由的，因為自由產生恐懼，它是一個恐懼的自由，當我是自由的，沒有東西能夠針對我自己來保證我，我無法給我一個價值來作為我的庇護所，我必須自己去創造那些價值，我單獨決定我自己和我的宇宙的意義，它無法被證明是正當的，也沒有任何藉口。我是揭開自由面紗的一個人，你是另一個，我的自由是一個經常對我本性的揭開，你的也是一樣。我們的獨特性存在於我們每一個人都以他自己的方式來做這項事實。」

但是沙特認為自由產生極度的痛苦，而自由是一種判罪、一種禍因。齊克果說：「人是一個經常的顫抖。」而佛陀要你進入這個自由、進入這個空無，當然，你必須為它準備。

舍利子已經準備好。

所以，喔，舍利子，由於這個沒有達成，所以一個菩薩——透過依靠智慧的完美——沒有思想覆蓋地住在；由於沒有思想覆蓋，所以他不會恐懼，他已經克服了會使人煩惱的東西，最後他達到了涅槃。

他已經克服了會使人煩惱的東西……他在這個空無裡面沒有顫抖。

這在一個平常的頭腦看起來幾乎不可能：當你在消失，你怎麼可能保持沒有顫抖？當你溶解而進入那未知的領域，你怎麼可能保持不害怕？你怎麼能夠控制住而不要逃走？你怎麼能夠控制住不要開始找尋支撐和支持，好讓你能夠創造出那個「自我」或「自己」的感覺？

所以佛陀必須等上二十年，然後是在一個私人的對話裡，他將這個真理告訴舍利子，而不是將它作為一個公開的講道，如果人們不相信舍利子，他們也是對的，因為佛陀告訴他們其他的東西。

對於我，你們也要記住這一點！記住這個：我的陳述是矛盾的，因為它們是對不同的人所講的，它們是對不同的意識所講的，你越成長，我就變得越矛盾，我就越必須去反駁我以前說過的，因為它將不再與你有關。隨著你意識的成長，我將必須以不同的方式來反應，你意識裡面的每一個轉變將會是我陳述的一個轉變。當我走了，不要產生三十六個派別，因為三十六個也沒有辦法！

空無帶來自由，「免於自己」是最終的自由，沒有比那個更高的自由，空無就是自由，它不是像沙特所說的極度痛苦，也不是像齊克果所說的顫抖，它是祝福，它是終極的喜樂，它不是顫抖，因為沒有人可以顫抖。

靜心(meditation)會使你準備好，因為當你進入靜心，你每天都會覺得「你自己」變得越來越少，你覺得「你自己」少多少，你的恩賜、你的祝福和你的喜樂就以同樣的比例成長多少。慢慢、慢慢地，你就學習到內在世界的數學，「你」越多，你就越是在地獄裡；「你」越少，你就越是在天堂裡，到了「你」不存在的那一天，那就是涅槃，最終的家已經到達了，你已經繞了一整圈，你再度變成一個小孩，而不再有「自己」(self)。

記住，自由並不是意味著「自己」的自由，自由意味著：免於自己。對沙特來說，它意味著「自己的自由」，所以它感覺起來像是一個判罪：自己還是存在，它變成自由的，但它還是存在，所以才會有恐懼。

如果自由是「自己」已經在它裡面消失，只有自由，而「沒有人」是自由的，那麼誰能夠顫抖，誰能夠感覺極度的痛苦，誰能夠感覺被判罪？那麼就沒有選擇的問題，自由本身自己行動，一個人由無選擇來行動，也沒有留下責任，因為沒有人能夠感覺任何責任。空無在行動。「為無為」——「沒有行動」在行動，那是內在的空無與外在的空無之間的一個自然反應，而沒有什麼東西在阻礙。

由於這個沒有達成，所以一個菩薩——透過依靠智慧的完美——沒有思想覆蓋地住在。

沒有思想覆蓋，思想覆蓋是使你跟外在的空無分開的障礙，那就是昨天晚上我對尼南伯所說的，尼南伯就是我昨天談到的，他以前叫做馬克。

昨天晚上他成為門徒，他變成尼南伯，「尼南伯」的意思就是藍色的天空，是誰在將你內在的天空和外在的天空隔開？——你的思想覆蓋。那些就是不讓你的赤裸跟天空接觸、不讓你赤裸的本性跟天空連接的衣服。認為你是一個印度教教徒這個思想、認為你是一個基督徒這個思想、認為你是一個共產主義者或是一個法西斯主義者這個思想會將你隔開，認為你是美的或醜的這個思想會將你隔開，認為你聰明或不聰明這個思想會將你隔開，任何種類的思想都會有分隔，而你有千千萬萬種的思想。你將必須剝掉你自己，就好像你在剝洋蔥，一層又一層，你剝掉一層，還有另外一層，剝掉它，另外一層還在。當然，當你剝洋蔥的時候，眼睛會流眼淚，它是痛苦的，當你開始揭去你本性的覆蓋，它會更痛苦，它不像脫衣服，它好像是剝掉你的皮。

但是如果你繼續剝，你會碰到這麼一天：當整個洋蔥都消失，只有空無被留在你的手中，那個空無就是來自彼岸至高無上的喜樂。

佛陀說：一個菩薩沒有思想覆蓋地住在，他在這裡，但他是「無人」(nobody)；他在這裡，但是他沒有念頭；他在這裡，但是他沒有思想。並非他不能夠使用思想……我繼續不斷地使用思想，我現在正在跟你講話，我必須使用頭腦和思想，但是它們不會覆蓋我，它們在旁邊，每當我需要的時候，我就使用它們；每當我不使用它們，它們就不在那裡，我內在的天空和外在的天空是一體的，甚至當我在使用它們，我知道它們無法隔開我，它們是工具性的，你可以使用它們，但是你不以任何方式被它們所覆蓋。

……沒有思想覆蓋地住在……

佛陀說有三種思想覆蓋，第一種就是不完整的行為，不完全的行為會覆蓋你的本性。每一個行為都想要被完成，在每一樣東西裡面都有一個內在的驅策力要去完成它自己，每當你讓某種不完整的行為懸在你的周圍，它就會覆蓋著你：業（karma）覆蓋著你。

第二種就是不純物的覆蓋，貪婪、恨、嫉妒，以及諸如此類的東西，它們就是不純物，它們會覆蓋著你。

你有沒有注意看過？一個生氣的人幾乎總是保持生氣，有時候比較不生氣，有時候比較生氣，但生氣還是一樣存在，他準備好要突擊任何事情，有任何藉口，他都準備好要暴發盛怒，他的內在在沸騰！嫉妒的人也是一樣：嫉妒的人繼續找尋要去發現他或她能夠嫉妒的東西，嫉妒的妻子查先生的口袋，看看她是否能夠找到什麼東西，查他的信或他的卷宗，看看她是否能夠找到什麼東西。

每當目拉·那斯魯丁回家，總是會有爭吵，不是吵這個就是吵那個，他的太太是如此的一個大搜尋家，她總是會找到某些東西，有某個電話號碼在他的日記裡，她就開始懷疑，有一根頭髮在他的外套，她就進行一項大調查——這根頭髮是從哪裡來的？

有一天，她找不到任何東西，連一根頭髮都沒有，當天目拉該做的全都做了，但是她仍然又哭又泣。

目拉說：「現在到底是怎麼樣？你在我的外套上甚至連一根頭髮都沒有找到……？」

她說：「那就是為什麼我哭泣的原因，現在你已經開始跟禿頭的女人在一起了！」

要找到一個禿頭的女人真的是非常困難，但那就是一個嫉妒的人的頭腦，這些就是覆蓋，佛陀將它們稱為不純物。自我主義者總是找尋某些東西來誇口，或是覺得受傷。占有的人總是在找尋，要去發現某些東西，好讓他能夠顯示他的占有，或是找到某些負向的東西，好讓他能夠為它爭鬥。

人們一直繼續……我不是在談論其他人，我是在談論你，你只要注意看你的頭腦，你一直在找尋什麼？注意看你的頭腦二十四個小時，你將會碰到所有這些覆蓋。

或是有一些沒有完成的行為，或是有一些不純物，或是第三種叫做知識的覆蓋——信念、意見或意識形態等等。它們不讓你去達到真知，它們不給你足夠的空間去看，這三種覆蓋必須被丟棄。

當這三種覆蓋都被丟棄，一個人就住在空無裡面，「住在」(dwelling)這個字也必須被加以了解。

佛陀說：他住在空無裡面。那是他的家，空無是他的家，他住在它裡面，那是一種居住，他喜愛它，他跟它完全保持和諧，那不是外來的，他在那裡並不覺得是一個局外人，不覺得是在租旅館，明天就必須離開。那是他居住的地方，當思想覆蓋被丟棄，空無就是你的家，你跟它完全和諧。

齊克果和沙特從來沒有在那裡過，他們只是在思索它，他們只是在思考它，思考它會如何，所以齊克果覺得顫抖，他只是思考……你思考……

只要思考看看：當你死的時候，情形會怎麼樣？你將被放在一個火葬的木堆上面，你將永遠結束，然後你將不能夠再看到這些美麗的樹、這些美麗的人，你將不會再笑、你將不會再愛、你將不會再看到星星。世界會繼續，而你將根本不會在這裡，你不會感到發抖嗎？你不會感到顫抖嗎？一切都將繼續——鳥兒會歌唱，太陽會升起，海洋會怒吼，老鷹會繼續飛得更高，花以及它們的芬芳會繼續存在，濕泥土的芬芳也會存在——一切都會存在，突然有一天你將會不存在，你的身體將會死。這個一直跟著你在生活的，你一直那麼照顧它的優美身體——它曾經生病，你就被擾亂，有一天它將會變得非常沒有用。那些曾經喜愛過它的人，同樣那些人將會把它帶到一個火葬的木堆上燃燒它，只要在想像中看它、思索它，你就會覺得顫抖。

齊克果一定思考過死亡，他一定是一個非常恐懼導向的人。有一個關於他的故事：說他是一個有錢人的兒子，他父親過世，留下足夠的錢給齊克果，所以他從來沒有工作過，他繼續沉思，他很容易付得起生活費，他無事可做，他在銀行裡有足夠的存款，他唯一的工作就是去銀行提款，然後他生活和冥想，冥想對他而言意味著沉思、深思和思考，那就是英文字冥想的意思，它並不是梵文dhyana（靜心）的正確翻譯。

當人們來到我這裡，我叫他們去冥想，他們說：「要冥想什麼？」冥想這個英文字意味著冥想某種東西或某個客體，而梵文的dhyana（靜心）意味著在它裡面，而不是冥想某種東西，它是一種狀態，而不是一個活動。

所以齊克果會沉思和思考，並且深思和哲學化。聽說他愛上一個漂亮的女人，但是無法決定要不要結婚，就是那個愛的現象在他裡面變成一個顫抖，他為那個問題沉思了三年，最後他決定不結婚，而他在戀愛著。終其一生，他都無法忘記那個女人；終其一生，他都為了那個女人而自己覺得很不幸，那個女人愛上他，他也愛上那個女人，但是他仍然決定不要結婚，為什麼呢？因為就是那個愛的概念在他裡面產生顫抖：愛是一種死，如果你真的愛一個人，你會死在他裡面，消失在他裡面。

當你做愛……我必須使用「做」這個字，它是不對的，但是沒有語言是真正對的，所以，記住，儘管有那麼多限制，我還是必須使用文字。「做愛」是一個錯誤的表達，它會發生，但是當它發生，當你跟某人處於一個愛的空間裡，恐懼會產生，因為你在消失，所以很多很多人，千千萬萬人沒有達到高潮，因為高潮是一種死亡。

齊克果愛得很深，所以他開始害怕，他可能會在這個女人裡面失去他自己，那個害怕太過分了，所以他放棄了那個念頭，他拒絕，他不要結婚，他一生都受苦，但是他甘願，原因就是因為他恐懼。他是一個恐懼導向的人。

他生活得非常好，什麼事都不做，只是哲學化。他死的那一天是一個很奇怪的趣聞。他死的那一天，他死在從銀行回家的途中。那是某個月的第一天，他從銀行回來，帶著他的錢，但這是最後的存款，而他死在路上。人們認為他是因為恐懼而死，因為銀行裡已經沒有錢了。他完全健康，沒有生病，沒有理由突然會死，但是從銀行回來……銀行經理說：「這是最後的，你的錢沒有了。」他甚至回不到家就死在路上了。

他無法經驗到佛陀所說的空無，他一定只有想過它，因此才會有恐懼。

沙特也沒有存在在那個被稱為靜心的空間裡，他不是一個靜心者，他是一個思想者，完全西方方式的，他不知道東方進到自己裡面的方式，因此自由在他看來好像是一種判罪，自由看起來好像是極度的痛苦。

真理剛好是它的相反：如果你進入自由、進入空無，會有至高無上的喜樂；如果你進入那個叫做愛的完全死亡，就會有三托歷（satori：短暫地瞥見神性）或三摩地（永恆地進入神性）。佛陀說：他住在那個空無裡面，那是他的家，它不是極度的痛苦，它不是顫抖，它不是一個判罪，他住在那裡，那是他的家。

他不會恐懼，他已經克服了會使人煩惱的東西，最後他達到了涅槃。

佛陀沒有說任何其他的東西，他說：「你進入這個空無的狀態，然後涅槃就是一個自然的結果。到了最後，它會自己來臨，你不需要擔心它。一開始你就無法對它做任何事，你只要進入這個空無，然後空無就會開始成長、再成長，而變得更寬廣、更寬廣。有一天它會變成你的整個存在，然後就有涅槃——你已經停止存在，你已經消失而進入宇宙了。」

有人問佛陀說：「當你走了，永遠不再具身，你將會怎麼樣？」

他說：「我將會消失而進入存在，如果你嘗到存在，你就會嘗到我。」

是的，那是真的：如果你嘗到存在，你將會嘗到所有的佛——克里希納、基督、佛陀、馬哈維亞、查拉圖斯特、老子、卡比爾、那那克——你將會嘗到所有的佛，你進入空無的那一天，你將會被所有的佛歡迎，整個存在都跟著佛性在脈動，因為有那麼多佛消失進入它裡面，他們提升了存在的水準。

你是幸運的，因為在你之前有那麼多佛進入存在，當你到了那裡，你不會不受歡迎的。

所有在三個時期裡面顯現出來的佛，因為他們依靠智慧的完美，所以完全清醒到極致的、正確的、和完美的成道。

唯一的避難所是智慧的完美或靜心的完美，過去如此，現在如此，將來也是如此。任何一個成佛的人都是透過靜心而成佛的。在靜心裡面避難，在空無裡面避難。

第8章 穎智之路

一九七七年十月十八日

問題 穎智能夠成為達到成道的門路嗎？或者成道只能夠透過臣服來達成？

成道總是要透過臣服，但臣服是透過穎智而達成的，只有白痴無法臣服，臣服需要有很大的過人之才智。了解臣服這個要點是洞見的頂點，了解你不是跟存在分開的這個要點是穎智所能給你的最高了解。

穎智和臣服之間沒有衝突，臣服是透過穎智，雖然當你臣服的時候，穎智也臣服了。穎智透過臣服而自殺，看到它本身的無用，看到它本身的荒謬，看到它所產生出來的極度痛苦，它就消失了，但它是透過智力而發生的，尤其關於佛陀，他的途徑是屬於智力的，「佛」這個字的意思就是開悟的穎智。

在《心經》裡面所使用的字有四分之一意味著穎智，佛這個字意味著開悟，菩提意味著正在開悟，三菩提(sambodhi)意味著完美的開悟，abhisambuddha意味著充分開悟，菩薩意味著準備去變成充分開悟，它們都具有同樣的字根budh，這個字根意味著穎智；buddhi——穎智，這個字也是來自同樣的字根，budh 這個字根有很多層面，在英文裡面找不到一個單一的字可以來翻譯它，它有很多含意，它是非常具有彈性而且詩意的，在所有其他的語言裡都沒有任何像 budh 這個字具有這麼多的意義，budh 這個字至少有五種意義。

第一種意義就是去喚醒，去把一個人叫醒，去喚醒別人，成為清醒的。就這個意義而言，它跟睡覺是相對的，跟睡在妄念裡是相對的，它好像是成道者把你從夢中喚醒，那就是智力或budh 這個字的第一個意義：在你裡面產生一個喚醒。

在一般情況下，人是睡覺的，即使當你認為你是清醒的，你也不是清醒的。在你的頭腦裡，在街上走路，你是完全清醒的，但是在佛陀看來，你是熟睡的，因為有一千零一個夢和思想在你裡面大聲叫喊。你內在的光被很多烏雲所遮蔽，那是一種睡覺，是的，你的眼睛很明顯是張開的，但是人們也能夠在夢中、在睡覺當中睜開眼睛走路。佛陀說：你也是在夢中睜開眼睛走路。

但是你內在的眼睛並沒有打開，你還不知道你是誰，你還沒有詳察你自己真實的存在，你不是清醒的，一個充滿思想的頭腦是不清醒的，它不可能是清醒的，只有一個放棄思想和思考的頭腦、一個驅散了在他周圍的雲的頭腦——陽光如燃燒般地明亮，天空完全沒有雲——才是一個聰明的頭腦、清醒的頭腦。

聰明是一種活在現在的能力，你越是活在過去或是活在未來，你就越不聰明。聰明就是活在此時此地、活在這個片刻，而不活在其他地方的能力，那麼你就是清醒的。

比方說，你坐在一個房子裡，房子突然失火，你的生命處於危險之中，然後你會有一個清醒的片刻，在那個片刻你不會想很多事，在那個片刻，你忘掉你的整個過去，在那個片刻，你不會被你的心理記憶所喧鬧，那個心理記憶可能是：你三十年前愛過一個女人，哇噻，那真是太棒了！或者是：前幾天你到過一家中國餐館，那個味道仍然逗留不去，那個芳香，以及那個新鮮麵包的氣味仍然逗留不去。你將不會停留在那些思想裡，不，當你的房子失火，你沒有空去想到那些，你會突然衝回「這個」片刻。房子失火了，而你的生命攸關，在這個時候你不會夢想未來，你不會夢想你明天要做什麼，明天已經不再相關了，昨天也已經不再相關了，甚至今天也不再相關了！只有這個片刻、這個瞬間，這就是意 budh 的第一個意義——智力。

然後就會有偉大的洞見。一個想要真正清醒的人、想要真正成佛的人，必須每一個片刻都過得非常強烈，就好像只有在非常稀有的情況下，在某種危險之中，你才會這樣去過活一樣。

第一個意義是跟睡覺相反的，當然，唯有當你不睡覺的時候，你才能夠看到真實的存在，唯有當你是清醒的，你才能夠面對它，你才能夠深入去看真理的眼睛，你也可以把真理稱作神。你有沒有了解到「強烈」這個要點，了解到「失火」這個要點？那是完全地清醒，而有一個洞見，那個洞見會帶來自由，那個洞見會帶來真理。

budh 這個字的第二個意義就是去認識——變成覺知、和……熟識、注意、留心。所以，佛是一個把假的認成假，把真的看成真的人。把假的看成假是去了解真理是什麼的開始，唯有當你把假的看成假的，你才能夠看到真理是什麼。如果你想要知道真理，你無法繼續活在幻象裡，你無法繼續活在你的信念裡，你無法繼續活在你的偏見裡，假的必須被認成假的。

這就是 budh 的第二個意義——把假的認成假的，把不真實的看成不真實的。

比方說，你相信神，你生下來是一個基督徒、一個印度教教徒，或是一個回教徒，人們教你說神存在，你被弄成害怕神，如果你不相信，你就會受苦，你會受到懲罰，神是非常兇猛的，神將永遠不會原諒你。猶太教的神說：「我是一個非常嫉妒的神，只要崇拜我，不要崇拜其他任何人！」回教的神也說同樣的事情：「只有一個神，沒有其他的神，只有一個神的先知——穆罕默德，沒有其他的先知。」

這個制約會深入你裡面，即使你開始不相信神，它也會繼續徘徊不去。

就在前幾天，目拉．那斯魯丁在這裡，我問他：「目拉．那斯魯丁，既然你已經轉變成一個共產主義者，你已經變成一個同志，那麼，神怎麼辦？」

他說：「沒有神！穆罕默德是唯一的先知。」

制約可以進得很深：穆罕默德仍然是先知。

你被教養成去相信神，而且你已經相信了，這是一種信念，神存在與否跟你的信念無關，真理跟你的信念無關！你是否相信，對真理沒有什麼影響，但是如果你相信神，你會繼續看到神，至少你會想，你看到神，如果你不相信神，那個不相信會阻止你去知道，所有的信念都會阻礙你，因為它們會變成偏見，圍繞在你周圍，變成思想覆蓋，那就是佛陀所說的障。

聰明的人不相信任何事情，也不「不相信」任何事情，聰明的人只是敞開心靈去認識任何實際的情形。如果神在那裡，他會認出來，但不是根據他的信念，他沒有信念。唯有在一個沒有信念的聰明才智裡，真理才能夠顯現，當你已經相信，你就不讓真理有任何空間可以來到你身上，你的偏見被擁上最高位，已經被擁上最高位，所以你無法看到某種跟你的信念相違背的東西，你會變得害怕、你會變得動搖、你會開始顫抖，因為你已經放了那麼多在你的信念裡——那麼多生命、那麼多時間、那麼多祈禱，每天五個祈禱。一個獻身於他的信念有五十年的人現在突然間他怎麼能夠認出沒有神這個事實？一個人投下了他的整個生命在共產主義，相信沒有神，那麼，如果神存在的話，他怎麼看得到？他將會繼續避開。

我不是在談論任何神存在與否的事，我所說的是某種跟你有關，而不是跟神有關的事。一個不執著於任何信念的頭腦、清楚的頭腦，和聰明才智是需要的，那麼你就像是一面鏡子：你照實反應，你不會歪曲，那就是開budh的第二個意義。

一個聰明的人既不是一個共產主義者，也不是一個天主教徒；一個聰明的人不相信，也不「不相信」，那不是他的方式，他洞察人生，任何存在的東西他都準備去看它，他的視界沒有障礙，他的視界是透明的，只有這些少數人達到真理。

budh——穎智——字根的第三個意義是：去知道、去了解。佛陀知道事情真實的情況，他了解事情真實的情況，那個了解就是免於所有的枷鎖。去知道是指去了解的意思，而不是指很多知識。佛陀不是博學多聞的，一個聰明的人對於消息和知識並不很關心，一個聰明的人更加關心去知道的能力，他真正的興趣在於知道（knowing），而不是在於知識（knowledge）。

知道給予你了解，知識只是給你一個了解的感覺，卻沒有給你真正的了解；知識是一個假的錢幣，它是欺騙的，它只是給你一個你知道的感覺，其實你根本不知道，你要多少知識就可以累積多少知識，你可以繼續累積，你可以變得非常非常博學多聞，你可以寫書，你可以拿到學位，你可以擁有哲學博士或文學博士的學位，但是你仍然是無知而且愚蠢的。那些學位並沒有改變你，它們無法改變你，事實上，你的愚蠢變得更嚴重……它現在已經有學位了！它可以透過學歷證件來證明它自己，它無法透過人生來證明，但是它可以透過學歷證件來證明，它無法以任何其他方式來證明，但是它會帶有學位、學歷證件，以及社會的承認，人們認為你知道，你也認為你知道。

你沒有看到這一點嗎？那些認為他們非常博學多聞的人，他們跟任何人一樣無知，有時候還更無知。在學術界很難找到聰明的人，我曾經在學術界待過，我這樣說是透過我的經驗。我看過聰明的農夫，但是我沒有看過聰明的教授；我看過聰明的砍柴者，但是我沒有看過聰明的教授，為什麼？這些人到底什麼地方錯了？

有一件事錯了：他們可以依靠知識。他們不需要成為知者(knowers)，他們可以依靠知識，他們找到了一個二手的方式。第一手需要勇氣，第一手、知道(knowing)，只有很少數的人有能力做到，只有冒險家，只有那些走出群眾所走的正常路線的人，只有那些走小路進入那不可知的叢林的人有能力做到。危險在於他們可能會走丟了，危險性是很高的。

當你可以得到二手的知識，為什麼要去麻煩？你可以只坐在你的椅子上，你可以上圖書館或是上大學，你可以蒐集資料，你可以建立一個很大的資料堆，然後坐在它上面，透過知識，你的記憶會變得越來越大，但是你的聰明並沒有變得越大，有時候會發生這樣的事情：當你沒有懂得很多，當你不是非常博學多聞，在某些時候你必須要聰明。

我聽說……

一個女人買了一個水果罐頭，但是她打不開那個罐頭，她不知道如何打開它，所以她跑到書房去查烹飪的書，等到她查好了書，找出在哪一頁，以及它的參考資料，然後很快地跑回來，準備打開那個罐頭，她的僕人已經將它打開了。

她問：「你是怎麼打開的？」

那個僕人回答說：「夫人，當你無法閱讀的時候，你就必須用你的腦筋。」

是的，事情就是這樣在發生的，所以農夫、園丁或砍柴者更聰明，在他們的周圍有一種新鮮，他們無法閱讀，所以他們必須用他們的腦筋。一個人必須生活，所以他必須用他的腦筋。

budh 的第三個意義就是去知道、去了解。

佛陀看到事情真實的情況，他了解事實，那個了解就是免於所有的枷鎖。枷鎖意味著什麼？它意味著你是害怕的。

比方說：這些《心經》的談話使很多人感到害怕，有很多人告訴我：「奧修，不要再講了！你使我們害怕空無和死亡。」普拉吉特非常害怕，維達亞非常害怕，還有其他很多人也是，為什麼？你不想摒除恐懼嗎？如果你想要摒除恐懼，你就必須了解恐懼，而你卻想去避開恐懼存在、害怕死亡存在這個事實。

普拉吉特在表面上看起來是一個強壯的人——一個羅福按摩者——但是在內心深處，他非常害怕死亡，他是這裡最害怕的一位，或許那就是為什麼他在表面上採取力量、權力和土霸王的姿態，羅福按摩者就是如此！

我聽說最近地獄裡面的魔鬼在任用羅福按摩者：他們為了他們自己的緣故而折磨人，他們很有技巧地折磨。

如果你心裡害怕，你將必須在你的周圍創造出某些堅強的東西，就好像是一個硬殼，這樣才沒有人會知道你在害怕，不僅如此，由於有了那個硬殼，你自己也將不知道你在害怕，它將會保護你，使別人無法探知，它也將會保護你，使你自己無法了解。

一個聰明的人不會從任何事實逃開，如果那是恐懼，他會進入它，因為要經過它，才能夠免於它，如果他覺得恐懼和顫抖在他裡面升起，他會將所有的東西都擺在一旁：第一件事就是必須去經歷這個恐懼。他會進入它，他會試著去了解，他不會去嘗試要如何才不會害怕，他不會問那個問題，他只會問一個問題：「這個恐懼是什麼？它在哪裡？它是我的一部分，它是我真實的存在，我必須進入它，我必須了解它，如果我不了解它，那麼我將一直不知道某一部分的我，如果我繼續避開我的某些部分，我怎麼會知道我是誰？如果我繼續避開我的某些部分，我將不會了解恐懼，我將不會了解死亡，我將不會了解憤怒，我將不會了解我的恨，我將不會了解我的嫉妒，我將不會了解這個和那個……」那麼，你怎麼去了解你自己，所有這些東西都是「你」！這是你自己，你必須進入每一樣存在的東西，鉅細靡遺，你必須探索恐懼，即使你在顫抖也不必擔心，雖然顫抖，但還是要進去，顫抖也遠比逃開來得好，因為一旦你逃開，你將一直不知道那一部分，而你將變得越來越害怕去看它，因為那個害怕會繼續累積，如果你不馬上在這個片刻就進入它，它會變得越來越大，到了明天，它就已經再多活了二十四個小時。小心！它會在你裡面生出更多的根，它會有更多的枝葉，它會變得更強壯，然後它就會更難應付，最好馬上就去，現在已經晚了。

如果你進入它、看它……「看」意味著沒有偏見，「看」意味著你沒有一開始就把恐懼譴責成壞的，誰知道？它不是壞的。誰知道它是壞的？探尋者必須對所有的可能性都保持敞開，他不能有一個封閉的頭腦，封閉的頭腦和探尋是不能配合在一起的。他會進入恐懼，如果它帶來苦難和痛苦，他會去受那個苦，他會進入它，雖然顫抖和躊躇，但是他會進入它：「它是我的領域，我必須知道它是什麼，或許它會為我帶來某些財寶也說不定？或許那個恐懼只是在那裡保護那些財寶。」

那就是我的經驗，那就是我的了解：如果你深入你的恐懼，你將會找到愛。所以當你在愛的時候，恐懼會消失，而當你在害怕的時候，你無法愛，這意味著什麼？一個簡單的算術——恐懼和愛無法並存，它意味著那個變成恐懼的一定是相同的能量，當它變成恐懼，那麼就沒有什麼東西可以留下來變成愛；當它變成愛，那麼就沒有什麼東西可以留下來變成恐懼。

進入恐懼，普拉吉特、維達亞，以及其他覺得害怕的人，進入它，你將會發現一個很大的寶藏，隱藏在恐懼背後的是愛，隱藏在憤怒背後的是慈悲，隱藏在性背後的是三摩地。

進入每一個負向的東西，你將會發現那正向的！知道那負向的和那正向的之後，第三種、最終的那一種、超越的那一種就會發生，那就是了解、budh或穎智的意思。

第四個意義就是「成為被點亮的」和「使明亮」。佛陀是光，他已經成為光，既然他是光，而且他已經成為光，他也把光自然而且明顯地顯示給別人，它是照明。他的黑暗已經消失，他內在的火焰如燃燒般明亮，他的火焰沒有煙，這個意義和黑暗，以及與黑暗對等的瞎眼和無知是相反的，這就是第四個意義：變成光、變成被點亮的(成道)。

平常你是一個黑暗、一個黑暗的大陸，沒有被探究過的。人有一點奇怪：他不斷地探究喜馬拉雅山，不斷地探究太平洋，不斷地要登上月球和火星，只有一樣東西他從來沒有嘗試過：探究他內在的本性。人類已經登陸月球，但是人類尚未在他自己的本性裡面登陸，這是很奇怪的。或許登陸月球只是一種逃避，攀登埃弗勒斯峰只是一種逃避，或許他並不想向內走，因為他非常害怕，他用某種其他的探究來作為代替，使自己感覺比較好，否則你一定會覺得非常非常有罪惡感。你開始登上一座山，你就覺得很好，但是最偉大的山在你裡面，而它還沒有被攀登過。你開始去潛水，潛入太平洋的深處，但是最大的太平洋在你裡面，它是沒有航海圖的，沒有地圖的。還有，你開始去登陸月球！多麼愚蠢！你將你的能量浪費在登陸月球，但真正的月球是在你裡面，因為真正的光是在你裡面，聰明的人會先向內走，在走到其他任何地方之前，他會先進入他自己的本性，那是第一件事，應該給予第一優先。唯有當你已經知道你自己，你才能夠走到其他任何地方，那麼不管你走到哪裡，你都會帶著一種至高無上的喜樂、一種安和、一種寧靜，或一種慶祝在你的周圍。

所以第四個意義就是成為被點亮的(成道)。

穎智是一個火花，這個火花如果受到幫助，而且得到合作，它就能夠變成火、光和溫暖。它可以變成光，它可以變成生命，它可以變成愛：那些都包括在「被點亮(成道)」(enlightenment)這個字裡面。一個成道的人在他的本性裡沒有黑暗的角落，一切都像早晨，陽光在地平線上，晚上的黑暗和陰沉都消失了，晚上的陰影也消失了，大地再度甦醒。成為一個佛就是達到在你裡面的一個早晨、一個黎明。

這是穎智的功能，最終的功能。

budh的第五個意義就是去量深淺。你裡面有一個深度，一個無底的深度，它必須被測量，或者第五個意義也可以是去穿透。拋棄所有阻礙的東西，而穿透到你本性的核心，你本性的心臟，所以這部經叫做《心經》——「心的完美智慧經」——去穿透。

在生活當中，人們試著去穿透很多東西。你對性的驅策力、你對性很大的欲望只不過是一種穿透，但那是穿透進入別人，同樣的穿透必須發生在進入你自己的本性：你必須穿透你自己，如果你穿透其他某人，它可以給你短暫的一瞥，但是如果你穿透你自己，你可以達到宇宙性的、無邊的高潮，那個高潮會一直持續下去，永無休止。

一個男人跟一個外在的女人會合，一個女人跟一個外在的男人會合：這是一個非常膚淺的會合，然而是有意義的，它會帶給你幾個片刻的歡愉。當內在的女人跟內在的男人會合……你裡面帶有兩者：你的一部分是陰性的，另外一部分是陽性的，不論你是男人或是女人都沒有關係，每一個人都是雙性的。

budh字根的第五個意義意味著穿透，當你內在的男人穿透你內在的女人，就會有一個會合，你變成完整的，你變成一體，然後一切對外的欲望就都消失了，在那個無慾裡就是自由、就是涅槃。

佛陀的途徑就是 budh 的途徑，記住，佛並不是佛陀的名字，佛是他所達到的狀態，他的名字叫喬達摩·悉達多（Gautam Siddhartha），然後有一天他成佛，有一天他的菩提、他的穎智開花。「佛」的意思跟「基督」的意思完全一樣，耶穌的名字不是基督，那是發生在他身上最終的開花，佛的情形也是如此，除了喬達摩·悉達多之外還有很多佛。

每一個人都有才智的能力，但是才智——那個去看的能力，就好像是一個種子在你裡面，如果它發芽，變成一棵大樹，開花，開始在天空中跳舞，向星星低語，你就是一個佛。佛的路是智力之路，它不是一條感情的路，不，根本不是。並不是說用感情的人無法到達，他們有其他的路，比方說奉獻的路：巴克提瑜伽（Bhakti Yoga）。佛陀的路是純粹的吉安瑜伽（Gyan Yoga），是知（knowing）的路，佛陀的路是靜心的路，而不是愛的路。

就好像 budh 一樣，有另外一個字根：gya 是 gyanam 的字根，gyanam 意味著認知、知道。般若的意思是智慧，而般若波羅密多的意思是彼岸的智慧；或者是 sangya，它的意思是知覺、敏感；或者是 vigyanam，它的意思是意識，這些字的字根都是 gya，gya 的意思就是去知道。

你會發現這些字在這部經裡面被重複很多次，不僅是在這部經裡面，而且是在所有佛陀的經典裡面，你會發現還有一些字經常被重複，那些字就是 ved，ved 的意思就是去知道，從 ved 產生印度字 veda；或是 man，它的意思就是頭腦，manan 的意思就是正在用頭腦；或是 chit，它的意思就是意識，chaitanya 的意思也是意識，這些字幾乎就像是佛路的鋪石，佛的路是穎智之路。

還有一件事要記住：其實，這部經所指的是某些遠超出智力的東西，但是要達到那裡的路是要循著智力而走的，它帶領你多遠，你就要跟多遠。

智力必須被使用，而不是被丟棄，必須被超越，而不是被丟棄。唯有當你達到了梯子的最高階，它才能夠被超越。你的智力必須繼續成長，然後有一個片刻會來臨，當智力已經做了一切它所能夠做的，就在那個片刻，向智力告別，它已經幫助你一段很長的路，它已經帶你走夠長的路了，它曾經是一個很好的工具，它曾經是你用來渡河的小船，而你已經到達了對岸，那麼你就把船留下來，你就不必再把船扛在你的頭上，那是很愚蠢的。

佛陀的路經過智力，但是它超越智力，有一個片刻會來臨，當智力給了你一切它所能夠給予的，那麼它就不再需要了，最後你必須將它也丟棄，那麼工作就完成了，病已經沒有了，所以藥物也必須丟掉。當你免於疾病，你同時也免於藥物，唯有如此，你才是自由的，有時候當疾病沒有了，而你變成沉迷於藥物，這不是自由。

有一根刺刺進你的腳，然後開始作痛，你藉著另外一根刺把它挑出來，當你已經將它挑出來，你就將兩者都丟掉！你不會保留幫助你的那一根，因為現在已經沒有意義了。智力的工作就是幫助你變成覺知到你的本性，一旦那個工作完成了，而你的本性已經在那裡，這個工具就不再需要了，你可以向它說再見，你可以向它說謝謝。

佛陀的路是智力之路，純粹智力的，雖然它超越智力。

問題　一個人必須經歷過地獄，這是真的嗎？

你不需要經歷地獄，因為你已經在地獄，還有其他地方可以找到地獄嗎？地獄正是你平常的狀態，不要以為地獄是在深入地球之下的某個地方，地獄就是你，沒有覺知的你就是地獄，不聽明地運作的你就是地獄，因為有那麼多人都在不聽明地運作，所以世界總是處於極度的痛苦之中。有那麼多神經病的人在地球上，除非你已經成道，否則多多少少你還是神經病的，有那麼多具有破壞性的人，因為創造力唯有當你的智力開悟之後才可能，創造力是智力的一個功能，愚蠢的人只能是破壞的，事情就是這樣在持續著：人們繼續為更多更多的破壞做準備，你們的科學家就是這樣在做，你們的政客就是這樣在做。

我聽過一個優美的故事：

在第二次世界大戰之後，神感到非常困惑，祂無法相信祂自己的眼睛，看到廣島和長崎，祂無法相信祂創造出這種人，祂開始重新思考，是否祂犯了什麼錯誤？祂應該創造到動物就停止，祂不應該創造出亞當和夏娃，因為人變得那麼具有破壞性。

為了給予最後一個機會，祂從世界召來三個代表，一個俄國人，一個美國人，一個英國人。在第二次世界大戰之後，他們是強人。祂問俄國人：「你們為什麼繼續在準備更多更多的破壞？如果你們需要什麼東西，只要告訴我，我會馬上去履行它，但是不要再破壞。」

那個俄國人看起來對神很傲慢，他說：「聽著，首先，我們不相信你存在！我們有我們自己的三位一體——馬克思、列寧和史達林」——一個非常不神聖的三位一體，但這是共產主義者所崇拜的三位一體。「我們相信他們，我們不相信你，但是如果你要我們相信你，你必須給我們一個證明。」

「要什麼樣的證明？」神問道。

那個俄國人說：「你毀滅美國，你完全毀滅它！叫做美國的這個病不能留下一絲痕跡，然後我們將崇拜你，我們的教會將開始再禱告，我們的廟宇將會開放，我們將會為你做新的神龕。」

神非常震驚……那個要毀滅整個美國的概念令人震驚！

看到祂不吭聲，那個俄國人說：「如果你做不到，不必擔心，反正我們將會去做，由我們來做，時間可能會長一些，但是我們將會去做它！你不需要看起來那麼悲傷，如果你做不到，就儘管說好了。」

神望著那個美國人說：「你的欲望是什麼？你想要什麼？」

他說：「不多，一個非常簡單的欲望——在地圖上不應該有俄羅斯這個地方，我們不想在地圖上看到蘇俄，我們的欲望不多，只要把它搬走……一切就都沒有問題了，就是這個蘇俄令人頭痛，它非常令人頭痛，它把我們逼瘋了。為了要將它移去，我們什麼事都可以做，如果你什麼都不做，有了你的祝福，我們將會去做它！」

現在神變得更迷惑，而且混亂，蘇俄的代表那麼說是可以的，因為他們不相信神，這難怪他們，但是美國？美國相信神，所以，似乎在信神的人和不信神的人之間，在資本主義者和共產主義者之間，在獨裁和民主之間沒有什麼差別，沒有主要的差別，他們的欲望是一樣的，祂在想，那個英國代表可能會更有人性，更有理解性，至少他一定會有紳士風度……他以前是如此！

神問他：「你的欲望是什麼？你想要什麼？」

那個英國人說：「我們沒有任何欲望，你同時滿足他們兩個人的欲望，我們的欲望就被滿足了！」

多少年代以來，人就是這樣在存在著：他們不自己好好去享受生活，卻反而更有興趣於破壞，更有興趣於摧毀別人。人似乎都執著於死亡，不論人活動到哪裡，他都帶來死亡和破壞。

這個神經病的社會之所以存在是因為個人是神經病的，這個世界之所以醜陋是因為你們是醜陋的！你們將你們的醜陋貢獻給這個世界，每一個人都不斷地把醜陋和神經病放在一起，然後這個世界就變得越來越像地獄，你不需要去其他任何地方，這裡就是唯一存在的地獄。

但是你可以從這個地獄走出來，藉著了解你的頭腦如何在幫著創造出這個地獄，你就可以撤退。一個人從創造這個地獄撤回他自己、不合作、叛逆，這樣就會變成一個把天堂帶到地獄的偉大泉源，變成一個讓天堂來到的通道。

你不需要到地獄去，你已經在那裡，現在你需要上天堂。

事實上，當我說你需要上天堂，我真正的意思是天堂需要來到你身上，你要對天堂敞開。讓你一切破壞性的能量都提供給創造力，讓你的黑暗變成光，讓你的覺知變成靜心的（即每一片刻都持續地覺知），那麼你將會變成到達神的一個門，那麼神就可以透過你而再度來到這個世界。

那就是基督教所說的：耶穌是由童貞的女人瑪麗所生——這個寓言的意義。這是一個寓言——有意義的——它裡面有很大的意義。但是愚蠢的人試著去說，她肉體上真的是一個處女，那是毫無意義的。但是就靈性方面而言，她是童貞的，她是純潔的，完全純潔的，她是在地球上的天堂，唯有如此，耶穌才能夠透過她而進入這個世界，唯有如此，神才能夠將祂的手伸入這個世界。

你變成一個工具：讓神透過你來玩一些樂器——一支七絃琴，或一支琵琶。讓神透過你來奏一首歌，你變成祂的笛子，一支中空的竹子，那就是我這些日子以來一直在告訴你們的：如果你變成一個空無，你將是一支中空的竹子，你可以變成一支笛子，然後神的歌就可以降臨到地球上，它非常需要。在這個瘋狂的世界裡，即使透過你只能帶來一點點健康……它也是非常需要，迫切地需要。

問題

奧修，前幾天你說，如果你是一個計程車司機，沒有人能夠認出你，我不同意，至少有一個我會認出你。

這位女士，我不相信你。

你對你自己還知道得不夠。我感激你對我的愛，但是我不能說你一定能夠認出我。

我要告訴你一個真實的故事。

我以前待在印度某一個城市裡的一個家庭，待了很多年，那是一個非常富有的家庭，百萬富翁，他對我非常尊敬，他是一個追隨者，當我以前去到他的城鎮，他一定會向我行盡可能多次的頂禮，每天至少四、五次。

七、八年之後，他要來傑波普我住的地方拜訪我，他終於來了，為了要迷惑他、混亂他，所以我去車站接他，他沒有料想到我會去車站接他。

他以前都拜在我的腳前，那一天他也碰了我的腳，向我頂禮，但是不大熱心，因為有一個很大的自我在他裡面升起：我去接他。以前有七年的時間，他都來接我，因為我每年至少去拜訪他三、四次。這一次的情形是他所沒有想到的，他想可能會有一個人去接他來我這裡，但是我親自去接他？這是他連做夢都沒有想過的，他的內在一定爭辯過：「我是一個重要人物、一個百萬富翁。」那一天他也向我行了頂禮，但是非常不熱心，你怎麼能夠帶著很大的尊敬去面對一個到車站來接你的人？

我們離開車站，當他看到我要開車接他到我家，他所有的尊敬都消失了，然後他就開始像一個朋友一樣地說話，變成像一個很熟的家人一樣，三天之後，當他離開的時候——我去道別、去送行——他沒有向我頂禮。

我跟他們生活在一起的那個家庭裡面的人都知道我在跟他玩一個把戲，而那個可憐的傢伙卻被它給玩弄了。當火車開走的時候，他們都笑了，我說：「你們等著瞧，下一次他來的時候，他會期待我向他頂禮，而如果他硬要我向他頂禮，那也是不足為奇的。」

事情就是這樣在進行，頭腦的運作就是如此。在那次實驗當中，我失去了我的百萬富翁追隨者之一，以那樣的方式，我已經失去過很多追隨者，但我還是繼續在實驗。

問題　為什麼臣服於一個男人對我來說是那麼困難？

那麼就不要臣服，為什麼要不必要地為你自己製造麻煩？一開始是誰告訴你要臣服於一個男人？不要臣服，為什麼要開始將不必要的麻煩加在你的頭腦？如果你覺得不想臣服，就不要臣服。

就在前幾天，有一個女人寫了一封信問我說：「我來到這裡，但是我覺得這個地方不適合我，我應該怎麼做？」

走開！快走！為什麼要自找麻煩？

她同時問：「我應該聽我的心，還是應該信任你？」

聽你的心，小姐，盡可能快地走開，你怎麼能夠違背你的心來信任我？是誰在信任我？是心在信任！如果心是反對的，那麼要由誰來信任我？為什麼要在你自己裡面創造出這樣的一個區分？你會變成神經分裂，你的一部分試著要去臣服和勉強你自己，而另外一部分卻想要走。要不然你就完全在這裡，要不然你就走，如果你無法臣服，就不要臣服，沒有人有興趣於你的臣服。

臣服是做不出來的，你無法強迫它，當它來臨的時候，它就來臨，如果你無法臣服於一個男人，那意味著你無法愛一個男人，出自愛的話，臣服就會自然來臨，如果沒有愛，臣服是無法被操作的，忘掉它！

也許那個發問的人是一個女同性戀者：非常好，那麼就臣服於一個女人！至少臣服於某一個你能夠臣服的人，也許透過那個臣服，你也會學到如何臣服於一個男人，一個人就是這樣在學習的。

當每一個小孩被生下來的時候，他都是自戀的：他只愛他自己，他無法愛其他任何人，然後小孩子變成同性戀的：他愛某一個像他一樣的人，他無法愛異性，然後他繼續成長，他變成異性戀的：現在他可以愛「那相反的」，那就是耶穌所說的：「愛你的敵人」——敵人意味著「女人」，敵人意謂著「那相反的」，那是愛裡面最高的，然後有一個片刻會來臨，性消失了，那個人就變成無性的，但那是最高點，而它唯有透過這些階段才能夠達成。也許那個發問者停留在同性戀的某一個階段，這並沒有什麼不對。

不論你在哪裡，不論你在哪一個階段，要去愛、要臣服，另一個階段會從那個階段產生出來，會自己成長，不要強迫它。

我不是要使你產生罪惡感，我不是要你在你的本質裡面製造出任何裂縫，我完全贊成放鬆，因為唯有透過放鬆，你才能夠知道你是誰，所以，任何容易的，你就進入它。不要成為一個被虐狂，不要為你自己製造麻煩，以一種放鬆而快樂的方式去進行。任何現在對你來講是容易的，你就繼續做它，透過它，某種更好的事將會發生，但是唯有透過它才可能，你無法突然從它跳出來。

問題　如果人最終的命運是要超越這個物質世界，那麼要這個物質世界幹什麼？

那就是重點：否則你要怎麼超越？為了超越，這個世界是需要的；為了超越，這個悲慘是需要的；為了超越，這個黑暗是需要的；為了超越，這個自我是需要的。因為唯有當你超越，才會有快樂和祝福。

我了解你的問題，這是一個很古老的問題，已經一而再，再而三地被問過，因為它使頭腦感到困惑。如果神創造了這個世界，那麼，為什麼祂要在它裡面創造出悲慘？祂本來可以把至高無上的喜樂當成一項禮物給你，祂為什麼要創造出無知？祂難道沒有足夠的能力在一開始就創造出成道的人嗎？

祂有足夠的能力，而那就是祂正在做的，但是即使神也沒有足夠的力量可以使不可能的事發生，只有可能的才是可能的。唯有當你能夠生病，你才能夠知道健康是什麼，否則你無法知道它；唯有當你知道黑暗是什麼，你才能夠知道光；唯有當你知道緊張是什麼，你才能夠知道放鬆；唯有當你知道枷鎖是什麼，你才能夠知道自由，它們是配對進行的。即使神也沒有足夠的力量可以給你單純的自由，枷鎖和自由是在同一組東西裡面，你必須經歷過枷鎖才能夠嘗到自由。

它就好像，如果你不餓，你無法享受食物，你在問的是：「為什麼我們不能沒有飢餓也可以繼續吃？」飢餓產生痛苦，飢餓產生需要，然後你吃東西就會有快樂，沒有飢餓就沒有快樂。你可以問那些非常非常富有，而已經喪失了他們的飢餓的人，他們並不享受他們的食物，他們無法享受。就是那個強烈的飢餓帶來快樂，所以一旦你吃了東西，有六、七、八個小時，你必須不吃東西，然後你才能夠再度享受食物。

存在是正反兩極交互運作的：黑暗——光明；生——死；夏季——冬季；年輕——年老，它們都是在一起的。

你問：如果人的最終命運是要超越這個物質世界，那麼要這個物質世界幹什麼？那正好就是要點，這個世界就是創造出來讓你去超越的，否則你將永遠不知道超越是什麼？你會一直保持很喜樂，但是你將不知道喜樂是什麼；保持喜樂，而不知道喜樂是什麼，那是不值得的。

唯有透過相反的東西，才可能知道，所以……

問題　我為什麼要當門徒？

因為或許明天你就不存在了，明天早上，你可能就不存在了，門徒只不過是一個洞見：

把這個片刻生活得很盡致、很全然、很完全。

門徒只是意味著你將不再延緩生活，門徒只是意味著你將不再生活在夢裡，你將抓住這個片刻，然後立刻將它全部的汁液榨出來，門徒就是如此：它是一個強烈生活的方式、敏感生活的方式。

記住，生命是非常偶然的，一個人從來不知道它會怎麼樣。

請聽這個故事：

有一天一個推銷員不期然地回到家，當他進門的時候，他所說的第一句話是：「他在哪裡？我知道他在這裡！我可以在我的骨頭裡感覺到它！」

那個時候他的太太正在洗盤子，她說：「你在找誰？」

那個推銷員說：「別裝傻！你知道我在找誰，我會找到他！」

他察看了衣櫃、床底下和頂樓，他從二樓公寓的窗戶往外一瞥，剛好看到一個淡色頭髮的年輕男人進入一輛紅色有頂篷的轎車。

「他在那裡！」他說著，然後抓了冰箱就滾到窗戶旁邊，將它推出窗外，他將車子裡面的那個人壓扁了，而自己也死於心臟病。

聖彼得問：「年輕人，你是怎麼了？」

年輕人答：「我被一個冰箱壓死了。」

聖彼得問：「那麼你呢？」

推銷員答：「當把一個冰箱推出窗外的時候，我死於心臟病。」

聖彼得問第三個男人：「你死於什麼？」

第三個男人說：「嗯……我蹲在這個冰箱裡面，在想我自己的事，然後……」

生命是非常偶然的，一個人從來不知道冰箱會從哪裡來，或許有人蹲在它裡面，在想他自己的事……

所以我說：成為一個門徒。這是唯一去生活的片刻，沒有其他的片刻。

第9章 經歷過、經歷過、經歷過而超越！

一九七七年十月十九日

《心經》今譯文：

所以一個人應該知道彼岸的智慧，將它視為偉大的符咒，偉大知識的符咒，至高無上的符咒，無與倫比的符咒，是所有痛苦的緩和劑。在真理之中——因為還有什麼東西會弄錯嗎？這個符咒是藉著彼岸的智慧所講出來的。它就像這樣在進行：經歷過、經歷過、經歷過而超越、完全經歷過而超越，喔！好一個醒悟，一切萬歲！這就是完美智慧的核心之全部。

對照的《心經》古譯文：

故知般若波羅密多，是大神咒，是大明咒，是無上咒，是無等等咒。能除一切苦，真實不虛，故說般若波羅密多咒，即說咒曰：揭諦揭諦，波羅揭諦，波羅僧揭諦，菩提薩婆訶。

查爾丁（Teilhard De Chardin）將人類的進化分成四個階段，第一個階段他叫做地球圈；第二個階段：生物圈；第三個階段：新圈；第四個階段：基督圈。這四個階段非常有意義，必須加以了解，了解它們將有助於你去了解《心經》的最高點。

地球圈：那是一個意識完全睡覺的狀態，是物質的狀態。物質是睡覺的意識，它並非意識的相反，物質是一種睡覺的意識狀態，還沒有醒過來。一塊石頭是一個睡覺的佛，總有一天那塊石頭會變成佛，它或許要花好幾百萬年的時間——那是無關緊要的，只是時間的差別。在永恆裡面，時間並不很重要，所以在東方，我們用石頭來做雕像，那是非常具有象徵意義的：石頭和佛陀透過石頭的雕像連結起來。石頭是最低的，而佛是最高的。石頭雕像說，即使在石頭裡也隱藏著一個佛；石頭雕像說，佛只不過是石頭達到了顯示，石頭表現了它的整個潛力。

這是第一階段：地球圈。它是物質，它是無意義，它是睡覺，它是生命的前身，在這種狀態裡沒有自由，因為自由是透過意識而進入的，在這種狀態裡只有因果關係，法則是絕對的，甚至連一個意外都不可能，它們不知道自由，自由只能以一個意識的影子而進入，你變得越有意識，你就越自由，因此佛陀被稱為慕克塔（mukta）——完全自由。

石頭完全存在於枷鎖裡，它在每一處、每一方面，以及所有層面都被束縛。石頭是被監禁的靈魂，佛是飛行中的靈魂，已經不再有任何鎖鏈、任何枷鎖，或任何監禁，沒有牆壁包圍佛陀，他個人的存在沒有疆界，他個人的存在就跟整體的存在一樣巨大，他跟整體合而為一。

在地球圈的世界裡，因果律是唯一的法則、唯一的道，科學仍然被局限在地球圈，因為它仍然一直以因果關係來思考。現代的科學是一個非常未被發展的科學，非常原始，因為它無法想像任何超出物質的東西。它的觀念非常狹窄，因此它創造出來的不幸比它所能夠解決的更多。它的視野是那麼有限、那麼渺小，以至於它無法與整個存在諧調。它從一個很小的孔在看，而認為它就是全部。科學仍然局限於地球圈，科學仍然處於枷鎖之中，它還沒有長翅膀，唯有當它開始超越因果關係時，它才會長翅膀。當然，不可否認的，已經有一些少數的火花存在。

核子物理學家正在進入超出因果律和跨越疆界的領域，因此，不確定的原則正在升起，帶著很大的力量在升起。因果律是確實的原則：你做了這個，然後這個就一定會發生。你將水加熱到一百度，然後水就會蒸發──那就是因果律。水沒有自由，它無法說：「今天我沒有心情，我不要在一百度沸騰！我就是不要！」不，它不能夠這樣說，它無法抗拒，它無法跟法則抗拒，它是非常遵守法則、非常順從的。某一天，當水覺得非常快樂，它無法說：「你不必擔心太多，我要在五十度蒸發，我要加惠於你。」不，那是不可能的。

舊的物理學家和舊的科學沒有瞥見到不確定的原則。不確定的原則意味著自由的原則，現在，很少數的瞥見正在發生，現在他們沒有像過去那麼確定，現在他們在物質的深處也看到了那個不確定，有某種自由的性質。很難說電子是一個微粒，還是一個波，它以兩種方式在活動，有時候是這種方式，有時候是那種方式，沒有方法可以預測。它是一個量子（能獨立存在的最小能量），不僅如此，它的自由是：有時候它能夠同時像一個波和像一個微粒在活動，舊的科學家甚至完全無法想像或了解，亞里斯多德一定不能夠了解它，牛頓一定不能夠了解它，那是不可能了解的，那是在說，某樣東西同時像一條線和一個點在活動，那是不合邏輯的，某樣東西怎麼能夠像一個點又像一條線在活動？要不然就是一條線，要不然就是一個點。

但是現在物理學家開始在瞥見物質最內在的核心。以一種非常非常迂迴的方式，他們偶然碰到生命最偉大的因素之一：自由。但是在地球圈裡面，它不存在，它是sushupti。

Sushupti這個字的意思就是完全的睡覺，甚至連一個夢都沒有動。石頭甚至不做夢，它們無法做夢，要做夢，它們必須更意識一點。石頭只是存在，它沒有人格，沒有靈魂——至少在現實上沒有。它甚至無法做夢，它的睡眠是不被打擾的，整天、整夜、整年，它都繼續在睡覺，它已經睡了好幾千年，而且它將再睡好幾千年，甚至連一個夢都沒有打擾到它。

在瑜伽裡面，我們將意識分成四個階段，它們跟查爾丁的分法是非常非常有關的，第一個階段是sushupti——深深的睡眠，地球圈相當於這個階段。

地球圈像死亡，而不像生命，所以，物質看起來是死的，但它不是死的！它是在等待生命的成長，它就好像是一粒種子，看起來是死的，但它是在等待正當時刻要爆發成生命。目前它是死的、沒有頭腦。記住，在最後的階段也將會再是沒有頭腦，佛處於沒有頭腦的狀態，石頭也處於沒有頭腦的狀態，因而有石頭雕像的意義：兩個極端的會合。「石頭處於一個沒有頭腦的狀態」意味著石頭仍然在頭腦之下，「佛陀處於一個沒有頭腦的狀態」意味著佛陀已經超越了頭腦。它們兩者有一個類似性，就好像聖人和小孩之間也有一個類似性，小孩子是在頭腦之下，聖人是超越了頭腦，石頭必須經歷過佛已經經歷過的所有生命的動盪不安，他已經經歷過、再經歷過、又經歷過，他已經超越了，完全超越，但是兩者之間有一個類似性：他再度存在於一個沒有頭腦的狀態，他變成完全意識，所以頭腦不需要了。石頭是那麼無意識，所以頭腦無法存在，在石頭裡的無意識是絕對的，因此頭腦不可能；在佛裡面，意識是絕對的，因此頭腦不需要。讓我來向你解釋，那是最重要的事情之一，必須加以學習和了解。

只因你並不是真正的有意識，所以還需要頭腦，如果你真的有意識，那麼就有洞察力，而沒有思考，那麼你就由洞察力來行動，而不由你的頭腦來行動，那麼頭腦就不需要了。當你看到一件真實的事物，那個看就會變成你的行動。

比方說，你在一個房子裡，那個房子失火了，你看到它，那不是一個思考，你只是看到它，然後你就跳出那個房子，你不等待、不考慮、也不沉思，你不發問、不參考書本、也不去尋求某人的勸告說要怎麼做。

你傍晚散步回家，在路上碰到一條蛇，你馬上跳開！在任何思想進入之前，你就跳開了，你的跳開並非來自思考，那是來自洞察力。大的危險在那裡，那個危險使你變成活生生的、使你強烈、使你更加意識到，你的跳開是由於那個意識，它是一個沒有頭腦(no mind)的跳開。

但這些片刻在你的人生當中是非常少有的，因為你還沒有準備好要去過強烈意識和完全意識的生活。對一個佛來講，那是他正常的方式，他生活得很全然，所以頭腦是從來不被需要、從來不被諮詢的。

第一個領域，地球圈，是一個沒有頭腦的領域，這個領域很顯然沒有自己。因為沒有頭腦，自己(self)就無法存在。在第四個階段將再度沒有自己，因為沒有頭腦，自己怎麼能夠存在？頭腦必須由一個中心來運作，因此它創造出自我（ego）或自己。頭腦必須保持控制住它自己，頭腦必須使它自己保持在某一種形式或秩序，它必須握住它自己，它創造出一個中心來握住它自己，因為唯有透過那個中心，它才能夠保持控制，如果沒有一個中心，它將不能夠保持控制。所以，一旦頭腦進入，自我就上路了，遲早頭腦會需要自我，沒有自我，頭腦將不能夠運作，否則，要由誰來控制、由誰來操作、由誰來操縱、由誰來計畫、由誰來做夢、由誰來投射？誰會在那裡被指稱為是一個經常性的東西？因為頭腦繼續在改變，思想一個接一個，它是一個思想的行列，如果你沒有任何自我，你將會迷失：你將不知道你是誰，你要去哪裡，你是為了什麼。

在地球圈沒有頭腦、沒有自己，而且沒有時間，它在時間之下，時間還沒有進入。石頭不知道過去，不知道現在，也不知道未來。

佛的情形也是如此！他也是超越時間，他不知道過去，不知道現在，也不知道未來，他生活在永恆裡，事實上，那就是存在於現在的真正意義。「現在」並不是意味著過去與未來之間的空間，字典裡所給的意義是：過去和未來之間的空間叫做現在，但這並不是現在，這是哪一種現在？它已經變成過去，它已經不存在。如果你稱這個片刻為「現在」，那麼，當你稱它為「現在」的那個片刻，它就已經消失而進入過去了，它已經不再是現在，而那個你稱之為「未來」的片刻，當你稱它為「未來」的那個片刻，它就已經變成現在，而朝向「變成過去」移動。這個現在不是一個真正的現在，在過去和未來之間的現在只是過去和未來的一部分，只是時間行列的一部分。

我所談論到的此刻，我所談論到的現在，或是佛陀所談論到的現在，或是當基督說：「不要想明天，看那原野的百合花——它們不辛勞，它們不紡織，它們是多麼美！多麼難以置信地美！即使所羅門王穿上他所有的榮耀也沒有那麼美，注意看原野的百合花……」那些百合花正生活在一種現在，它們不知道過去，也不知道未來。

佛陀不知道過去，不知道未來，也不知道現在，他不知道分隔，那就是永恆的狀態，那個現在是絕對的存在，只有現在，而且只有這裡，其他什麼都沒有，石頭也是處於那種狀態，當然，石頭是無意識的。

第二個領域是生物圈，它意味著生命、前意識（preconsciousness）。第一個領域是物質，第二個領域是生命：樹木、動物和鳥類等。石頭不能夠移動，石頭在任何方面都沒有生命，它的生命在任何方面都看不到，樹木有更多的生命，動物又更多，鳥兒又更多。樹木根入土壤，無法移動很多，它可以移動一點，可以搖擺，但是無法移動很多，它還沒有那麼自由，當然是有一點自由，但是動物有更多的自由，牠可以移動，牠可以有多一些選擇的自由，牠可以飛翔。這個領域被稱作生物圈或生命圈，它是前意識，只有初級的意識存在，石頭是完全無意識的，而你不能夠說樹木是完全無意識的，是的，它是無意識的，但是某些有意識的東西正在滲入，一道意識之光正在滲入，而動物則又更有意識一點。

第一個狀態相當於派坦加利(Patanjali)的 sushupti ——深深的睡眠；第二個狀態相當於派坦加利的 swabana——做夢的狀態。意識如夢一般地來臨。是的，狗會做夢，你可以看，你可以注意看一隻狗在睡覺，你將會看到牠在做夢。有時候在夢中，牠會試著去抓蒼蠅，有時候你會看到牠在悲傷，有時候你會覺得牠看起來是快樂的。注意看一隻貓，有時候牠在夢中抓老鼠，而且你可以看出牠在夢中做什麼——吃老鼠，清潔牠的鬍鬚。你可以注意看貓：夢進入了，事情在意識的世界裡發生，意識正在浮現，因果律仍然是最主要的，但是並沒有像在石頭裡那麼多，有一點點自由的可能，因此，偶發的事情開始發生，動物有一點點自由，牠可以選擇一些事情，牠可以性情多變，牠可以對你有好的心情，而且友善；牠也可以對你心情不好，而且不友善。有一點點決定已經進入了牠的存在，但只是非常少的一點點，只是開始，牠的自己尚未整合起來，那是一個非常鬆的自我，混雜的，但它正在浮現，結構正在成形，形式正在產生。

動物是過去導向的，牠由過去來生活，動物沒有未來的概念，牠不能夠為未來計畫，牠不能夠向前思考，即使牠有時候向前思考，那也是非常非常片斷的，比方說，當動物覺得餓，牠可以向前思考，向前幾個小時，想像牠會得到食物，牠必須等待，但是動物無法想關於未來的一個月、兩個月、三個月，動物無法想像好幾年，牠沒有日曆，沒有時間觀念，牠是過去導向的，任何過去一直在發生的，牠也期望在未來發生，牠的未來多多少少跟過去是一樣的，是一個重複，牠是被過去所支配的，時間透過過去而進入，自己(self)透過過去而進入。

第三個領域是新圈，頭腦和自我意識升起。第一個是無意識，第二個是前意識，第三個是自我意識。意識來臨，但是有一個很大的不幸——自己(self)——跟著它，它無法以其他方式來臨，「自己」是一個必要的罪惡，意識隨著「我」這個概念來臨。內省開始，思想開始，人格開始存在，未來導向隨著頭腦而來：人類生活在未來裡，而動物生活在過去裡。

已開發的社會生活在未來，未開發的社會生活在過去，原始人仍然生活在過去，唯有文明人生活在未來，生活在未來比生活在過去是一種較高的狀態。年輕人生活在未來，老年人開始生活在過去，年輕人比老年人更活生生。新的國家和新的文化生活在未來，比方說，美國生活在未來，而印度生活在過去，印度繼續攜帶著五千年、一萬年的過去，它是如此的一個重擔，是那麼難以挑起，它把人壓扁，但人們還是繼續挑著它，它是傳統，人們對過去感到很驕傲。

對過去感到驕傲是一個不文明的狀態，一個人必須伸入未來，必須去探索未來，過去已經不復存在了，未來將會存在，一個人必須去為它準備。

你能夠以很多方式來注意看它，印度人的頭腦只被過去的事件所激動。人們每年都繼續在演南無(Rama)的戲劇，而他們都非常激動，幾千年都已經過去了，而他們一直一而再、再而三地演同樣的戲劇。他們將會再演它，而且他們會非常激動。當第一個人登陸月球時，他們都沒有那麼激動，他們沒有像他們以前看到南無的戲劇時那麼激動，也沒有像他們一直在看南無的戲劇時那麼激動，他們知道那個故事，他們已經看過很多次，但那是他們的傳統，他們對它感到非常驕傲。

當你知道下面的情形時，你一定會覺得很驚訝：在印度有印度教的貴人和耆那教的貴人，他們一直試著要去證明：人沒有登陸過月球，是美國人在欺騙。為什麼呢？因為月亮是一個神，你怎麼能夠在月亮上面走路？居然有人聽他們的話而追隨他們。

有一次在古渣拉特，一個耆那教的和尚來看我，他說：「支持我！我有好幾千個追隨者！」他真的是有那麼多追隨者。而整個事情，他人生的主題是：美國人在欺騙，那些照片都是被製造出來玩弄照相機的花招，那些從月球帶回來的石頭是從西伯利亞或地球上的某一個地方帶來的，沒有人曾經到過月球，而且永遠沒有人能夠去月球，因為在耆那教的經典裡寫著：月亮是一個神。你怎麼能夠在神上面走路？

這是過去導向，這是非常令人死氣沉沉的導向，所以印度無法成長、無法發展、無法進步，它陷住在過去。

隨著新圈的來臨，隨著頭腦、自我意識、反省、思想和人格等的存在，未來導向也跟著存在。你越是開始為未來作準備，你就變得越焦慮，所以美國人是最緊張的人，他們是不安靜的，印度人非常平靜而悠閒，太平靜了，太悠閒了，以至於他們根本沒有任何效率，你知不知道，當印度人換燈泡的時候，他們需要三個人？一個拿燈泡，兩個人旋轉梯子，他們是非常平靜、非常放鬆的人，他們不會受任何焦慮之苦，他們不知道焦慮到底是什麼？

焦慮是隨著未來而來的，因為你必須計畫，所以你不能夠只是繼續重複舊有的生活模式。當你做新東西的時候，就有可能會犯錯，有更多的可能會犯錯，你嘗試越多新的，你就變得越焦慮，那就是為什麼在心理上，美國是最受擾亂的國家，印度是最不受擾亂的國家。

動物沒有焦慮，生活在過去是一個較低等狀態的頭腦，當然是比較舒服，也比較方便。印度的貴人們一直在向世界說：「看我們是多麼安和，沒有神經病存在，即使我們在挨餓，我們也是非常非常安靜地挨餓，即使我們死，我們也是非常非常心甘情願地死，而你們是發瘋的！」

但是記住，進步是透過焦慮而來的，有進步就會有焦慮，就會有顫抖，因為怕走錯、怕做錯、怕錯失要點。如果是按照過去，那麼就沒有問題：你繼續在重複它。那是一個固定的過去，你已經完全知道它的方式，你已經經歷過那些事情，你的父母也經歷過那些事情，像這一種情形可以追溯到亞當和夏娃，每一個人都做過，不可能會弄錯，然而，隨著新東西的來臨，焦慮、恐懼，以及害怕失敗等心理就會介入。

第三個領域——新圈——是焦慮和緊張的領域。如果你必須在第二和第三之間作選擇，那麼就選擇第三的，不要選擇第二的，而如果你能夠在第三和第四之間作選擇，那麼就選擇第四的，永遠都要選擇較高的。

記住，當我譴責印度人的頭腦，我不是在譴責佛陀，我也不是在譴責克里希納，他們選擇了第四的，他們也是在休息，他們也是放鬆的，但是他們的放鬆來自放棄時間本身，而不是藉著生活在過去，他們是完全放鬆的，他們沒有焦慮，沒有神經病，他們的頭腦是一個寧靜的、沒有波動的湖，但不是藉著選擇第二的，而是藉著選擇第四的，不是藉著停留在頭腦之下，而是藉著超越頭腦，事情就是這樣在進行。

人們在印度看到佛陀，他們看到了那個寧靜，他們看到了那個人的祝福，他們看到了那個慈悲，他們看到生活能夠以這樣的放鬆來過……為什麼不過這樣的生活？但是他們沒有做任何努力去達到第四個階段，相反地，他們從第三個階段退回到第二個階段而固定下來。它給予某種像佛陀的寧靜一樣的東西，但它只是「像」而已，內容並不一樣。固定在過去，而變得更方便、更舒服總是比較容易的。佛陀沒有固定在過去，他甚至沒有固定在未來，他沒有固定在時間本身，他已經放棄時間，他已經放棄產生時間的頭腦，他已經放棄產生焦慮的自我。

印度人選擇放棄未來，因為那似乎會產生焦慮：「未來會產生焦慮嗎？那麼你可以放棄未來。」那麼你就縮回來，你就回復到以前的狀態。要放棄自我才能超越。

第三個領域就好像派坦加利所稱呼的清醒。第一個是睡覺，第二個是做夢，第三個是清醒。當然，你的清醒並不是佛的清醒，你所謂的清醒是：眼睛睜開，但是夢在你裡面漫遊，眼睛睜開，但是你裡面在睡覺，甚至當你醒來的時候，你還是充滿睡覺，這是第三個狀態。但這是有幫助的，如果你疲倦而進入夢中，它會給你放鬆，然後你就進入深深的睡眠當中，它甚至給你更多的放鬆，早晨的時候，你再度充滿朝氣，你向後倒退回去休息，因為那是你已經知道的，那是已經存在於你的系統，你可以進入它。

第四個階段必須去創造，它不在你的系統裡，它是你的潛力，但是你從來不曾在它裡面過，它是費力的，它是逆流而上，它是上坡。

第四個狀態是基督圈，你也可以稱它為佛圈。它意味著同樣的事情，你也可以稱它為克里希納圈，它的意思是一樣的。第三個狀態有一種自由，一種假的自由，那個假自由就是我們所知道的自由，這個必須加以了解，它是非常重要的。

在第三個階段，你只有一種假的自由，而那個自由就是選擇的自由。比方說，你說：「我國是宗教自由的。」那意味著你可以選擇：你可以上教堂或是去廟裡，你的國家以及它的法律將不會找你麻煩，你可以變成一個回教徒，或是一個印度教教徒，或是一個基督徒，你可以選擇。「這個國家是自由的」意味著你可以選擇你的生活，選擇你想要生活在哪裡、你想要做什麼、你想要說什麼。表達的選擇和自由——你可以說任何你喜歡說的，你可以做任何你喜歡做的，你可以選擇任何宗教或政治的形式，你可以成為一個共產主義者，你可以成為一個法西斯主義者，你可以成為一個自由主義者，你可以成為一個民主主義者，以及所有那些無意義的東西，你可以選擇，它只是一種假自由，為什麼我要稱它為假自由？因為一個充滿思想的頭腦無法真正自由。

如果你已經活了五十年，而你的頭腦一直被你的父母、老師和社會所制約，你認為你可以選擇嗎？你將會由你的制約來選擇，這怎麼能夠算是一個選擇？首先你已經被制約了。

它就好像當你催眠一個人，你可以帶他到我們的催眠師山拓希(Santosh)那裡，他可以催眠他，然後告訴他：「明天早上你將會到市場去買某一種香菸，某一種牌子的香菸。」他可以在深度的催眠當中把這話建議給那個人。明天早上起來，他將不會有任何要去市場購買某種牌子香菸的概念，因為那個制約已經進入了潛意識，已經放進了潛意識，他有意識的頭腦是沒有覺知到的，他將甚至不會有任何為什麼他要去市場的概念，但是他將會找到某些合理化的解釋，他會說：「今天我們去逛街。」為什麼要今天呢？他會說：「這是我的自由，每當我想去，我就去，你算老幾，要來妨礙我？這是我的自由。」而他沒有覺知到，根本完全沒有覺知到這不是自由。他會到市場去，以為這是他的自由，他或許甚至連一個片刻都不會想到，他要去買某一種牌子的香菸，突然間他碰到一家店鋪，然後他會告訴他自己：「為什麼不買一包香菸？你已經很久沒有抽菸了。」他會以為是他自己這樣想的！然後他到了店裡就說：「給我一包『三五牌』的香菸。」為什麼不是「巴拿馬牌」的？為什麼不是「肯特牌」的？為什麼不是「萬寶路牌」的？他會說：「這是我的選擇！我有選擇的自由！」他會購買「三五牌」的，他保持自由——至少在他的想法裡。其實他是不自由的，他被制約了。

你被制約成印度教教徒、基督徒、回教徒、印度人、中國人或德國人——你怎麼能夠自由？你被你的父母所制約、被你的社會、被你的鄰居、被你的中學、專科、大學所制約，你怎麼能夠自由？你的自由是假的，它是偽製品——它只是給你自由的感覺，而使你快樂，其實你裡面是沒有自由的。當你去教堂，你是出自你的自由而去的嗎？當你去印度教的廟，你是出自你的自由而去的嗎？洞察它，你會發覺，它不是出自自由，那是因為你出生在一個印度教的家庭。

有時候這樣的事可能會發生：你出生在一個基督教的家庭，但是你仍然想去印度教的廟，那也是一種制約，一種不同的制約。也許你的父母太過於基督徒，太過分了，而你無法吸收那麼多無意義的東西，凡事有一個限度，因此你變成敵對的，你開始反叛，你變成一個反動分子，他們以前都拉你上教堂，他們是強而有力的，而你是一個小孩，你無法做任何事，你是無助的，但是你一直在想：「我將會做給你看。」當你變成強而有力的那一天，你就停止上教堂了。

這個「我將會做給你看」的觀念是被他們對教會的過分著迷所種下的根，它也是一種催眠，只是以相反的方向而已，但它仍然是催眠，你是在反應他們所做的，你不是自由的。如果你想要去教堂，你將不能夠去，你會發覺你自己在避開，你會因為這是你父母以前慣常帶你去的教堂而不去，你「無法」去這個教堂，你會變成一個印度教教徒，你會只是因為要做給他們看，而開始做一些你父母從來不想要你做的事，但這仍是一種固定式的反應。第一種是順從，第二種是不順從，但是在它裡面同樣沒有自由。

還有一件事：你的不自由不只是制約的問題。當你在兩件事之間作選擇，關於這兩件事也許沒有人制約你，有千千萬萬的事情是你根本沒有被制約的，但是當你在兩件事情之間作選擇，你的選擇是出自混亂，出自混亂是不能夠有自由的，你想要跟這個女孩或那個女孩結婚，你要如何選擇？你搞不清楚。

每天有很多人寫信給我：「我在兩個女人之間被撕開了，我要怎麼辦？這個女人身材很美，有非常非常漂亮的眼睛，有一種魅力，她的身體很有活力，散發出光芒，活生生的，但是心理上非常醜，另外一個心理上很美，但是身體上很醜，現在要怎麼辦？」你被撕開了。

我聽說有一個人想結婚，他愛上了一個女人，但是她非常窮，她很美，但是非常窮，另外有一個女人愛上他，她非常富有，但是很醜，然而她有一樣非常美的東西——她的聲音、她的嗓子，她是一個偉大的歌唱家。

現在他被撕開了，那個漂亮的女人沒有嗓子，沒有唱歌的嗓子，而他是一個音樂的愛好者。她有一張很漂亮的臉，但是形體對他來講並沒有像聲音那麼重要，再說，他很窮，他想要一個女人可以帶來很多錢，這樣才有安全感，這樣他就可以全心投入他的音樂，而不必擔心金錢之類的事情，他想要將他的整個生命貢獻給音樂。另外一個女人有兩樣東西：錢和優美的嗓子，但是她非常醜，注意看著她是非常困難的，她的臉使人厭惡，那個窮女人很漂亮，但是她的聲音平凡，而且沒有錢，所以，如果他選擇這個女人，他一定必須放棄他跟音樂的戀情，他一定必須在某一個呆板的辦公室裡當一個職員，或是當一個老師什麼的，那麼他就不能夠獻身於音樂，音樂需要全心投入，音樂是一個非常會嫉妒的情婦，它不讓你去任何地方，它要全然地、全部地吸收你，所以他被撕開了，最後他對音樂的喜愛戰勝了，他跟那個醜女人結婚。

他回到家，他們上床睡覺，黑暗的夜晚是沒有關係的，因為他沒有注視著那個女人，所以沒有問題，但是當他早上醒來，陽光射進來，而他注視著那個女人的臉，它是那麼地令人厭惡，他用力搖動那個女人，然後說：「唱！馬上唱！馬上唱！」他這樣做只是為了要保護他自己，使免於那個醜的感覺。

人們寫信給我：「我們在兩個女人之間被撕開了，或是在兩個男人之間被撕開了，要怎麼辦？」這個混亂的產生是因為你受到某些動機的激發，有一種動機：金錢、音樂或安全，而沒有愛，所以你被撕開了。如果有愛，強烈的愛、熱情的愛，那麼就不會有選擇，那個熱情本身就會決定，你一定不會選擇，你一定不會被撕開。

但是人們並沒有那麼聰明，也沒有那麼強烈，他們非常溫溫吞吞地生活，馬馬虎虎，他們並不強烈地生活，他們的生活沒有火。

唯有當你生活的每一個片刻都非常盡致，而不需要決定，那個全然的生活本身會決定，唯有如此，真正的自由才會發生，你們有聽懂我的意思嗎？讓那個全然的生活本身來決定，你就不會面臨兩個選擇：要跟這個或那個女人結婚。你的整個心會跟著一個，你沒有動機，所以不會被分裂，也沒有混亂。如果你由混亂來決定，你會產生衝突，混亂會將你帶進更深的混亂，絕不要由混亂來決定。

所以克里虛納穆提一直在談論無選擇，「無選擇」就是自由。你不選擇，你只是變成十足的強烈，你只是變成絕對地警覺、覺知和注意。

比方說，你在聽我講話，你可以以溫溫吞吞的方式來聽——半睡半醒、打呵欠、想一千零一件事、計畫，昨天晚上的事仍然留在那裡，有一千零一種殘留物，而你也在聽，然後就會有一個問題：我是不是在說真理？如果你很熱情地聽，如果你是全然地在此時此地，那個熱情本身就會決定，在那個強烈裡面，你就會知道真理是什麼。如果我說了一些真的東西，它會馬上打動你的心，因為你將會非常聰明，你怎麼可能錯過它？你的智力將會是非常警覺的，你怎麼可能錯過它？而如果有某種不真的東西，你將會馬上看到它，你的洞察力會馬上出現，在你的部分將不會有決定：「我是否應該跟隨這個人？」那是出自混亂，你沒有在注意聽，你沒有看到我。看清那個要點！對於真理，你不需要同意或不同意，真理必須完全被聽進去，帶著敏感度去聽，就是如此而已，那個敏感度就會決定。你看，然後你馬上就會感覺到它的真理，就在那個感覺裡，你就進入了真理，並不是你同意或不同意，並不是你被我說服或被我改變。我不是在改變任何人，是真理使你改變，而真理不是一個信念，真理不是一個辯論，真理是一個「在」（或存在），如果你在，你就會感覺到它，如果你不在，你就不會感覺到它。

所以在第三個階段——新圈——有一種假的自由，你由混亂來決定，因此混亂繼續滋長，混亂帶來衝突，因為在你裡面總是有兩面——做這個或做那個，存在或不存在，而不論你決定什麼，另外一邊總是會在那裡，等待它報復的時間，自由只發生在第四個階段。

第四個是基督圈。在第四圈，「沒有頭腦」（no mind）開始存在，這是一種佛的沒有頭腦，一種基督的沒有頭腦，而不是一種石塊的沒有頭腦。意識隨著第四個階段而來臨，這是沒有一個中心的意識，是沒有自己在它裡面的意識，只是純粹的意識，而沒有邊界，無限的意識。那麼，你就不能夠說「我是有意識的」，它沒有「我」，它只是意識，沒有名稱，也沒有形體，它是空無，它是空。隨著這個意識，思考是不需要的，洞察力開始運作，直覺開始運作。

智力必須依靠教學，別人必須教你，這就是教學的意思；直覺不需要人教，它來自內在，它是由你成長出來的，它是你本性的開化，這就是被稱為靜心的意識品質：直覺、洞察力、沒有一個中心的意識、無時間性，或者你可以稱它為「此刻」、「現在」，但是要記住，它不是過去和未來之間的那個現在，它是那個在它裡面過去和未來兩者都消失的現在。

查爾丁稱之為「最後一個點」，佛陀稱之為「涅槃」，耆那教稱之為「莫克夏」，基督稱之為「父神」，這些就是它不同的名稱。這整部經文所顧慮到的是從第三個階段到第四個階段；從新圈到基督圈；從思維能力到聰明才智；從自我意識到沒有自我意識。第三個就好像清醒，平常的清醒，第四個就是派坦加利所說的理turiya——「第四的」，他沒有給予它任何名稱，那是很美的，稱它為基督圈，它看起來就好像是基督教的；稱它為「克里希納圈」，它看起來就好像是印度教的；稱它為「佛圈」，它看起來就好像是佛教的。派坦加利非常純潔，他只是稱呼它為「第四的」，那包含了所有的東西，他沒有給它一個特別的名稱。對於另外三個，他給了它們名稱，因為它們有形體，在任何有形體的地方，名稱是有必要的，無形的東西不能有任何名稱——turiya：「第四的」。

這整部般若波羅密多經是從第三到第四的。舍利子在第三的頂點：新圈——反省、思考和自我意識，他已經發展到第三的最極限，他已經到達它的最高點，已經不能再有更多了，他站在邊界線……

所以，喔，舍利子……

佛陀站在疆界之外召喚舍利子：「來……來……再來……」整部經文今天被濃縮成這一段最後的經文。到目前為止，所有的經文都只是這個最後頂峰的準備。

所以一個人應該知道……

……所以唯一值得知道的事情就是這個！

這就是這整個優美對話的結論，這個對話是在兩個能量之間：佛陀和舍利子。因為舍利子一句話都沒說，這遠比在《吉踏經》中阿朱納和克里希納之間的對話更高明，因為阿朱那說了一些話，那是語言的，阿朱那比較像是一個學生，而比較不像是一個門徒，他只有到了最後才變成一個門徒，當他變成門徒，克里希納就變成師父。如果門徒不是門徒，師父怎麼能夠成為師父？如果門徒只是一個學生，那麼師父就只是一個老師。

《吉踏經》結束的地方就是這部《心經》開始的地方，舍利子是一個門徒：完全寧靜，一句話都沒說，甚至連一個問題也沒問——口頭上沒問。他是一個探詢，而不是一個發問，他的整個人在問，而不是他的頭腦在問，他沒有將它化為語言，他的存在就是一個問號，他站在佛陀的面前，他的整個人是渴求的、燃燒的、心血沸騰的，看到這種狀態，佛陀繼續自己說了一些事情。不是門徒必須去問，而是師父知道門徒什麼時候需要，師父遠比門徒本身知道他的需要是什麼。門徒必須等待，也許舍利子已經等了很多年，等這個片刻已經等了幾乎二十年，等師父看到他需要的那個片刻，等師父感覺到他飢渴的那個片刻，等他值得從師父那裡接受一個禮物的時刻，那一天終於來臨了，那個幸運的片刻終於來到了。

所以一個人應該知道……

佛陀說：「所以，喔，舍利子，這是唯一值得知道的事情。」如今，他將他的整個訊息濃縮成一些很少的話，濃縮成一個很小的句子，濃縮成一個咒語，因為佛陀已經將整個旅程所需要的都包含在它裡面！他已經將每一樣東西都放進這個小小的，這個非常小的公式裡。

所以，唯一值得知道的就是這個彼岸的智慧，將它視為偉大的符咒，偉大知識的符咒，至高無上的符咒，無與倫比的符咒……

佛陀非常推崇它，他所有最高的都講了，他說：「這是偉大的符咒！」符咒或咒語的意思是一個魔術的公式。咒語是什麼，必須加以了解。

咒語是一個非常非常特別的東西，必須加以了解，它是一個符咒、一個魔術的公式，它暗示著一個現象：任何你所得到的並不是真的在那裡，而任何你以為你沒有得到的卻是在那裡！一個魔術的公式是需要的，你的難題並不是真實的！所以一個魔術的公式是需要的。

比方說……有一個寓言：

從前有一個人非常怕鬼，很不幸地，他每天都必須經過墳墓，他家住在墳墓的後面，離墳墓很近，他非常怕鬼，所以他的人生是一個經常性的折磨，他無法入眠，整個晚上他都被鬼打擾，有時候他們在敲門，有時候他們在屋子裡面移動，他能夠聽到他們的腳步聲和他們的低語，有時候他們會非常靠近他，他甚至能夠感覺到他們的呼吸，他一直處於地獄之中。

他去找一位師父，那位師父說：「這沒什麼，你找對人了。」就好像我對你們說的一樣……「把這個咒語拿去，這就夠了，不必擔心，你只要把這個咒語放在一個小小的金盒子裡，這個盒子要隨時帶著，你可以將它戴在脖子上。」

它就好像我叫你們戴在脖子上的那個小匣：它是一個咒語，它也好像是門徒要離開我而遠行時，我給他們的魔術盒一樣，它是一個魔術盒，是一個咒語。

師父說：「你持有這個咒語，你甚至不必重複唸它，你只要將它放在那個盒子裡。跟盒子在一起，就沒有鬼會來打擾你。」它真的應驗了！那一天他經過墳墓，幾乎就像他早上在散步，以前從來沒有這麼容易過，他以前都是用跑的！他以前都尖叫和呼喊，或是必須在經過的時候唱歌。那一天他走得很慢，盒子拿在手裡，它真的應驗了！沒有鬼，他甚至站在墳墓的中央，等待某人來臨，但是沒有鬼出現，那裡十分安靜。

然後他回家，將盒子放在枕頭下面，那天晚上沒有人來敲門，沒有人在低語，也沒有人來靠近他，那是一生中的第一次，他睡得那麼好，那是一個偉大的咒語，但是現在他變得太過於執著在那個盒子，他不能將它放在任何地方，整天不管去到哪裡，他都必須隨時帶著它。

人們開始問：「你為什麼一直帶著這個盒子？」

他說：「這是我的平安、我的安全。」

現在他變得非常害怕，如果有一天這個盒子丟掉：「我將會有很大的麻煩，那些鬼將會報復！」吃東西，他帶著那個盒子，上洗手間，他也帶著那個盒子，跟女人做愛，他還是帶著那個盒子，他快發瘋了！現在，他的恐懼太過分了：如果盒子被偷，如果某人惡作劇，或是如果他在什麼地方丟掉那個盒子，或是如果那個盒子有三長兩短，那麼要怎麼辦？「有好幾個月，那些鬼都一直渴望要找我麻煩！他們將會從每一個地方來突擊我，而且他們將會殺掉我！」

有一天那個師父問看看事情進行得怎麼樣。

他說：「一切都進行得很好，一切都非常完美，但是現在我被我自己的恐懼所折磨，所以我也無法入眠，整個晚上我都必須注意看我的盒子是不是還在，我必須一再一再地把自己喚醒，去找那個盒子，有時候如果它在床上溜來溜去，而我找不到……那是非常可怕的！我會非常害怕！」

那個師父說：「現在我給你另外一個咒語，你把這個盒子丟掉。」

他說：「那麼我要怎麼保護我自己，使免於那些鬼魂？」

師父說：「他們是不存在的，這個盒子只是一個無意義的東西，那些鬼不存在，所以這個盒子才會應驗，那些鬼只是在你的想像裡，如果他們真的存在，他們一定不會害怕那個盒子，那只是你的概念，那些鬼是你的概念，現在你有一個較好的概念，因為你有了一個師父，而師父給了你一個盒子，一個魔術的符咒，現在，要更了解一些：那些鬼是不存在的，所以這個盒子才會有所幫助，現在已經不需要那麼執迷於這個盒子，將它丟掉！」

一個咒語就是一個把事情帶走的符咒，那件事並非真的存在。比方說，一個咒語會幫助你丟棄自我，自我是一個鬼，只是一個概念，所以我告訴你，我在這裡是要帶走那些不是真正跟著你的東西，相反地，是要給你那些真正存在的東西，我是給你那些你已經有的東西，而我必須帶走那些你從來沒有過，但是你卻認為你有的東西。你的悲慘、你的創傷、你的野心、你的嫉妒、你的恐懼、貪婪、恨和執著——這些都是鬼。一個咒語只是一個詭計，一個幫助你丟棄你的鬼的策略，一旦你丟棄了那些鬼，那麼，那個咒語也必須被丟棄。當一個人覺得那些鬼已經消失，他就不需要再攜帶那個咒語，然後你就會笑那整個事情的荒謬：那些鬼魂是假的，那個咒語也是假的，但是它有幫助。

從前有一個人在夢中得到一個概念：一條蛇進入了他的口，在他的胃裡，他會感覺到那條蛇的活動。你知道有這樣的蛇，每一個人都知道。而他變得非常受到擾亂，他到醫生那裡照X光，但是……他會說：「即使X光照不出來，它還是存在，因為我正在受苦，而我的受苦是真的。」

然後他去找一位蘇菲宗派的師父，某人說：「你去找一位蘇菲宗派的師父，這事只有師父能夠幫助你，醫生不會有太多的幫助，醫生治療真正的病；師父治療不真實的病，你去找一個師父。」

所以他就去了。師父說：「好，我會處理，明天早上它就會出來。」隔天早上，師父安排好：他找到一條蛇，給了那個人的太太，說：「安排好，當你先生早上醒來，使他看到那條蛇從床上爬出去。」那個人尖叫，他高聲叫喊，並且跳開。

他說：「在這裡！這就是！那條蛇！那些愚蠢的醫生，他們說沒有蛇，什麼東西都沒有，然而這就是！」自從那一天以後，那個問題就消失了。這就是一個咒語，雖然那個問題並非真的是事實。

你的一切問題都是你的創造，一個咒語就是一個帶走你幻象的策略，當那個幻象被帶走，留下來的就是真理。咒語只是將假的帶走，它無法給你真的，它只能夠將假的帶走，但那就夠了，一旦假的被帶走，一旦假的被了解成假的，真理就出現了，真理會解放你，真理就是解放。

佛陀說：

彼岸的智慧，將它視為偉大的符咒，偉大知識的符咒，至高無上的符咒，無與倫比的符咒，是所有痛苦的緩和劑。

佛陀說，這個小小的咒語是非常有潛力的，它對你的所有痛苦來講是很足夠了，只要這個咒語就可以了，就可以帶你到更遠的彼岸。

在真理之中——因為有什麼東西會弄錯嗎？

佛陀說，它只能把假的顯示成假的，讓你知道，然後，當你知道真理，有什麼東西會弄錯嗎？那麼就沒有東西會弄錯。

Amithya 這個字來自 mithya 這個字根，mithya 的意思是「假的」，amithya 的意思是「不是假的」，mithya 這個字在英文裡面是 myth 這個字，myth 這個字的意思是「假的」，myth 這個字來自 mithya 這個字根。一個神話（myth）就是那個看起來好像是真的，但其實不是真的東西。

另外一個英文字 miss（錯誤），就好像 to miss 這個詞裡面的 miss 這個字，它也是來自 mithya 這個字根。Misunderstanding（誤解）裡面的 mis 也是來自 mithya，或者當我們說：「他錯過了（He missed）。」這裡面的 miss 也是來自 mithya。

真理就是那個我們一直在錯過的東西。我們一直在錯過，因為我們一直執著於虛假的，我們錯過真理，因為我們執著於虛假的，如果我們放棄那虛假的，就根本不會錯過，那也是 sin（罪惡）這個字的原始意義，sin（罪惡）意味著錯過了，錯過了目標，每當你執著於那虛假的，你就犯了一個罪惡，因為當你執著於它，你就錯過了真理。

你執著於神的概念，而那是假的，所有的概念都是假的。你執著於某一種神的概念，那就是你的障礙。佛陀說，這個咒語會帶走你所有的障礙，它只會給你空無，在空無之中，真理就會出現，因為沒有什麼東西會阻隔。「空無」意味著不再有什麼東西來阻隔，所有假的東西都在途中就被丟棄了，你只是空的，你只是具有接受性、敞開的，你赤裸裸地、裸體地、空空地來到真理，那是來到真理的唯一方法，那麼，就沒有什麼東西會弄錯。

這個符咒是藉著彼岸的智慧所講的，佛陀說：「我已經將它裡面最後的、最終的都給了，它已經沒有更多的了，也不可能再有更好的了。」

我也是告訴你們：「不可能有更好的了，『空無』是最偉大的咒語。如果你能夠進入空無，那麼其他就沒有什麼需要的了，那就是《心經》的整個訊息。」

它就像這樣在進行……

現在佛陀將整篇經文、整篇對話、整個訊息濃縮成很少的文字。

它就像這樣在進行：經歷過、經歷過、經歷過而超越、完全經歷過而超越，喔！好一個醒悟，一切萬歲！

佛陀使用四次「經歷過」，這些就是佛陀使用「經歷過」的四樣東西：地球圈、生物圈、新圈和基督圈。「經歷過」——經歷過物質、經歷過身體、經歷過那看得見的、摸得到的。他第二次再使用「經歷過」——經歷過人生，所謂的生和死之輪。「經歷過而超越」——他第三次使用「經歷過」——現在是經歷過而超越頭腦、思想、思考、自己和自我。「完全經歷過而超越」，現在他使用了第四次……甚至經歷過而超越彼岸——基督圈，現在他已經進入了不被創造的。

生命已經轉了一整圈，這是最終點，也是起點，這個象徵你一定在很多書上看過，在很多廟裡、在很多僧院裡看過——蛇將它自己的尾巴銜在它的嘴裡的象徵。

經歷過、經歷過、經歷過而超越、完全經歷過……你已經回到家了，喔！好一個醒悟！好一個三托歷(短暫地瞥見神性)！好一個三摩地！

這就是醒悟、佛性……一切萬歲！哈利路亞！

你可以問阿尼塔……她一直在唱「哈利路亞」，這就是哈利路亞，這就是哈利路亞的狀態：當一切都走掉，當一切都消失，只有純粹的空無被留下來，這就是祝福——哈利路亞！這就是一個人在找尋的極樂，不管是對或錯，每一個人都在找尋這個極樂。

你是一個佛，然而你還不是一個佛：那就是兩難式，那就是似非而是的真理。你本來是要成為一個佛的，但是你錯過了，這部經連接你，這部經幫助你去變成你注定要變成的樣子，這部經幫助你去實現你的本性。記住，這部經並不是像多少世紀以來在中國、韓國、泰國、日本和錫蘭所做的那樣：只是被用來重複頌唸。他們繼續重複頌唸：「經歷過、經歷過、經歷過而超越、完全經歷過而超越。」其實那種重複頌唸是不會有幫助的。

這個咒語並不只是用來重複頌唸的，它必須被了解，它必須變成你的存在狀態，繼續超越每一個名字和形體，繼續超越每一個認同，繼續離開每一個限制，繼續變成更大、變成巨大、變成極大，即使天空也不是你的界限，繼續……

經歷過、經歷過、經歷過而超越、完全經歷過而超越。

Svaha 是最終極樂的表現，它並不是意味著任何東西，它剛好就像「哈利路亞」，它是一個非常喜悅的呼喊。祝福已經發生，你被充滿了，完全被充滿，但是，記住，這個經文不只是被用來重複頌唸的，佛陀將它濃縮成很少的文字，好讓你能夠記住它，在這些很少的文字裡，他放進了整個訊息，整個生命的訊息。

你是一個佛，除非你這樣來認識它，否則你將會受苦，這部經宣稱你是一個佛，所以我以向你裡面的佛致敬來開始這些演講，我宣稱你們是佛！認出它！

「認出」(recognition)這個字是很美的，它意味著：只要向後轉，然後看。尊敬你自己。「尊敬」(re spect)這個字也很好：它意味著再看，那就是耶穌所說的懺悔的意思。原始的阿拉姆語意味著轉回來，它跟基督教的懺悔無關，repent的意思是return（轉回來）——一個一百八十度的倒轉，派坦加利稱之為Pratiyahar——走到內部、向內縮回；而馬哈維亞稱之為Pratikrama——不要走出去、進來、回家。

不真實的你和真實的你之間的空隙，很明顯地是一個假的空隙。因為你一直都是真實的你——只是在做夢、在想你是其他某一個人；放棄那個，只要注意看你是誰，不要被信念、意識形態、經文或知識所欺騙，放棄所有的！無條件地放棄它！將整個攜帶在你本性裡的傢俱卸下來，只要在那裡騰出一個空房間，那個空房間將會顯示真理給你，在那個認識當中，哈利路亞！極大的狂喜會在歌唱、跳舞、寧靜和創造力當中綻放開來。一個人從來不知道將會發生什麼，一個人從來不知道那個狂喜將會如何被你表現出來。每一個人都會以他自己的方式來表現它——耶穌會以耶穌的方式，佛陀會以佛陀的方式，蜜拉（Meera）也會以蜜拉的方式，每一個人都以他自己的方式來表達它。有人變得完全寧靜——在他的歌唱中寧靜；有人開始歌唱——蜜拉、柴坦亞（Chaitanya）——在他們的寧靜中歌唱；有人跳舞——不知道怎麼去說它，他們進入了狂舞，那就是他們的方式；或許有人會畫畫；或許有人會作曲；或許有人會雕刻；或許有人會做其他某些事情，有多少人就會有多少種表現，所以絕不要模仿，只要注意看著你的表現占據你，讓你的哈利路亞成為你的，真正你的，當你是一個空無的時候，那種事就會發生。

空無就是這整部經文的韻味，成為空無，你就會成為一切。在這個遊戲裡，只有失敗者才能夠成為勝利者；失掉一切，你將會擁有一切；執著、占有，你將會失掉一切。

佛陀以符咒的贈與者、符咒大師、偉大的宗教師為人所知——但並不是以現代的，語言已經墮落成醜陋的東西那種意義。Guru（宗教師）已經變成一句髒話，不是以那種意義，克里虛納穆提說他對「宗教師」過敏，那是真的。

佛陀真的是一位偉大的宗教師，guru（宗教師）這個字意味著載滿著天堂、載滿著愉快、載滿著狂喜、載滿著哈利路亞，就好像雲載滿著雨，準備噴灑在任何口渴的人身上，準備分享，「宗教師」意味著載滿、載滿著天堂。

「宗教師」也意味著一個摧毀別人黑暗的人，我不是在說那些一直在世界各地到處閒逛的所謂宗教師，他們不會摧毀你的黑暗，他們會將他們的黑暗加在你身上，他們會將他們的無知加在你身上，而這樣的宗教師們卻發展得非常迅速，你到處都可以找到他們：一個慕克塔南達在這裡迅速發展，另外一個馬哈里希．瑪赫西瑜伽行者在那裡迅速發展，他們到處都在迅速發展。

一個真正的宗教師是一個使你自由的人，一個宗教師就是一個把你的自由釋放出來的人，一個宗教師就是一個解放你、使你自由的人。佛陀是偉大的宗教師之一，他的訊息是曾經被傳達給人的東西裡面最偉大的，而這部經是佛陀最偉大的表達之一，他講道講了四十二年，他講了很多事情，但是沒有東西能跟這部經相比，這是獨一無二的，你很幸運地來到這裡聽它、來靜心冥想它，現在要更幸運地——變成它。

第 **10** 章

門徒：進入那個河流

一九七七年十月二十日

問題　門徒的性質是什麼？

定義門徒是非常困難的，如果你要定義我的門徒，那又更困難。

門徒基本上是對所有結構的叛逆，因此很難定義。門徒是沒有固定結構地生活的一種方式，門徒是具有一種沒有性格的性格，我所謂「沒有性格」的意思是說你不再依靠過去，性格意味著過去。你過去的生活方式，你所習慣的生活方式——所有你的習慣、制約、信念和你的經驗——就是你的性格。一個門徒就是一個不再生活在過去、不再透過過去而生活的人，他生活在當下這個片刻，因此他是不能預測的。

一個有性格的人是可以預測的，而門徒是不能預測的，因為門徒就是自由。

門徒不僅是自由的，他就是自由，它是在體驗叛逆。雖然很難定義，但是我仍然要嘗試：有一些暗示可以給你們，不是精確的定義，有一些指示，手指指向月亮，不要執著在手指上；手指沒有定義月亮，它們只是用來指示而已；手指跟月亮無關，它們可能是長的，也可能是短的，它們可能是很藝術的，也可能是醜的，它們可能是白的，也可能是黑的，它們可能是健康的，也可能是有病的——但是那沒有關係，它們只是在指示，忘掉手指而注意看月亮。

我即將要給的東西不是一個定義，在這種情形下，那是不可能的，事實上，對於任何活的東西，定義是永遠不可能的，唯有對某種死的東西、對某種不再成長的東西、對某種不再開花的東西、對某種不再有可能性、不再有潛力、對某種已經竭盡或耗盡的東西，定義才可能。你可以定義一個死人，但是你無法定義一個活人。

生命基本上意味著：新的仍然可能。所以這些不是定義。

舊的門徒有一個定義，非常明確的定義，所以他是死的，我把我的門徒稱作「新門徒」就是為了這個特別的原因：我的門徒是一個敞開、一個旅程、一個與未知領域的愛情事件，一個跟存在本身的羅曼史，一個與整體有機關係的找尋。世界上其他每一樣東西都失敗了，每一樣被定義的東西、每一樣明確的東西、每一樣合乎邏輯的東西都失敗了——而它們都非常明確，它們是未來的人的藍圖，它們都失敗了，所有的計畫都失敗了。門徒不再是一個計畫，它是一個探尋，而不是一個計畫。

當你成為一個門徒，我點化你成為自由，不成為其他任何東西。自由是一個很大的責任，因為如此一來，除了你自己內在的本性、你自己的意識之外，你別無依靠，你沒有什麼東西來作為支撐、來作為支持，我將你所有的支撐和支持都拿開，我讓你單獨，我讓你完全單獨，在那個單獨裡……就會有門徒的開花，那個單獨本身自己會開成門徒之花。

門徒是沒有性格的，它沒有道德，它不是不道德的，它是與道德無關的；或者，它有一個較高的，從來不是來自外在，而是來自內在的道德，它不允許任何由外面強加上去的限制，因為一切從外面強加上去的都會使你成為奴隸，而我的努力是要給你尊榮、給你光榮，我在此的努力是要給你光輝。

其他所有的努力都失敗了，那是不可避免的，因為那個失敗是它本身所具有的，它們都是結構導向的(structure oriented)，而每一種結構遲早都會變成人心的負擔，每一種結構都會變成一個監獄，總有一天你必須反抗它。你沒有從歷史上觀察到它嗎？每一個革命輪到它自己的時候都變成壓抑的，在蘇俄的情形是如此，在中國的情形也是如此，在每一個革命之後，那些反動分子就變成反對反動分子的。一旦他當權，他就把他自己的結構強加在社會之上，而一旦他開始強加他的結構，新頒的制度就變成一種新的奴役制度，而從來不會變成自由。所有的革命都失敗了。

門徒不是革命，而是叛逆。革命是社會的、集體的，而叛逆是個人的。我們沒有興趣於給社會任何結構，結構已經夠多了！讓所有的結構都消失，我們希望世界上都是個人，當然要自由地活動、有意識地活動，而他們的責任是透過他們自己的意識而來的，他們正確地行動並不是因為他們要遵循某種戒律，他們正確地行動，他們精確地行動，是因為他們關心，你知道嗎？「精確」(accurate)這個字來自「關心」(care)這個字？「精確」這個字的根本意義是關心，當你關心某事，你就會很精確，如果你關心某人，那麼，在你的關心當中，你是精確的。

門徒就是一個關心他自己的人，而且他很自然地也關心其他每一個人，因為你單獨一個人不能夠快樂，你唯有在一個快樂的世界裡，在一個快樂的氣氛裡才能夠快樂，如果每一個人都在哭泣、都在悲慘之中，你很難很難快樂，所以一個關心快樂的人，關心他自己的快樂的人，會變得關心其他每一個人的快樂，因為快樂只發生在一個快樂的氣氛裡。

但是這個關心並不是因為任何教條，它的存在是因為愛，很自然地，第一個愛就是愛你自己，然後其他的愛才隨之而來。

其他的努力都失敗了，因為它們是頭腦導向的，它們奠基於思想過程，它們是頭腦的結論。門徒不是一個頭腦的結論，門徒不是思想導向的，它在思想裡面沒有根；門徒是洞察力，它是靜心，不是頭腦，它根植於歡樂，而不是根植於思想；它根植於慶祝，而不是根植於思考；它根植於那個找不到思想的覺知，而不是一個選擇：它不是兩個思想之間的選擇，它是所有思想的放棄，它是由空無來生活。

所以，喔，舍利子，形體是空，而空就是形體。

門徒就是我們前天所談到的——娑婆訶（svaha：一種讚美神的歡呼）、哈利路亞！它是存在性的喜樂。

你怎麼能夠定義存在性的喜樂？它無法被定義，因為每一個人存在性的喜樂是不同的。我的喜樂將會是一樣的，它的味道將會是一樣的，但是那個開花將會不一樣。蓮開花、玫瑰開花、金盞草開花——它們都開花，開花的過程是一樣的，但是金盞草以它自己的方式開花，玫瑰以它自己的方式開花，蓮以它自己的方式開花，雖然精神是一樣的，但它們的顏色是不一樣的，它們的表現是不一樣的。當它們開花，當它們能夠對風低語，當它們能夠跟天空分享它們的芬芳，它們都是喜樂的。

每一個門徒都是一個完全獨特的人。我對社會沒有興趣，我對集體沒有興趣，我的興趣完全在於個人，在於你！

頭腦失敗的地方，靜心能夠成功。靜心是你整個人的根本革命，而不是改變政府的革命；不是改變經濟的革命，而是改變你意識的革命，是使你從新圈蛻變到基督圈的革命，是使你從一個昏睡的人改變成一個醒悟的靈魂的革命。當你是醒悟的，你所做的一切都是好的。

那就是我對「善」和「美德」的定義：一個醒悟的人的行為就是美德，一個沒有醒悟的人的行為就是罪惡，沒有其他「罪惡」和「美德」的定義，它依那個人而定，依他的意識，依他帶給行為的品質而定。所以，有時候同樣一個行為可能是美德，也可能是罪惡，行為或許很明顯地相同，但是行為背後的那個人可能不同。

比方說，耶穌手裡拿著鞭子，進入耶路撒冷的廟，趕走那些換錢的人，他擾亂了那些換錢的老闆們，他單獨憑自己一個人將所有那些換錢的人趕出那座廟，它看起來是非常暴力的，耶穌拿著鞭子把人從廟裡趕出去，但他不是暴力的。如果列寧做同樣的事情，那將會是暴力的，而且那個行為將會是罪惡的，但耶穌做同樣的行為是美的，他是出自愛心來行動，他關心，他也關心那些換錢的人！他的行動是出自他的關心、顧慮、愛和覺知，他激烈地行動，因為唯有如此才能夠給他們一個震撼，才能夠造成一個情況，在那個情況裡可能會有一些改變。

行為可能是一樣的，但如果一個人是醒悟的，那個行為的品質就會改變。門徒是一個越來越生活在警覺當中的人，如果有更多人透過覺知而存在，世界將會被弄得更好。

文明尚未發生。據說有一個人問威爾斯王子：「你認為文明如何？」根據報告，威爾斯王子說：「那是一個很好的概念，但需要有人去嘗試它，它尚未發生。」

門徒只是一個開始，門徒是一粒完全不同世界的種子，在那個世界裡，人們有「成為他們自己」的自由；在那裡，人們是不受限制的、不被削弱的、不被麻痺的；在那裡，人們是不被壓抑的，人們不會被弄成覺得罪惡感；在那裡，歡樂是被接受的，高興就是規則；在那裡，嚴肅已經消失，不嚴肅的真誠和遊戲的心情進入。上述這些可以當做指示，當做指向月亮的手指。

第一：對經驗敞開。

一般而言，人們是封閉的，他們沒有對經驗敞開，在他們經驗任何事情之前，他們已經對它有偏見，他們不想去試驗，他們不想去探尋，這是極度的愚蠢！

一個人來此，他想要靜心，如果我叫他去靜心，他說：「跳舞會有什麼結果？靜心怎麼能夠來自跳舞？」我問他：「你曾經跳過舞嗎？」他說：「沒有，從來沒有。」這就是一個封閉的頭腦。一個敞開的頭腦會說：「好，我將進入它，然後看看，或許透過跳舞，它能夠發生。」他有一個敞開的頭腦，他將會沒有偏見地去進入它。那個說「靜心怎麼能夠由跳舞發生？」的人，即使他被說服進入靜心，他將會在頭腦裡帶著這個概念：「靜心怎麼能夠由跳舞發生？」靜心將不會發生在他身上，當它不發生，他舊有的偏見就會更被加強，而它沒有發生是因為那個偏見，這是封閉頭腦的惡性循環，他充滿概念而來，他帶著現成的概念而來，他容不下新的事實，而這個世界持續地被新的事實所衝擊，世界繼續在改變，而封閉的頭腦卻陷住在過去裡；世界繼續在改變，每一個片刻都有一些新的東西降臨到這個世界，神繼續一再一再地刷新這個世界，而你們繼續將你們舊的、死的意識形態攜帶在你們的頭腦裡。

所以門徒的第一個性質就是對經驗敞開，在他經驗之前，他不會決定，在他經驗之前，他一定不作決定，他沒有任何信念系統，他不會說：「因為佛陀這樣說，所以它是如此。」他不會說：「因為它寫在《吠陀經》上面，所以它是如此。」他會說：「我準備進入它，看看它是不是如此。」

佛陀向他的門徒告別時的訊息是：「記住」……這個訊息在他的一生當中一再一再地被重複，而他最後的訊息仍然是這個：「記住，不要因為我講過它而相信任何事情，除非你經驗過它，否則絕不要相信任何事情。」

一個門徒不會攜帶很多信念，事實上他是不攜帶信念的，他只會攜帶他自己的經驗，而經驗之美就是：經驗總是敞開的，因為進一步的探詢是可能的，而信念總是封閉的，它是一個句點。信念總是結束的，而經驗從來不結束，它一直維持不結束，當你還在生活，你的經驗怎麼可能結束？你的經驗在成長、在改變、在移動，它繼續由已知移向未知，由未知移向那不可知的，記住，經驗有一個美，因為它尚未結束。

有一些最偉大的歌是那些未完成的，有一些最偉人的書是那些未完成的，有一些最偉大的音樂是那些未完成的，未完成的有一個美。

我聽過一個禪宗的寓言：

一個國王去到一個禪師那裡學園藝，禪師教了他三年，那個國王有一座漂亮的大花園，僱用了好幾千個園丁，不論那個禪師說什麼，國王一定去他的花園裡實驗。三年之後，那座花園已經完全準備好，國王邀請禪師來看那座花園，國王非常緊張，因為那個禪師非常嚴格：「他會賞識嗎？」這將是一個考試，「他會說：『是的，你已經了解我了』嗎？」每一件事情都被照顧到了，花園非常漂亮而完美，沒有遺漏任何東西，唯有到那個時候，國王才帶那個禪師來看，但是禪師一開始就表現出傷心，他四處看看，從花園的這一邊走到另一邊，他變得越來越嚴肅，國王變得非常害怕，他從來沒有看過禪師這麼嚴肅，「為什麼他看起來這麼傷心？有什麼事那麼不對嗎？」

禪師一再一再地點頭，內心說：「不。」

國王問：「先生，是怎麼一回事？有什麼不對？你為什麼不告訴我？你變得那麼嚴肅和悲傷，而你在否定當中點頭，為什麼？有什麼不對？我看不出有任何錯誤，這是你一直在告訴我的，而我在這座花園實習它。」

禪師說：「它弄得那麼完美，以至於它是死的，它是那麼完整，所以我在點頭，同時我在說不，它必須保持未完成。枯葉在哪裡？乾葉子在哪裡？我看不到一片乾葉子！」

所有的乾葉子都被掃光了，在花園小徑上沒有乾葉子，樹上也沒有乾葉子，沒有已經變黃的老葉子，「那些葉子都在哪裡？」

國王說：「我已經叫我的園丁將每一樣東西都拿走，使它盡可能十全十美。」

禪師說：「所以它看起來是那麼無趣，那麼人工化，神的東西是從來不完成的。」

禪師匆匆忙忙地走出去，走到花園外面，所有的乾葉子都堆在那裡，他帶了一些乾葉子在桶子裡，將它們丟到風裡，風帶著它們，開始跟乾葉子遊戲，它們開始飄到花園的小徑上，他很高興，他說：「看，它看起來多麼活！」聲音隨著乾葉子進入——乾葉子的音樂，風跟乾葉子在遊戲，現在花園裡有了一個低語，否則它是無趣的、死氣沉沉的，就好像是一個墳墓，那個寧靜不是活的。

我喜愛這個故事，禪師說：「它是那麼完美，所以它是錯的。」

就在前幾天晚上，沙維塔在這裡，她告訴我，她在寫一部小說，她覺得非常困惑，不知道要怎麼辦，她寫到一個點，一個可以結束的點，但是它還可以延長，它還沒有完整，我告訴她：「你結束它，當它還沒有結束的時候，你結束它，那麼它就有某些神祕的東西圍繞著它，那個未完成……」我告訴她：「如果你的主角仍然想做些什麼事情，讓他變成一個門徒，然後事情就超出你的能力，然後你能夠做什麼呢？然後它就結束了，但事情還是繼續在成長。」

如果一個故事是完全結束的，那麼它一定是不優美的，它一定是完全死的。經驗總是保持敞開的，那意味著未完成；而信念總是完成的、結束的。門徒的第一個性質就是對經驗的敞開。

頭腦就是所有你聚集在一起的信念，敞開意味著沒有頭腦，敞開意味著將你的頭腦放在一邊，而你準備一再一再地以一個新的方式，而不是以舊的眼光來洞察人生。頭腦會再給你概念：「透過這個來看。」但是這樣的話，事情就被染上了色彩，那麼你就沒有注意看它，那麼你就投射一個概念在它上面，這樣的話，真理就變成一個銀幕，在那個銀幕上，你繼續投射。透過沒有頭腦來看，透過空無來看，當你透過沒有頭腦來看，你的知覺是高效率的，因為這樣的話，你會看到那真正存在的，而真理會解放你，使你自由，其他每一樣東西都會產生枷鎖，只有真理會使你自由。

在那些沒有頭腦的片刻裡，真理開始像光一樣地滲入你裡面，你越是享受這個光、這個真理，你就變得越有能力，而且越勇敢地去放棄你的頭腦，遲早有那麼一天會來臨，當你看的時候，你沒有任何頭腦，你不是在找尋任何東西，你只是在看，你的看是純粹的，在那個片刻，你變成阿伐羅氣塔——一個用純潔的眼睛來看的人，那是佛陀的許多名字之一。阿伐羅氣塔意指：他沒有任何概念地看，他只是看。

有一次一個人在佛陀臉上吐口水，他擦了他的臉，然後問那個人：「你還有更多的話要說嗎？」他的門徒們都非常震驚，而且生氣。

他的大弟子阿南達告訴他：「這太過分了！因為你在這裡，我們不能採取任何行動，否則我們一定會殺死那個人！那個人向你吐口水，而你卻問：『你還有更多的話要說嗎？』」

佛陀說：「是的，因為這是說話的一個方式——吐口水，或許那個人非常生氣，所以話是不夠的，因此他吐口水。」當話語不夠，你要怎麼辦？你微笑、你哭、你流淚、你擁抱、你用手打，你做一些事。如果有太多的憤怒，你要怎麼辦？——你就吐口水。

這就是佛陀不是用頭腦的洞見，他詳察了那個人：「到底是怎麼一回事？他為什麼向我吐口水？」他本身根本沒有涉入，他沒有帶著他過去的經驗和概念，認為吐口水是壞的，認為這是侮辱和羞辱，沒有任何概念來干涉，他只是詳察了這個對他吐口水的人的實際狀態，他十分關心：「為什麼？這個人一定是處於苦惱之中，一種語言的苦惱，他想要說一些事，但是沒有適當的話可以說，因此，在十分困窘的狀態下，他吐了口水。」

佛陀說：「所以我問你還有更多的話要說嗎？」那個人本身感到震驚，因為這不是他的期望，他是來羞辱佛陀的，但是佛陀並沒有被羞辱，佛陀的慈悲如陣雨般灑落在那個人身上。當天晚上，他無法入眠，他一再一再地想到他，他很難吸收它：「這個人到底是什麼樣的一個人？這個人是什麼態度？我吐口水，而他只是問——還帶著非常多的愛——：『你還有更多的話要說嗎？』」

隔天清晨他回去，拜在佛陀的腳下說：「先生，原諒我、寬恕我，我整個晚上都不能入眠。」

佛陀笑了，他說：「傻瓜！為什麼？我睡得非常好，你為何要為這件小事那麼煩惱？它並沒有傷害我，你看，我的臉跟以前一樣，你為什麼要那麼擔心？」

那個人說：「我是來當你的門徒的，請你點化我，我要跟你在一起，我看到了某種無與倫比的、超出人的東西，但是首先請原諒我。」

佛陀說：「不要胡說，我怎麼能夠原諒你？我甚至沒有對它生氣，所以我要從何原諒你？」經過了二十四個小時，他們坐在恆河的岸邊，佛陀說：「看看在二十四小時裡面有多少水流過恆河，在你裡面也是有那麼多生命經過，它已經不再是同樣的恆河，我也不是同樣的人。事實上，你從來沒有向我吐口水，那是另外一個人，已經過了二十四小時，你跟那個吐口水的人已經不是同一個人，所以，現在誰能夠原諒誰？讓過去的過去。」

這就是沒有頭腦(no mind)的洞見，它可以造成奇蹟。門徒生活在對每一樣東西敞開之中。

第二個品質是存在性的生活(existential living)。他不由概念來生活：他不認定一個人應該像這樣，或是像那樣，一個人應該以這種方式來躬行，而不應該以那種方式來行動。他不由概念來生活，他對存在自然反應，不論什麼情形，他都用他的整個心來自然反應，他的存在是此時此地的。自發性、簡單、自然——這些就是他的性質。

他不過現成的生活，他不攜帶地圖——指示著如何去生活，如何不去生活。他讓生活自然發展，生活引導他到哪裡，他就跟著它。

門徒不是一個游泳者，他不試著逆水而游，他跟著整體走，跟著河流流動，他非常完全地跟著河流流動，以至於漸漸地，他不再跟河流分開，他變成河流，那就是佛陀所說的srotapanna——一個進入河流的人，那也是佛陀門徒的開始——一個進入河流的人，一個已經達到了在存在裡面放鬆的人，他沒有什麼價值觀，他是不判斷的。

存在性的生活意味著每一個片刻都必須由它自己來決定，生命是多變的！你不預演，你不準備如何生活，當每一個片刻來臨，帶來一個情況，你就去反應它，你自然反應。通常人們過著一種非常奇怪的生活，如果你要去面談，你就準備、你就思考：他們會問什麼，而你要怎麼回答，你要怎麼坐，你要怎麼站，因為每一件事都是預演的，所以它變得很假，然後會怎麼樣？當你帶著這樣的一個預演去面談，你從來沒有完全在那裡，他們問了一個問題，你就在你的記憶裡找答案，因為你攜帶著準備好的答案——那個答案是否適合，這個答案行不行？你繼續在錯失那個要點，你不是完全在那裡，你無法完全在那裡，你涉入記憶，然後下一件事發生：當你出來，你就開始想，你本來應該這樣回答，這叫做「樓梯機智」；當你下樓梯，你就開始想：「我應該回答這個，我應該說這個。」你再度變得非常聰明，在這之前，你是聰明的；在這之後，你也是聰明的，但是在當中，你卻不是。

門徒的第三個性質就是信任一個人自己的有機生命體。人們信任別人，門徒信任他自己的有機生命體，身體、頭腦和靈魂，所有的都包括。如果他覺得喜歡愛，他就流入愛，如果他覺得不喜歡愛，他就說「抱歉」，他從來不偽裝。

一個非門徒一直在偽裝，他的生活是一個透過面具而過的生活，他回到家，擁抱他的太太，但是他並不想擁抱那個女人。他說「我愛你」，但是那些話聽起來非常虛假，因為它們不是發自內心，它們來自代爾卡內基，他一直在讀《如何贏得朋友和影響別人》以及那一類無意義的東西，他充滿了那些無意義的東西，他攜帶著它，而且練習它，他的整個人生變成一個虛假的、虛偽的人生，變成一個拙劣的模仿，當然，他絕不會滿足，他不可能滿足，因為滿足只能來自真實的生活，如果你不覺得愛，你必須照實說，不需要偽裝，如果你覺得生氣，你必須照實說，你必須對你的有機生命體真實，你必須信任你的有機生命體。你將會感到驚訝：你愈信任，有機生命體的智慧對你來說就變得愈清楚，非常非常清楚。

你的身體有它本身的智慧，它在它的細胞裡面攜帶著多少世紀以來的智慧。你的身體覺得餓，而你卻在斷食，因為你的宗教告訴你，這一天你必須斷食，而你的身體覺得餓，你不信任你的有機生命體，你信任一部死的經典，因為在某一本書裡面有人寫說這一天你必須斷食，所以你就斷食。要聽你的身體，是的，有一些日子你的身體會叫你斷食，那麼你就斷食，但是不需要去聽那些經典，那個寫那部經典的人並沒有把你放在他的頭腦來寫，根本沒有，他不可能想到你，對他來講，你是不存在的，他不是在寫關於你的事。那就好像你生病，而你去一個已經去世的醫生家裡查他的處方，然後你找到一個處方，就開始遵循那個處方，那個處方是為其他某一個病人開的，是在某種其他情況，為某種其他的病而開的。

記住，要信任你的有機生命體，當你覺得身體在說不要吃，馬上停止！當身體在說要吃，那麼就不要擔心是否經典裡面說斷食或不斷食。如果你的身體說每天吃三次，非常好，如果它說每天吃一次，那也是非常好。開始學習如何去聽你的身體，因為那是你的身體，你在它裡面，你必須尊敬它，而且信任它，它是你的廟，強加東西在你身上是瀆神的，任何東西都不應該為了其他動機而被強加上去！這不僅教你信任你的身體，這也將漸漸教你信任存在，因為你的身體是存在的一部分。然後你的信任就會成長，而且你將會信任樹木、星星、太陽和海洋，你將會信任人們，但信任的開始必須是信任你自己的有機生命體，信任你的心。

某人問一個問題：他決定去跟他太太生活，因為他認為去跟太太生活，而永遠不離開她、永遠不分離、永遠不跟其他女人做愛，這是一種偉大的靈性品質。

對某些人而言或許是如此，但是對其他人而言或許並非如此，它要看情形而定。

那個發問者說：「我已經這樣決定，但是有問題，我覺得被其他女人所吸引，我覺得有罪惡感，而我不覺得被我太太所吸引，這也使我有罪惡感，我不想跟我太太做愛，因為欲望沒有升起，但是我必須跟我太太做愛來滿足她，如果我跟她做愛，那麼我會對我自己覺得有罪惡感，因為我對我自己不真實，它看起來好像是一件勉強在繼續的事情。」

當你不想做愛，那麼做愛就是世界上最醜陋的事。只有最優美的能夠成為最醜陋的，愛是最優美的經驗之一，但是唯有當你流進它裡面，當它是自發性的，當它是熱情的，當你充滿著它，當你被它所壓服、被它所支配、為它而醉、全神貫注在它裡面，那麼愛才是最美的經驗之一，那麼它才會帶領你到喜樂的最高點，但是如果你沒有在它裡面被支配，而且甚至你對你太太或你先生沒有感覺任何愛，而你卻在「做」它……那麼英文的表達是對的：「做」愛，它不是一個發生，而是你在「做」它，那是醜陋的，那是娼妓的行為，不管你對誰做，那不是要點，它是犯罪的，它不會在任何方面而使你變成靈性的，你只會變成性壓抑，就是這樣而已。如果你做愛，你會覺得有罪惡感，如果你不做愛，你也會覺得有罪惡感。

這個人有一個概念，他認為先生或太太應該如何，而那個太太也在受苦，兩個人都被夠住了，兩個人都互相厭煩，兩個人都想要擺脫對方，但是無法擺脫，因為他們不信任他們的有機生命體。如果你的有機生命體說「在一起，一起成長，一起流動」，如果你的有機生命體覺得快樂、激動、興奮，而且有狂喜，那麼你就跟著那個女人一世、兩世、三世，看你要多少世。在一起，你們將會更接近神，而你們的親密將會有一種靈性的品質。

但如果不是那種親密，而是一種強迫的親密，那麼它會使你越來越沒有靈性，而你的頭腦會很自然地開始尋求某些方式：它會變得越來越被性所縈擾，當你太過於著迷在那裡，你怎麼能夠在靈性上成長？

聽有機生命體說話，要有足夠的勇氣去做你的有機生命體所說的。

我不是在說要跟你太太分開，但是如果那件事必須發生，它就必須發生，它將對你們兩個人都好，至少你欠你太太那麼多，如果你還關心你太太，而你已經不再愛她了，那麼你就必須照實說，在深刻的悲傷當中說出……那個分開將會是悲傷的，但是你能怎麼樣呢？你是無助的，你不要在憤怒當中分開，你不要含著怨恨和抱怨分開，你要跟她在一起，但是你的有機生命體說不，你能怎麼樣呢？

你也可以強迫你的有機生命體，它可以一直繼續處於那個關係之中，但是那將不會有快樂，而如果沒有快樂，你怎麼能夠處於那個關係之中？那種勉強繼續的婚姻是假的，是合法的，但其他的部分卻是假的。

門徒就是一個信任他自己的有機生命體的人，那個信任幫助他放鬆在他的本性裡，而且幫助他放鬆在存在的整體裡面，它帶來對自己，以及對別人的普遍接受，它給你一種歸根和歸於中心，然後就有很大的力量，因為你歸於你自己的身體和你自己本性的中心，你有根在土壤裡，否則你看人們被拔了根，就好像樹木從泥土被拉起來，他們只是在垂死，他們不是在過活，所以生活裡面沒有很多快樂，你看不到笑的品質，你失去了慶祝的心情，即使人們在慶祝，那也是假的。

比方說，那是克里希納的生日，而人們在慶祝，你怎麼能夠慶祝克里希納的生日？你甚至沒有慶祝你自己的生日！某人在五千年前出生，你如何跟它有關，你怎麼能夠慶祝它？那全都是假的，你怎麼能夠慶祝耶穌基督的生日？那是不可能的，你沒有慶祝來你這裡的神、在你裡面的神，你怎麼能夠慶祝其他某個兩千年前出生在馬廄裡的神？

就在你的身體裡、就在你的存在裡、就在這個片刻，神在那裡，而你沒有慶祝它，你無法慶祝，慶祝必須首先發生在你自己的家，在附近的住處，然後它變成一個大的潮流，散布到存在的每一個地方。

第四是一種自由的感覺。

門徒不僅是自由的，他就是自由，他總是以一種自由的方式生活。自由並不意味著放縱，放縱不是自由，放縱只是一個反對奴役的反應，因此你走到另一個極端。自由不是另一個極端，它不是反應，自由是一個洞見：「如果我要全然存在，我必須自由，沒有其他方式可以存在，如果我過分被教會、被印度教、被基督教、被回教所占有，那麼我無法存在，那麼它們會繼續在我周圍創造出限制的界線，他們會繼續逼我，使我成為一個殘缺不全的人。我必須冒這個成為自由的險，我必須接受這個危險。」

自由並不是非常方便、非常舒服的，它是危險的，但是門徒接受那個危險，它並非意味著他將繼續跟每一個人抗爭，它並非意味著當法律說靠右邊，或是靠左邊，他就去反對它，不，他不煩惱那些瑣碎的事。如果法律說靠左邊走，他就靠左邊走，因為那不是一種奴役，但是關於重要的、必要的事情……如果他父親說：「跟這個女人結婚，因為她很富有，而且還有很多錢會進來。」他會說：「不，我怎麼能夠娶一個我沒有愛上她的女人？這樣做對那個女人是不尊敬的。」如果父親說：「每一個星期天都上教堂，因為你出生在一個基督教的家庭。」他會說：「如果我覺得要去教會，我就去，我不會因為你說去就去。出生是偶然的，它關係不大，教會並不是非常重要的，如果我感覺喜歡它，我就會去。」

關於主要的事情，門徒會永遠保持他自由的完整，因為他尊重自由，所以他也將會尊重別人的自由，他絕不會干涉任何人的自由，不管那個別人是誰。如果你太太愛上別人，你會覺得受傷，你會傷心哭泣，但那是你的問題，你不會干涉她，你不會說：「停止它，因為我在受苦！」你會說：「這是你的自由，如果我受苦，那是我的問題，我必須自己去處理它，我必須自己去面對它，如果我覺得嫉妒，我必須排除我的嫉妒，但是你按照你的方式去，雖然它傷害到我，雖然我喜歡你沒有跟任何人走，但那是我的問題，我不能侵犯你的自由。」愛非常尊重所愛的，所以它給予自由，如果愛不給予自由，那麼它就不是愛，它是其他某種東西。

門徒非常尊敬他自己的自由，非常照顧他自己的自由，所以他也非常照顧別人的自由。這個自由的感覺給他一個個體性，他不只是群眾頭腦的一部分，他有某種獨特性──他的生活方式、他的樣式、他的氣氛、他的個體性。他以他自己的方式存在，他喜愛他自己的歌，他有一個認同的感覺：他知道他是誰，他繼續加深對他是誰的感覺，他從來不妥協、獨立、叛逆──記住，不是革命，而是叛逆，那就是門徒的性質，這有很大的差別。

革命並不是十分革命性的，革命也是繼續在同樣的結構裡運作。

比方說，在印度，有好多個世紀，那些最低階級的人，他們從來不被允許進入廟裡：「如果他們進入，那個廟會變髒。」在印度，有好多個世紀，那些最低階級的人沒有進去過廟裡，這是醜陋的，然後聖雄甘地出現，他努力嘗試、努力奮鬥，他想要最低階級的人被允許進入廟裡，他的一生都在為此奮鬥，那是革命的，但不是叛逆的，為什麼是革命的？那麼叛逆是什麼？

有人問克里虛納穆提關於甘地為印度最低階級的人被允許進入廟裡奮鬥的事，你知道克里虛納穆提怎麼回答嗎？他說「但是神並不在廟裡」，這是叛逆。

甘地的方式是革命的，但是他跟婆羅門同樣相信神在廟裡，那個結構是一樣的，他相信人們進入廟裡是非常非常重要的，如果他們沒有進入廟裡，他們會錯過神，那是婆羅門的概念，那是壓抑最低階級的人進入和禁止他們進入的社會所認為的概念，他們的概念是一樣的：神住在廟裡。當然，那些進入廟裡的人會接近神，而那些不被允許進入廟裡的人，他們會錯過神。甘地是革命性的，但是革命相信同樣的結構，那是一種反應。

克里虛納穆提是叛逆的，他說：「但是神不在廟裡，所以，為什麼要麻煩？婆羅門無法在那裡得到它，最低階級的人也無法在那裡得到它，所以，為什麼要麻煩？那是愚蠢的。」所有的革命都是在對某一個形式反應，每當你反應，它革命的成分不多，因為你相信同樣的形式，當然你是反對它，但是你相信它，在深處的層面是同樣的。

甘地認為婆羅門非常享受，他們得到太多神，而那些最低階級的人呢？他們被剝奪了，但是他沒有注意看婆羅門：多少世紀以來，他們一直在廟裡崇拜，而他們什麼也沒得到，這是愚蠢的！那些在廟裡的人什麼也沒得到，所以，為什麼要麻煩？為什麼要帶那些不在裡面的人進去？它是無意義的。

門徒是叛逆的，我所謂的叛逆是說他的看法是完全不同的，他不以同樣的邏輯來運作，他不以同樣的結構或同樣的形式來運作，他不是反對形式，因為如果你反對某一個形式，你將必須創造出另外一個形式來跟它抗爭，而形式都是類似的，門徒就是一個溜出來的人，他不反對形式，他了解所有形式的愚蠢，他詳察了所有形式的愚蠢，所以他溜了出來，他是叛逆的。

第五是創造力。舊的門徒非常沒有創造力，人們認為某人變成一個門徒，然後去到一個喜馬拉雅山的山洞，坐在那裡，就非常好，不需要更多的東西。你可以去看耆那教的和尚：他們坐在廟裡，什麼事都不做，完全沒有創造力，遲鈍和愚蠢的外表，根本就沒有聰明才智的火焰，而人們卻在崇拜他們，向他們頂禮。如果你問：「為什麼你要向他們頂禮？」他們會說：「這個人已經拋棄世界」——好像拋棄世界本身是一種價值；「他做了什麼？」他們會說：「他斷食，他連續斷食幾個月」——好像不吃東西本身是一種價值。

但是，不要問他畫了什麼，他在世界上創造了什麼美，他作了什麼詩，他將什麼歌帶進存在，什麼音樂、什麼舞蹈、什麼發明？如果你問：「他的創造是什麼？」他們會說：「你在說什麼？他是一個門徒！他只是坐在廟裡，讓人們來向他頂禮，就是這樣。」在印度，有很多人像這樣坐著。

我對門徒的概念是：他的能量必須是創造的，他將帶來更多的美進入這個世界，他將帶來更多的歡樂進入這個世界，他會找到一些新的方式去進入舞蹈、歌唱和音樂，他會帶來一些優美的詩、他會創造一些東西，他不會沒有創造力，沒有創造力的門徒時代已經結束了，新的門徒唯有具備創造力才能夠存在。

他應該貢獻一些東西，保持沒有創造力幾乎是一種罪惡。既然你存在，而你不貢獻，你吃東西，你占空間，而你不貢獻任何東西，這樣是說不過去的。我的門徒必須是創造者，當你處於深刻的創造力之中，你是接近神的，真正的祈禱就是那樣，靜心就是那樣。神是創造者，如果你不是創造者，你將遠離神。神只知道一種語言──創造力的語言，所以，當你作曲，當你完全喪失在它裡面，某種神聖的東西會開始從你的本性滲透出來，那就是創造的愉悅，那就是狂喜──娑婆訶（讚美神）！

第六是幽默感、歡笑、遊戲和不嚴肅的真誠。舊的門徒是不笑的、死氣沉沉的、無趣的，新的門徒必須帶來更多更多的歡笑，他必須是一個笑的門徒，因為你的笑是你的放鬆，你的笑能夠為別人創造出放鬆的情況。廟宇應該充滿歡樂、笑聲和舞蹈，它不應該像一個基督教的教堂。教堂看起來很像墳墓，還有一個十字架在那裡，它好像是一個對死亡的崇拜……有一點病態，你不能在教堂裡面笑，捧腹大笑一定不被允許，人們會認為你瘋了或怎麼樣。當人們走進教堂，他們變得嚴肅、僵硬、拉長著臉。

對我來說，笑是一種宗教的品質，非常主要的品質。幽默感必須成為門徒內在世界的一部分。

第七是靜心狀態和單獨。當你單獨的時候，當你完全單獨在你自己裡面的時候，有神祕的高潮經驗會發生。門徒使你單獨，不是寂寞，而是單獨；不是孤單，而是單獨，你能夠單獨而快樂，你不再依靠別人，你能夠單獨坐在你的房間而完全快樂，不需要去俱樂部，不需要總是有朋友在你的周圍，不需要去看電影，你可以閉起你的眼睛，進入內在至高無上的快樂，靜心狀態就是如此。

第八是愛、關連和關係。記住，唯有當你學會如何獨處，你才能夠去關連，在這之前是絕不可能的。唯有兩個個人才能夠關連，唯有兩個自由才能夠接近，而且互相擁抱，唯有兩個空無才能夠互相穿透對方、融入對方。如果你不能夠單獨，你的關係是假的，那只是一個避免單獨的詭計，其他沒有，而千千萬萬人就是這樣在做，他們跟某人一起行動，他們握手，他們假裝他們在愛，但是在他們內心深處唯一的問題是他們無法單獨，所以他們需要某人在身邊，他們需要某人來依附，他們需要某人來依靠，其他人也以同樣的方式來利用他們，因為對方也可能不是獨立的，也可能沒有單獨的能力，對方也發覺，你可以作為幫助他們逃避他們自己的工具。

所以你所說的兩個相愛的人，多多少少在他們之間都有恨，由於那個恨，所以他們在逃避，對方幫助他們逃避，所以他們變得更依靠對方，他們變得沉迷於對方，你不能夠沒有太太而生活，你不能夠沒有先生而生活，因為你是沉迷的，但門徒是一個個人……所以我說第七個性質是單獨，第八個性質是愛的關係。

這是兩個可能性：你單獨時可以快樂，在一起時也可以快樂。這就是兩種人類可能的狂喜：當你單獨的時候，你能夠進入三摩地；當你跟別人在深刻的愛當中在一起時，也能夠進入三摩地。

有兩種人：外向的人會發覺，透過別人而達到他們的高峰比較容易，而內向的人會發覺，單獨的時候達到他們的最高峰比較容易，但是另一種並不是敵對的，它們能夠兩者一起移動，只是其中有一種傾向會比較強，那就是你是一個內向的人或是一個外向的人的決定因素。佛陀的途徑是內向者的途徑，它只談論到靜心；基督的途徑是外向的，它談論到愛。

我的門徒必須是兩者的綜合，其中有一個會比較強，某人會著重在跟他自己比跟別人在一起來得和諧，其他人或許剛好相反——跟別人在一起更和諧。但是不需要固定在一種經驗上，兩種經驗都可以有。

第九個是超越、道——沒有自我、沒有頭腦、沒有人、空無、跟整體和諧。這就是《心經》的整個訊息：經歷過、經歷過、經歷過而超越、完全經歷過而超越，多麼狂喜！哈利路亞！

超越是門徒最後和最高的性質，但這些只是指示，不是定義，以一種非常具有彈性的方式來看它們，不要開始對我所說的話以一種很僵硬的方式來看它，要非常具有彈性，以一種模糊的看法，以一種類似黃昏時光稍微晦暗的看法，而不是像天空有著大太陽時的看法，這樣的話，事情是非常清楚的。在黃昏時光，當太陽已經下山，夜晚還沒有降臨，它是兩者，就在中間，就在間隔處。將任何我所說的都以那種方式來看待，維持液體狀的、流動的。

絕不要在你的周圍創造出任何僵硬，絕不要變成有所限定的。

問題

我所鍾愛的奧修：如果你是一個計程車司機，我真的會認不出你嗎？首先，沒有將我直接帶到普那大街，你一定會開一個半小時，把我逼瘋，第二，你一定會拒絕接受車費，而要求我的生命，第三，當你使我苦惱透頂時，你一定會駛開，帶著一種天國的微笑，而亮起你的招牌：「今天到此為止！」我還可能錯過這個計程車司機嗎？那麼我最好用走的。

這個問題是男門徒阿南德．愛迪所問的。

愛迪很瘋狂，我無法十分確定他是否能夠認出我，或是不能夠，他或許可以！瘋狂的人就是瘋狂的人，對於瘋狂的人，你無法那麼確定。

是的，愛迪，那是可能的：即使作為一個計程車司機，你或許也可以認出我，你說：「首先，沒有將我直接帶到普那大街，你一定會開一個半小時，把我逼瘋。」

的確如此。

幫助我把你逼瘋……因為你的明智是沒有價值的，你的明智就好像是一塊石頭，放在你的心上，讓我來移動你……將它從你移開，它是一種外科手術：它會使你受傷，它會使你疼痛，你寧願喜歡抓住石頭，你寧願喜歡直接到普那大街，但我的整個方法是：沒有地方可以去，沒有普那大街，人生沒有目標，人生是一個沒有目的地的旅程，所以我必須帶著你彎來彎去，一直一直繼續，直到你真的很疲倦而說出：「夠了！今天夠了！」

第二：「你一定會拒絕接受車費，而要求我的生命。」

那也是對的，愛迪，比那個更少是不行的，比那個更少是沒有價值的。我的整個教導就是：除了每一樣東西之外，你沒有什麼東西可以失去！

第三：「當你使我苦惱透頂時，你一定會駛開，帶著一種天國的微笑，而亮起你的招牌：『今天到此為止！』」

那要看你而定，你可以參加我天國的微笑，這需要勇氣。你投資那麼多在你的苦惱裡，所以你繼續保有它，但是記住：你越是保有它，你的投資就每一天都變得越來越大，放棄它！今天放棄比較容易，明天它將會更困難，因為你已經多投資了二十四小時在它裡面，盡可能快地放棄它，不要延緩，因為所有的延緩都是危險的，當你繼續延緩，你的苦惱就繼續變強，繼續散布它的根在你的存在裡。

我知道你為什麼執著於你的苦惱，因為你的概念是：「有一些東西總比沒有好」，而我的整個方法是：空無就是神。你繼續抓住你的苦惱，因為它給你一種你有某種東西的感覺，至少有某種東西——它也許是苦惱、焦慮或悲慘——但總算有些東西，至少有一些東西：「我不是空的」，你非常害怕空，而唯有空，神才會經過。

讓我幫助你變成空，然後那個天國的微笑就會出現——它來自空。當你裡面是空的，你將會全身都有微笑，它不僅是在嘴唇上，它布滿你的全身，它是「空」的微笑。

看清你攜帶著一個很大的苦惱的重擔，看清「你」攜帶著它，看清你負責攜帶或不攜帶，你就可以在當下這個片刻丟棄它，門徒所做的一切都是跟丟棄苦惱有關的。

我必須談一下阿南德．愛迪：恐怕即使我是一個計程車司機，他也會認出我，或許他會比現在更能認出我，他就是那麼瘋狂。

不論如何，不論在什麼地方，有很多人會認出我，只有那些人是跟我在一起的，在任何地方，他們都將認出我。

耶穌被釘在十字架過世之後，他的身體被放在一個山洞裡，抹大拉的馬利亞在第三天去看他，屍體已經不在那裡，所以她四處找尋，想要詢問，他看到一個園丁在外面工作，所以她就去問那個園丁：「你有沒有看到耶穌的屍體被搬到什麼地方去？」那個園丁開始笑，他說：「你不能夠認出我嗎？」他就是耶穌本身，復活了，當耶穌說話，然後……唯有到了那個時候，抹大拉的馬利亞才認出他，她是一個女人，但做得不錯，不過不是非常好，因為一開始她以為他是一個園丁，但是當他一開口講話，她詳察了他的眼睛，她還是馬上認出他，但是之後耶穌去找他的其他門徒，他在路上碰到兩個門徒，他們正要到另外一個小鎮去，而他們一直在談論他們師父所發生的事情：他被釘在十字架上，以及它將會產生怎麼樣的影響，沒有奇蹟發生，而他們在等待奇蹟……耶穌跟他們走在一起，他們也在跟耶穌講話，以為他是一個陌生人，他們在一起走了四英里路，而他們竟然不能夠認出耶穌。他們談過話，但是他們不能夠認出他，他們從來沒有注意看他，然後他們坐在一家餐廳裡吃飯，當耶穌開始剝麵包，那個時候他們才認出來，因為他剝麵包有他自己獨特的方式，那個姿勢就是他的，沒有人能夠模仿它。帶著如此的尊敬和崇敬，帶著如此的祈禱，好像麵包就是神，然後他們認出他，但是它費了一段很長的時間，他們走了四英里路，而他們竟然不能夠認出他。

有很多在這裡的人，他們會在任何形體之中認出我，但是也有很多在這裡的人，甚至在這個形體他們都沒有認出我，那要依你而定，如果你帶著某種概念，那麼要認出我是非常困難的。

有人寫信給我說他是阿魯賓多(Sri Aurobindo)的追隨者，他感到很困惑，他想要選擇，而他無法選擇他是否應該跟阿魯賓多在一起，或是跟我在一起，他要求我說：「你決定。」

我怎麼能夠決定這個？如果我決定，那將會是錯的。你必須詳察它，我不是說去選擇，我是說詳察它。如果你真正愛阿魯賓多，那麼你來這裡有什麼意思？如果透過他，事情有發生，那麼就不需要來這裡，如果事情沒有發生，因此你才來這裡，那麼就跟他說再見。

但是人們非常聰明：他們想要同時騎兩匹馬，這樣你會有麻煩！

這種事每天都在發生，人們來到我這裡，然而他們卻被鉤住在其他某一個地方，如果他們被鉤住在某一個地方，那麼他們的眼睛並沒有準備好要來看我，現在這個人說：「奧修，如果你能夠說阿魯賓多本身送我到你這裡來，那我將很容易接受你」——透過阿魯賓多，這樣，我必須去撒這個謊，為什麼阿魯賓多要把你送到我這裡？為什麼我必須告訴你這個？是不是這樣的話，你就有一條路可以妥協，如此一來，你就可以說：「好，這是阿魯賓多的意思，我不要反對阿魯賓多。」你是多麼膽小！你是多麼害怕對任何東西失去控制！如果你在阿魯賓多那裡有某件事發生了，我不會叫你放掉它，你可以去，這個地方不適合你。如果那裡什麼事都沒有發生，那麼，忘掉一切有關阿魯賓多的事，唯有如此，你才能夠跟我在一起，為這個事情選擇是不需要的，但洞察力是需要的，只要向內看！

問題　我現在六十五歲，但我還是繼續想到性，我到底有什麼不對？

沒有什麼不對，你仍舊是活的，你仍舊是年輕的！只有一件事似乎是錯的，那就是：你認為性有什麼不對。性本身並沒有什麼不對，但你一定是一直在壓抑，否則你一定已經超越了它，現在，不要再等待了，結束它！進入它！否則在你的墳墓裡，你將會輾轉反側而想到性。

你仍舊是活的，還可以做些事，不要覺得有罪惡感，沒有什麼東西好讓你覺得有罪惡感的，性是一種很美的能量，它可以變成到達神的通道和工具，是的，它長久以來都被譴責，但不需要去相信譴責。認為它是錯的——那是你裡面的一個制約，你可以丟棄那個制約，你可以再度變新鮮，你可以開始進入它，不要擔心你是六十五歲。

有一天下午，一個猶太教牧師、一個教士和一個基督教牧師，三個年長的傳教士在一起喝茶，他們的談話轉到他們最尷尬的片刻，當輪到那個猶太教牧師，他解釋他的母親如何抓到他從一個裂縫偷看女僕在洗澡。

另外那兩個人咯咯地笑，「是的，」那個教士說：「我們年輕的時候真的是會玩一些把戲。」

「你們在講什麼？」那個猶太教牧師說：「那是昨天的事！」

不必太擔心，你已經壓抑夠了！現在進入它，作為一個神的禮物來接受它，否則壓抑會導致變態。

這裡有一個小故事……去冥想它……

有一個年老的義大利人，他經營一家製造麵食的工廠，他的三個女兒跟他在一起工作，有一天，他們都坐在一起，在做麵食，他對大女兒說：「愛格尼斯，如果你不是在做餃子和通心麵，你想要成為世界上的什麼人？」

「嚼！爸爸，我想要成為蘇菲亞羅蘭，她那麼漂亮！所有的男人都在追她。」

「非常好，」父親說：「你呢？瑪利亞，告訴爸爸，如果你不在這裡，不在這個古老的那波里市做通心麵，你想要成為世界上的什麼人？」

「我想要成為一個珍娜露露布利姬坦，她那麼漂亮！所有的男人都在追她，她有一輛愛快羅蜜歐和一輛凱迪拉克的車！」

「非常好，」父親說。

然後他轉向最小的女兒說：「露西亞！告訴爸爸，如果你不在這裡，整隻手連手肘都浸在餃子裡的話，你想要成為世界上的什麼人？」

「我想要成為……維多莉亞蓓蓓里娜！」

「什麼？」父親大聲喊道：「這個維多莉亞蓓蓓里娜到底是誰？」

她從她的胸罩拉出一張剪報給他看：維多莉亞蓓蓓里娜，在兩個星期之內被四百個男人睡過。

附錄

拜訪一個西藏僧院

問題　息德哈斯吉先生，是否能夠請您詳細告訴我們關於您去拜訪西藏喇嘛——至尊喇嘛卡瑪帕——僧院的事？

男門徒．息德哈斯吉回答：

大吉嶺(Darjeeling)這個地方有很多僧院，當一個人接近大吉嶺，途中會看到很多僧院，我聽過奧修談論西藏神祕家的奧祕科學，以及他們如何靜心，和一些他們從佛陀那裡學來的事情已經有很多次了，所以，很自然地，當我跟我太太和兩個女兒(一個十三歲，一個十歲)於一九七二年六月在大吉嶺旅行的時候，我對他們的僧院感到興趣。

我在大吉嶺的旅行社發現他們有完整的僧院消息，他們建議我拜訪在倫姆鐵克(Rumtek)

的僧院，倫姆鐵克是在靠近甘托克（Gangtok）的地方，甘托克是錫金（中國、西藏與印度之間的一個小國，歸印度保護）的首都，這就是那個由至尊喇嘛卡瑪帕主持的僧院，（他的名字用西藏語來講叫做Pal Karmapa Densa Shed Drup Chho Khorling），我覺得很想去那裡，那就是我如何知道至尊喇嘛卡瑪帕的緣起。

甘托克海拔大約有五、六千英尺，當我到達那裡的時候，剛好是雨季，雨季從五月開始，那是一個多雲的地方，視線非常不清楚，和孟買的雨季相比，你一定會覺得那邊比較冷。

至尊的僧院離甘托克大約有二十五英里，它有一部分是由錫金的馬哈拉賈（Maharaja）透過印度政府的協助所建造的，那個地方是至尊喇嘛卡瑪帕親自選擇的。在中共一九五九年入侵西藏時，別人問他希望將他的僧院建在哪裡，他可以選擇達姆沙拉（Dharmshala）和錫金，由於達賴喇嘛已經定居在達姆沙拉，所以他選擇錫金。在大約五千英尺高的喜馬拉雅山上，在甘托克的對面，有一個和喜馬拉雅山的坎泉珍嘉（Kanchanjangha）高峰很接近的高峰，他的僧院就是著落在那個地方。

那是一個很大的僧院，大約有兩百個人常年居住在那裡，他們都是喇嘛（西藏的和尚）。除非一個人已經棄俗，否則不允許他住在僧院。「喇嘛」的意思就是一個人已經放棄世俗的生活而變成一個和尚。

當我剛進去僧院的時候，他們告訴我，至尊當時不能見我，他通常只見某些人，但是或許我可以跟他約時間見面，後來我知道我的飯店經理跟他很熟，他說他可以安排我跟他見面，第二天早晨，我們出發到那個僧院，但是我完全忘記請他打電話幫我約時間，之後我才想起，我應該先告訴他，但是不管怎麼樣，我就和我的家人去到那裡。

當我們乘車到達，僧院完全關閉，我非常失望，我在懷疑，我是否能夠見到至尊，或者甚至我能不能看到僧院裡面。突然間，有一個喇嘛出來，他說：「你是不是要見師父？」我說：「是的，這是我來這裡的目的。」他馬上帶我到至尊住的地方，他說裡面有一些外國人，必須等一些時間，我說：「我完全不介意等待。」他問我的名字和地址，我告訴他我是從孟買來的男門徒．息德哈斯吉。那個喇嘛走進裡面，出乎意料地，他出來說：「至尊馬上要見你。」我進去裡面接受他的道賀，好像他本來就在期待我去那裡，就這樣，我出現在他的面前。

我進去之後向他頂禮（參見師父時以頭碰他的腳之禮），他馬上將他的雙手放在我的頭上，這真的是一個非常罕有的姿勢，而且在西藏喇嘛的傳統裡也是非常有意義的。根據他們的禮節，當你進去向至尊行禮時，你應該要呈一條圍巾給他，放在他的腳上，如果他覺得你的靈性發展有一些特別，那麼他會將它放在你的脖子上，如果他覺得你在靜心方面比較前進，那麼就會有帶著三個紅色標幟的圍巾，他會將圍巾放在你身上，如果他對你的感覺還更多，那麼他會將一隻手放在你的頭上，但是最高指示是他將兩隻手放在你的頭上，除非他有感覺到這種指示，否則他一定不會這樣做。

至尊甚至從來都沒有預先知道關於我的任何事，因為我從來沒有跟他約見，如果我有跟他約見，他一定已經知道我是誰，但是除了我穿著門徒的衣服之外，他從來不知道關於我的任何事情。

在每一個西藏的僧院，這是平常的規矩，在拜訪這個僧院之前，我也拜訪過其他在大吉嶺的僧院，在那裡我問及這些圍巾，因為在每一個僧院裡，你會發現有這些圍巾放在佛陀神像的大腿上，自然地，他們告訴我，那就好像在印度的神廟裡，人們獻上花圈給神像一樣，它表示尊敬。

關於至尊，他們說他是「神性的化身」（Divine Incarnation）。在西藏，他們相信，不管什麼人達到成佛的境界，達到成道（enlightened），如果他們希望再被生出來幫助世界上的人，那麼他們就是「神性的化身」，或者稱為菩薩（Bodhisattvas）。在佛陀的時代，有很多人達到成佛的境界，所以有一些喇嘛是這些成道者的化身，他們說至尊是一個菩薩，他是竹姆肯帕（Dsum khyenpa）的第十六個化身，第一個卡瑪帕是西元一一一〇年出生的，他是從一連串的師父那裡降臨下來的，這一連串的師父可以追溯到瑪帕（Marpa），他是西藏偉大的瑜伽行者之一。

在大吉嶺這個區域，這是唯一有成道者化身的喇嘛僧院，目前活著的總共有三個西藏成道者的化身，他們是：一、目前的達賴喇嘛——最高的一個，也是泉乃如佛的化身；二、至尊喇嘛卡瑪帕，他是阿瓦羅契帖斯瓦拉菩薩（Avalokitesvara）的化身；三、班禪喇嘛，歐帕美（O pa me）的化身。他們三人之中的每一個人都是一群西藏佛教僧院的領導人，在他們之下的所有僧院都由這三位的指定人來主持，只有成道者的化身才允許作為僧院秩序的領導人，因為只有成道才能夠幫助其他人朝向同樣成就的達成，達賴喇嘛是西藏人民暫時的統治者，也是所有僧院秩序的領導人。

有一個很有趣的點就是：至尊看起來跟奧修完全相像——完全相像：很愉快、很無憂無慮、很溫暖！他的年紀也跟奧修差不多，大約四十，或四十到五十之間。我所看到的至尊有一件很特別的事就是他的第三眼，你很容易就會看到它，它是一個凹處——向內彎——在他額頭的中間，它感覺好像是一個正常的眼睛，但它是一個內在的眼睛，我經驗到內在眼睛的中間那一點，好像能量從一個小小的孔那裡發射出來，你很容易就可以看到那個中央的部分。

我聽說西藏有這麼一個習俗，他們在前額鑿了一個洞來打開第三眼，所以我問他關於此事，他說：「那都是捏造的謠言，從來沒有人這樣做，在很久以前或許有人曾經這樣做，但是現在沒有。」他說一旦這個第三眼打開了，你就可以看到很多一般人看不到的東西。

所以當我一進去，他馬上告訴我：「我知道你從哪裡來。」那對我來講是一個很大的驚訝，然後他說：「我知道在某一個地方有一些照片或什麼東西，兩面都印有你師父的像。」我回答：「我沒有什麼兩面都印的東西。」（我完全忘記吊在我串珠上面的小匣兩面都印有奧修的照片。）

有一個英國淑女充當翻譯，因為喇嘛卡瑪帕不懂英文，他只講西藏話，這個英國淑女在那裡已經有好幾年了，她已經完全棄俗而從事於西藏式的靜心，她是喇嘛卡瑪帕的門徒，是那個僧院裡面唯一的淑女，基本上，淑女是不准待在那裡的，淑女有特別的修道院。

她馬上看到我的串珠，說：「這是什麼？」然後我就想起那個小匣兩面都印有奧修的照片。我說：「這是我師父的照片。」她很好奇地想看它，所以我就將它拿下來給她看，至尊立刻說：「就是那個。」

他將奧修的小匣拿在手中，用它碰觸他的前額，然後說關於他的事：「他是印度自從佛陀以來最偉大的化身，而且是一個活佛！」聽到這些話我覺得非常興奮，然後我問：「在印度有某些其他人，他們也說他們已經成道，他們是怎樣？」他回答：「他們是『得道的靈魂』，但不是『成道的化身』。」

然後我特別問起克里虛納穆提，他說：「第一，他不在印度，第二，他是一個『得道的靈魂』，但不是一個『神性的化身』。」那是他特別告訴我的事，然後我問他，成道的化身和得道的靈魂之間有什麼差別，他說，一個得道的靈魂已經自己得道，但是他不必然可以幫助別人，如果他想要幫助別人，那麼他一定要在玄奧的奧祕科學方面為此接受訓練，為了這種訓練，他必須一再一再地被生下來，然後他對於再生可以作一個選擇。喇嘛告訴我，奧修已經經歷過所有這些。「神性的化身」是某人的化身，他已經在好幾個前世被訓練來幫助別人，並非只是一個在這一世得道的靈魂，在奧修的情形，他已經被訓練過了，他已經得道了，現在這一世，奧修的出生是特別為了要在靈性方面幫助別人——只為這個目的，喇嘛說他完全有意識地出生。在那一方面我告訴他，他教很多人，而且講很多深奧的東西。

然後至尊說：「你可能會覺得他在為你講，但是他並不只是在為你講，他（奧修）也是在為「阿卡息克記錄（Akashic Records）」（記錄在星靈界的事件和話語）而講，任何他所說的都不會被遺忘，那就是為什麼你會發現，他一直在重複一些事情，他將會繼續重複一些事情，而你會覺得他在為你講，但是事實上，他只是為少數人在講，只有很少數的人了解他（奧修）是什麼，他的話將會留在阿卡息克記錄上，為的是它們也可以幫助未來的人。」

至尊問我，現在奧修在哪裡，因為我一到那裡，他就從我那個奧修照片的小匣所發出的震動認出他。他在前世也曾經跟奧修在一起，所有的佛（成道的人）都互相有連繫，他就是這麼知道的。我以為他的問題是說奧修目前在哪裡，或者我沒聽到那個翻譯得很恰當的英國女孩所說的，所以我說：「孟買」，至尊說：「不，不是孟買。」他的意思是說：「他的出生地在哪裡？」然後當我告訴他是馬德亞．普拉諜西（Madhya Pradesh），他說：「是的！」所以，甚至在我說出之前，他已經知道了整個事情，因為在阿卡息克記錄上有，他是從那裡知道的。

然後他問我奧修教什麼靜心方法，我向他描述我們的動態靜心方法，當我告訴他，在第三個階段必須喊：「護！護！護！」，他說這個「護！（hoo）」來自西藏的咒語「吽！（hum）」，「嗡嘛呢叭咪吽（Om Mani Padme Hum）」，他對這個感到非常興奮，直握我的雙手，說他「非常高興，這個方法完全正確，這跟西藏在這方面所實踐的某些方法類似，也跟任何我們正在下的功夫類似，你們所做的跟我們所做的一樣。」有很多不同只是在語言方面，比方說，我們使用「亢達里尼（Kundalini）」這個名詞，他們使用「那燃燒的火」來指同樣的東西，但是關於奧修的方法，他只是說：「太完美了！」

實際上，他們的系統在很多方面是非常不同的，他們相信所有的顯象都是由震動（vibrations）所造成的。他們做很多祈禱，而且以西藏語唸很多特殊的咒語，這一定只能以一種特殊的方式來做，但是至尊覺得很確定，在我們靜心裡那個「護」的階段來自他們咒語「嗡嘛呢叭咪吽」中的「吽」，這一點奧修在他的某些演講裡也曾經確認過。

在僧院裡有一個很大的圍起來的房屋群，它的周圍有許多小房間，那是永久居留的喇嘛所住的地方，在那房屋群的中央，有另外一組三層樓的房間，第一個房間是祈禱房，所有的喇嘛都在那裡祈禱。

這些西藏的僧院是由厚木頭所建造的，雕刻很複雜，並塗以鮮紅、藍色和金色等混合顏色，它們顯得很優雅。在西藏人當中，金被認為是神聖的金屬，也是神聖的顏色，所以他們用它用得很多，但只是為了宗教的目的。那個僧院看起來很富有，西藏有很多黃金，你可以發現它在河裡，存在於河岸，那就是為什麼他們使用它來做神聖的東西，這是一種特別的藝術，而且它被認為是很神聖的，所有他們拜神所用的東西都是由黃金做成的。

根據西藏的理論，他們相信存在(Existence)不是什麼東西，只是震動，只有藉著正確的震動，一個人才能夠達到成道，所以他們相信祈禱和重複頌唸特別的咒語(聲音)、特別的韻律，透過那些，他們能夠跟宇宙調和，而且深入靜心、鎮定頭腦不安靜的震動，這是他們靜心的理論。我提過的這個祈禱的大廳有佛陀的雕像、達賴喇嘛的照片，和其他類似的偉大靈魂，以及好幾百盞特別的燈。當他們祈禱的時候，這些特別的燈都被點亮。

你一進入僧院就可以感覺到那個很強的震動，因為那些喇嘛一直繼續在那裡唱頌他們的祈禱，造成一種震動的氣氛。他們被供以衣服、食物和住處，所以他們沒有什麼事可以煩惱，除了靜心以外也沒有什麼事可做。靜心是這兩百個和尚的主要目的，所以那造成一種氣氛，即使不要有任何修行，靜心工作也已經完成一半了，因為那裡的震動很好，你一進去就會感覺到，現在我自己也非常能夠感覺出那個不同。

當喇嘛開始祈禱時，他們使用一種特殊的香，因為他們也相信氣味在靜心裡扮演一個很重要的角色：每一種氣味都有它本身的效果。如果你要有一種特殊的效果，你必須使用一種特殊的香。比方說，如果你想要鎮定你的頭腦，那麼你就要用一種特別的香，或者，你要跟某些靈魂聯絡，要引導某些靈魂，那麼就要用一種特別的香，並且引用特別的咒語，關於這些，他們有一套完整的科學。

所以，所有的喇嘛都必須來坐在這個祈禱廳，他們一排一排地坐——互相背對背、面對面，所以，當他們大聲祈禱的時候，震動可以形成一種特別的形式。

他們使用某些特別的鈴子，那些鈴子的價格超過兩百或兩百五十盧比，他們用一種特殊的金屬來做那些鈴子，他們混合了七種金屬來做，而得到一種特殊形式的震動。關於這項科學，他們有很深的研究。早上的時候，至尊只出現在一個特殊的儀式，然後，在他面前，和尚們必須以一種特殊的方式來唱頌一種特殊的咒語。

在更裡面，他們有不同的祠堂，按照不同的目的，他們做不同形式的祈禱。有一些祈禱是要引導在西藏過世的一些靈魂，他們相信過世的靈魂必須被引導，所以當一個人即將過世，他們會引導那個人的靈魂，然後在死亡之後，他們為他的來生選擇適當的子宮投胎，這個他們稱為「巴豆過程」(Bardo Process)。有某些特別的喇嘛是那方面科學的專家，只有他們被允許進入那個特別的祠堂。在一個特定的時間，他們必須唱頌特殊的咒語，以便那些離去的靈魂可以適當地被引導，通常他們引導他們自已過世喇嘛的靈魂，為的是來生要再將他們喚回來作進一步的訓練，就像這樣，有很多喇嘛都被他們訓練了很多世。在僧院裡有一個房間是至尊所住的。

基本上喇嘛有兩個不同系統的修行，第一個是祈禱——唱頌咒語以及諸如此類的事，另外一個是靜心。他們不允許任何人住在僧院裡或接受點化，除非那個人已經完全棄俗。這個棄俗意味著剃光頭，著一種特殊的服裝，吃特殊的食物，以一種特殊的方式剃頭，以及完全隱居一段時間，在那一段期間裡，他們會教你要做些什麼，如果你經歷過這些，那麼你才有資格住在僧院裡，否則不行。

在祈禱之後，他們會告訴你要做什麼靜心，根據你的能力，他們會告訴你要遵照那些修行，要學些什麼東西，他們有不同的奧祕科學，一個人必須學習，以便可以用來幫助別人，比方說知道一個人氛圍(aura)的科學，藉著這個你可以馬上知道某人是哪一類型的人，他是否真誠，他是否講實話，他是否在靜心的道上，他是否在進步，或是在退步，所有這些他們都可以從一個人氛圍的磁場顏色來知道。

另外一個他們必須學習的奧祕科學就是心電感應(telepathy)，藉著這個，你可以從遠處用你的思想來引導別人。這些就是一個人必須學習的三種科學，針對這些事，他們有不同形式的靜心。

很自然地，我問喇嘛很多關於那方面的事，並且看看他是否能夠教我，他說他不能教任何不是他們喇嘛的人，因為如果這些事情到了一個沒有準備好的人身上，它們可能會被誤用，因此，西藏人對他們的奧祕科學非常保密，只因他們覺得目前我們生活在物質世界裡，人們會用任何東西來賺錢，所以他們不將這些祕密給出去。

一旦一個人進入了僧院，他必須待在那裡，直到他死。除非他死了，他不能從僧院出來，否則他必須完全離開西藏，一旦一個人皈依他們，他這一生以及他的餘生都屬於他們，即使直到他到達成佛的境界也是一樣，他們會在他的世世代代都繼續指導他，而且他們會一直將那些知道如何引導別人靈魂的和尚召喚回來，回來指導他們的喇嘛，這些靈魂也一直被引導，好讓他們的來生可以得到更適當的出世，就像這樣，他們的靈性持續了好幾世。一般來講，他們特別試圖不讓任何得道的靈魂離開他們的團體，然而，在成道之後，他們無法控制這些靈魂。

關於奧修，至尊說：在成道之後，如果那個成道的靈魂經由他自己的選擇，被生在其他地方，不被生在他們之中，那麼他們也沒有辦法，在奧修的情形，喇嘛說，在過去幾世，他跟他們生活在一起，他告訴我：「你是否想看奧修前世的化身之一——那個化身在西藏——你可以到西藏看他在那裡的黃金雕像，它被保存在化身堂(Hall of Incarnations)。」

聽說奧修的前世發生在大約七百年前，至尊所提到的是前世的前世，他說奧修在兩世以前是他們偉大的化身之一，他的雕像也因此而被保留下來。

就好像木乃伊在埃及被保留一樣，西藏人以一種特別的方式來保存成道者的身體。屍體經過特別處理而變乾，變乾之後，它不會失去那個過世時的自然外貌，然後，在那個處理之後，他們將屍體給金匠，將之覆以黃金，使它成為一個包金身。這個身體必須以佛陀的坐姿（帕德瑪珊——蓮花姿勢）放著來做這個處理，然後他們會將身體以金包裹，這件事有特別的金匠在做，使得任何一個外觀的線條都不會改變。

西藏人能夠拯救很多有價值的遺物和雕像，因為他們知道占星術的科學，因此，他們能夠預知未來，他們能夠預先知道會發生什麼事，所以在中共要入侵之前很久他們就已經知道，而能夠將每一樣東西都複製，真正的黃金雕像藏在西藏的某一個地方，只有某些人知道，只有那些深入靜心的人知道，奧修知道這些事情，那些深入靜心的人能夠知道這些東西被保存在哪裡，只有假的複製品被放在看得到的地方，那些只是用來展示，好讓中國人能夠摧毀它們，因為西藏人知道，他們一定會想要摧毀一些東西。

根據至尊所說的，在西藏有九十九尊像這樣偉大的「神性的化身」的黃金雕像，其中一尊就是兩世以前奧修的雕像。中國人並沒有摧毀它，他們沒有辦法，因為這些雕像被移到西藏一個很遠的地方被祕藏起來，真正的雕像被移走了，因為這些雕像是強而有力的玄奧的東西。任何一個人甚至只要碰觸它們一下，一些很強的靈性經驗就會發生在他身上，所以在他們被保存的房間裡，甚至那些和尚也不能進去，只有特定的人能夠進去，因為即使只要碰觸一下這些雕像，一個人都會有很強的反應。

任何至尊想說的事情，我都只想聽，所以我就繼續只聽他講，看他的反應，我發現他對整個事情是那麼快樂、那麼興奮，好像某一樣東西失而復得。透過他所傳遞的興奮，以及他的姿勢所表現出來的興奮，我可以感覺到他在過去一定曾經跟奧修有密切的聯繫。他沒有特別說他自己跟奧修的靈性關係，雖然我很好奇，但是我也不想問，這對我來講是一個很有趣而且獨一無二的經驗，也是我從來沒有想過的經驗。

他繼續談關於奧修的事，以及他的工作，他說：「我的祝福永遠都會在，我知道，任何我們要去幫助別人的事，奧修都會去做。」

喇嘛來到印度的主要目的就是為了保存他們的玄奧科學，奧修一九六九年在喀什米爾的演講中也曾經確認過這一點。達賴喇嘛的逃走並非只是為了要拯救他自己，而是為了要拯救西藏的宗教，以及各種靜心的祕密和玄奧的科學，他去印度就是為了這個目的，他將來自西藏的每一樣東西都帶在身邊，至尊說：「過去我們從印度拿到這些東西，現在我們想要還回去，現在我們知道有一個化身（指奧修）在印度及世界上做我們的工作，我們覺得非常高興。」這是他們對奧修的看法。

至尊接著說：奧修是唯一能夠在印度做這些事的人，因為，由於他們不能夠講我們的語言，他們發現要跟印度人接觸很困難，但是至尊說，奧修這一世要來印度時特別小心謹慎，他告訴我：「你找到他是非常非常幸運的，他是當今活在世界上唯一的『神性的化身』，他將成為一個『世界導師』。」

然後他問我，我們怎麼樣被點化，是否必須先經過任何特殊的事情，我說：「沒有什麼困難的事情，我們就是像我們本來的樣子被接受，我們什麼事都可以做，並且按照我們的方便去過活，我們不必離開任何東西，我們可以吃任何我們喜歡吃的東西，我們可以做任何我們喜歡做的事情，奧修對他的新時代門徒唯一的要求就是：他們必須經常做靜心，以及參加靜心營和諸如此類的事。」我告訴他，奧修認為以這樣的方式能夠幫助更多人，所有的靈性目標都能夠以他們自己的時間藉著修行靜心而自然達成。然後至尊說：「你很幸運，我們在西藏這裡對於那些接受我們點化的人的每一件事都很嚴格。」

然後我建議他說，或許我們想要在喜馬拉雅山區辦一個靜心營，他馬上說：「你可以來，非常歡迎你到我的僧院來，不論你需要什麼幫助，我們都會給予。」

然後那個幫我翻譯的英國淑女說，她十月初或十一月要特別來孟買拜見奧修，我明確地告訴她，如果她十月來，我們將會有一個靜心營，在那裡她能夠真正看到奧修以什麼方式在教靜心，以及我們如何做我們的修行，她說：「如果十月沒去，至少我將一定會到孟買去見奧修。」

有一些外國人在那裡，他們對這個談論印象深刻，他們立刻抄下我的地址，十月的時候，他們可能會到我們的靜心營來。

我問至尊說奧修是誰的化身（指奧修的前一世），但是他說：「不，那是一個祕密，除非某人是我們僧院之一的領導人，否則我們不洩露他是誰的化身。」他很清楚地告訴我一件事：「只要他（奧修）的工作一完成，他將會消失——完全消失，我們將無法找到他。」他說：「唯有藉著西藏的藝術，一個人才能夠消失。」同樣的事情曾經發生在老子，奧修也曾經告訴我們，沒有人知道老子到哪裡去，當他的時間來臨，他就只是消失，而不是死亡，至尊沒有指示它什麼時候會發生在奧修身上。

我問至尊：他將會那樣消失，那怎麼可能，他說：「我們有一種震動的科學，奧修已經深通此道，他只要鎮定一下他的震動，然後就可以消失。」

你看到人只是因為他們的震動投入你的眼中，然後眼睛抓住那些震動，就形成一個影像，那就是這個藝術的祕密背後的道理。奧修也說，你想讓人們感覺你在那裡，所以你的震動就形成一個影像，喇嘛卡瑪帕說奧修已經鎮定了他的震動，他只是在等待他的工作完成，這個工作一完成，他將會消失，他已經在一個比較鎮定的震動當中，目前他藉著人工的方法把自己留在世界上，只是因為他必須完成他的工作。

他繼續說：「世界將會知道他，但是只有非常少數的人會知道他真正是什麼，他將是這個時代唯一能夠適當地引導、能夠成為一個『世界導師』的人，他的出世就是為了這個目的。」他指出，除非一個人達到成道，否則他將無法知道奧修是誰。

即使現在人們對他有錯誤的判斷，就好像他們對我們也有錯誤的判斷一樣，他們錯誤的判斷來自誤解我們靜心修行的方式；來自看到我們被允許使用現代方便和奢侈的東西過活，只要我們喜歡就可以；來自一些諸如此類的事情，所以人們將會誤斷，至尊接著說：「奧修真的只對那些能夠知道他的人有興趣，他不想浪費時間，他不想要不對勁的人來，一有人來找他（奧修），他藉著他氛圍的顏色就可以知道他是誰，因為不同的顏色表示一個人達到不同靈性狀態的程度，他馬上能夠知道那個人的靈性程度，唯有當他覺得某人有一些特別的東西，他才會允許他接近他，否則他不允許。」

聽到所有這些事，一個人能夠很容易想到，任何奧修所教的東西無他，只是完全西藏式的東西，他試著調整這些東西去適合我們的氣氛和我們的環境，那可能就是奧修幾乎在他的每一個演講裡都提到佛陀的原因，現在我可以了解為什麼甚至他在講《吉踏經》（*Gita*）、講老子或是講任何演講時，總是提到佛陀，他似乎跟佛陀很熟，所以我看到這個好像跟至尊所講的每一件事都吻合。（然而其他來源的消息說奧修前幾世曾經在所有宗教裡的所有奧祕系統被訓練過，所以他對所有路線都很熟悉，這個使他更有資格去幫助世界上的人，這種說法和至尊所說的也不衝突。）

至尊也問我關於性的事情，因為我太太和小孩都跟我在一起，他問我，我們是否允許性生活，我說：「我們不必不自然或強迫地放棄任何東西，而應該去走每一步，當它自然發生在我們身上的時候。」然後我問他：「你的門徒們如何？」他說：「有特別的僧院，配偶可以住在一起，我們覺得，如果他們深深相愛，那麼性行為將一定能夠有助於他們去互相幫助，那也有另一種科學，但是只為那些深深相愛的人，否則是不行的，否則它將會對他們有害。」

問題　你認為喇嘛到底有沒有機會回到西藏？

答：他們認為他們將能夠回去，他們也有這樣預測，對於什麼時候會來臨，他們都有將每一件事記下來，那就是為什麼他們能夠保存他們所有的奧祕科學。在星靈體的旅行，他們每天都在訪問西藏，他們認為在西元兩千年之後，他們將能夠真正回到那裡。至尊告訴我，那個循環將會改變，這是他們的預測，但是我不知道它是否會成真。

問題　你有沒有將所有這些和奧修討論，而他怎麼說？

答：我有將所有這些事情都告訴奧修，並問他關於西藏人的事，以及他們是否能夠在印度幫助我們，他說：「不，他們不可能幫助，因為他們對現代人來講太嚴格了，他們靈性成長的方法所花的時間也太長，而我們時間短，在這個時代，人們需要很快的幫助，所以他們不可能幫助很多人。」

所以照我看來，奧修是現今世界上唯一能夠在靈性方面幫助很多追求者的人，這也是至尊所說的，他們本身不能夠對世界有太多的幫助，「唯一能夠的人就是奧修，而他將會被認為是一個『世界導師』。」

奧修告訴我：「你去那裡很好。」但是我不知道是否我自己去了，或者以一種神祕的方式，他派我去而不讓我知道。奧修沒有直接說他在前世認識至尊，但是我可以從他的臉部和他的姿勢看出他確曾認識，那就是為什麼他特別說：「你去那裡很好。」

我必須說，我聽到所有這些事情覺得非常興奮，起初我並沒有預期要見至尊，但是當我能夠見到他而聽到所有這些，那是很棒的，它的發生是那麼地突然，我對這些事覺得無比的高興。

本書為奧修對聽眾所作的許多演講內容之整理，所有奧修演講皆有書籍出版以及錄音存檔，可透過奧修線上圖書館www.osho.com找到錄音檔案和完整的文字檔案。

奧修靈性智慧 16

奧修談《心經》：發現自己的內在真實，自己的佛陀
The Heart Sutra: Becoming a Buddha through Meditation

作　者　奧修 OSHO
譯　者　謙達那
編輯顧問　舞　鶴
責任編輯　林秀梅

版　權　吳玲緯
行　銷　何維民　吳宇軒　陳欣岑　林欣平
業　務　李再星　陳紫晴　陳美燕　葉晉源
副總編輯　林秀梅
編輯總監　劉麗真
總經理　陳逸瑛
發行人　凃玉雲
出　版　麥田出版
城邦文化事業股份有限公司
104台北市民生東路二段141號5樓
電話：(886)2-2500-7696　傳真：(886)2-2500-1967
發　行　英屬蓋曼群島商家庭傳媒股份有限公司城邦分公司
104台北市民生東路二段141號11樓
書虫客服服務專線：(886)2-2500-7718、2500-7719
24小時傳真服務：(886)2-2500-1990、2500-1991
服務時間：週一至週五09:30-12:00．13:30-17:00
郵撥帳號：19863813　戶名：書虫股份有限公司
讀者服務信箱E-mail：service@readingclub.com.tw
麥田部落格：http://ryefield.pixnet.net/blog
麥田出版Facebook：https://www.facebook.com/RyeField.Cite/
香港發行所　城邦(香港)出版集團有限公司
香港灣仔駱克道193號東超商業中心1/F
電話：852-2508 6231　傳真：852-2578 9337
馬新發行所　城邦(馬新)出版集團〔Cite (M) Sdn Bhd.〕
41-3, Jalan Radin Anum, Bandar Baru Sri Petaling,
57000 Kuala Lumpur, Malaysia.
電話：(603) 9056 3833　傳真：(603) 9057 6622
E-mail：services@cite.my

設　計　黃瑪琍
奧修照片提供　Osho International Foundation
印　刷　沐春行銷創意有限公司

2022年8月2日　初版一刷
2023年3月9日　初版二刷

定價／499元
ISBN：9786263102415
9786263102477（EPUB）

城邦讀書花園
www.cite.com.tw

國家圖書館出版品預行編目資料

奧修談《心經》：發現自己的內在真實,自己的佛陀/奧修OSHO著；謙達那譯. -- 初版. -- 臺北市：麥田出版：英屬蓋曼群島商家庭傳媒股份有限公司城邦分公司發行, 2022.08
面；　公分. -- (奧修靈性智慧；16)
譯自：*The Heart Sutra : becoming a buddha through meditation.*
ISBN 978-626-310-241-5(平裝)

1. 靈修　2. 佛教

192.1　　111007013